維摩詰經講記

——第六輯

——平實導師 述

ISBN：978-986-83908-7-4

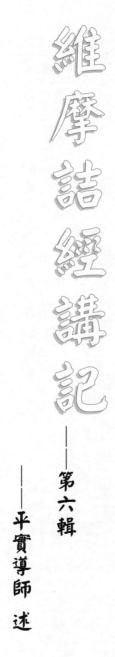

執著離念靈知心爲實相心而不肯捨棄者，即是畏懼解脫境界、畏懼無我境界、畏懼眞正涅槃者，當知即是凡夫。此謂離念靈知心乃是意識，具足五別境心所有法，其生起及存在、運作時必須具備之所依，亦皆符合意識之俱有依，決定是意識心無誤。故離念靈知心不論起念或離念時，皆是意識心。離念靈知心之俱有依，易可了知者如下：五色根、意根、法塵（或六塵）、意根及如來藏之觸心所，若缺其一，離念靈知心意識即無法生起，何況存在與運作？即是阿含諸經中 佛說「意、法爲緣生」之意識心也！既是和合眾緣所生之法，當知即是生滅法，不可說爲常住法也！凡認定離念靈知意識心爲常住法者，與常見外道無異，是人即使身披佛教僧衣，本質仍是常見外道，名爲佛門常見外道。

——平實導師——

目次

第三輯：

第四輯：

第五輯：

第六輯：

自序

大乘法之證悟，不許外於教門；若外於經典聖教開示，而言「所悟雖異於教門，然亦是宗門之悟」，當知即是錯悟，其所悟必定已經異於宗門之悟，教門所說法義正是說明宗門所悟內涵故。《維摩詰經》是佛門照妖鏡，一切錯悟之師，都不敢援引此經來印證自己之所悟。一切六識論之邪見者，譬如應成派中觀見者及自續派中觀見者，都迴避此經的檢驗；或曲解此經，使經義偏離原意而符合其六識論邪見：故意以意識境界來解釋此經正理，取代爲六識論之法義。

他們之所以會有如是行爲，都因所悟錯誤而無法以此經義來爲自己印證所致。此經中言：「不會是菩提，諸入不會故。」又言：「知是菩提，了眾生心行故。」同一眞心，竟言無知無覺而不會六入，復言其實有知，能了知眾生七識心之心行，則使墜於意識境界之自續派中觀見者及應成派中觀見者，都無所適從；亦使墜於離念靈知意識心境界之禪門錯悟者，不知所從，是故心中每每排斥之，或故意以曲解之手段，扭曲經義來印證自己之所「悟」。然而意識心不論修至如何微細，都不能超過非想非非想定中之意識；三界中一切最細意識心，無過於此，過此境界即無意識存在；而意識心不能通過此經如是法義之驗證，故錯悟之說法者只能以意識心的不同方向來解說此部經文。

然而如是經文中之眞正意涵，其實都是說第八識如來藏之本來清淨性與功德性，證明其非無而有眞實性，亦證明其常住本來涅槃之中；若以意識解之者，都無法免於曲解經義之大過；卻異口同聲主張其**曲解後之經義是佛說**，即成爲謗佛者，佛陀所說從來不是他們曲解後之義理故。由是故說，此經是禪宗證悟者自我印證之極重要經典，亦是錯悟者亟思加以曲解之重要經典；由此可以證明此經法義之熏習，對於禪門求悟般若禪者之重要性了！今以如是緣由，加以詳實宣講後，整理爲文字，以口語化之易懂言語出版，藉以助益禪門大師與一切學人，使能建立正知正見而趨向正確方向求悟，庶能眞實悟入般若正理。然求悟禪宗般若禪之人，仍必須先詳讀《識蘊眞義》及《阿含正義》，確實斷除我見以後，方能藉此詳解而眞實悟入法界實相心如來藏，方能發起實相般若智慧，實階第七住位不退，成爲位不退菩薩，轉入內門廣修菩薩六度萬行；不斷我見而參禪者，終無眞悟之可能，當代一切禪宗大師與學人，於此皆應注意。

佛子　**平實**　謹序

公元二〇〇六年仲冬　於竹桂山居

《維摩詰所說不可思議解脫經》卷下

〈香積佛品〉第十（上承第五輯〈香積佛品〉未完部分）

【彼菩薩曰：「菩薩成就幾法，於此世界行無瘡疣、生于淨土？」維摩詰言：「菩薩成就八法，於此世界行無瘡疣、生于淨土。何等爲八？饒益衆生，而不望報；代一切衆生受諸苦惱，所作功德盡以施之；等心衆生，謙下無礙，於諸菩薩視之如佛；所未聞經聞之不疑，不與聲聞而相違背；不嫉彼供，不高己利，而於其中調伏其心；常省己過，不訟彼短；恒以一心，求諸功德。是爲八法。」維摩詰、文殊師利，於大衆中說是法時，百千天人皆發阿耨多羅三藐三菩提心，十千菩薩得無生法忍。】

講記：其他世界的菩薩們，智慧並不一定比娑婆世界的菩薩們好，因爲他們不懂娑婆世界修行快速的道理，單從表相觀察，所以還是覺得淨土中的世界比這裡勝妙，所以他們就問：「這娑婆世界的菩薩們成就幾個法以後，在此世界的身口意行就沒有不清淨、沒有疾病，而可以往生諸佛淨土？」由他們的問話，諸位可以看見他們還不知道娑婆世界的修行勝於他們，而諸位能夠發願迴向：即使生於淨土也要回到這裡來，顯然諸位的智慧是勝過他們的。所以將來你成佛以後，那些眾香國的菩薩們可能還是在當菩薩；也許你成佛說法時，有一天他們還會來參訪你。所以他們還是喜樂事相上的淨土，不知道娑婆穢土中本就是淨土的眞理，也不知道娑婆穢土修行勝妙所在，才會提出這樣的問題。所以，從一個人的說話可以看見他背後的心態與程度，這些菩薩們的境界，諸位已看見了。

維摩詰菩薩就回答說：「菩薩成就八個法，於這個世界的身口意行不會有病態、不淨，可以出生到淨土之中。有哪八個法？第一、饒益眾生而不望報。」菩薩在娑婆世界中利樂眾生，不會希望眾生對他有所回報。假使有人受菩薩戒之後，行菩薩道而利樂眾生，但是他心中常有希望，在等待眾生聽他說法以後向他供養，這個人就不是眞實的菩薩，他是假名菩薩，才會希望眾生回報給他很大的供養。如果是眞實義的菩薩，他不會期待眾生對他有所回報。所以除非他眞的需要，否則不會接受供養；除非他憐愍某一個眾生貧窮孤苦，世世都無福報，否則他不會接受供養，這樣才是眞實義的菩薩。如果為眾生說法以後，心中老是等著誰要送錢來供養，這個人就不是眞實義菩薩。因此假使此地菩薩想要求生淨土，第一、要饒益眾生而不望報，因為生於淨土中都要有先決條件。只有極樂世界不設條件，五逆十惡的眾生也可以往生——下品三生，幾乎是沒有條件的；假使要說有條件，那就是不毀謗三寶，不謗大乘方廣經典——不謗如來藏，這是唯一的條件。即使殺人放火、無惡不造，也可以下品往生，可是其他諸佛的純一清淨世界都是有條件的，這是第一個條件：饒益眾生而不望報。

第二個條件，代一切眾生受諸苦惱：假使行菩薩行，眾生一天到晚來求法卻又不受教，不斷的惱亂，菩薩心裡面就說：「哎呀！好討厭！這些人……」心中嘀咕起來，口中就開罵：「你以後別再跟我學法了，我拒絕教導你！」他不願意受苦惱，顯然這個人是假名菩薩；他若想要往生諸佛的淨土，只有極樂世界能去，像眾香國那個淨土，他就去不了。要能代一切眾生受諸苦惱，才能生去眾香國；因為眾香國的環境很好，不許根性不好的人去，所以條件比較嚴格。但是由於很難遇到逆增上緣，所以成佛之道的修行過程也會拉得比較長。

第三個條件，所作功德盡以施之：菩薩願意把他在佛法上修證的功德與眾生分享，如果不能與眾生分享，他就不能稱為菩薩。因為即使是二乘的自了漢，他們證得阿羅漢果、三果、二果、初果以後，在捨報之前，他們都仍然願意把他所證解脫果的證量為眾生宣說。自了漢尚且如此，何況是菩薩從大悲中生，而竟然不能把他的佛法證量來與眾生分享，悟了以後就自己去躲起來自修，這樣就沒有資格稱爲菩薩；那是假名菩薩，不是實義菩薩。所以想要求生淨土的菩薩，他在佛法上所作的功德都願意布施給眾生，他必須要爲眾生說法而促使眾生親證。

第四個條件，等心眾生，謙下無礙，於諸菩薩視之如佛：這一點在娑婆世界學佛的人很難做到。娑婆世界中學佛的人，自己都還沒有斷我見就已經瞧不起眾生了，無法等心於眾生；也有人還沒有明心，或是不知道自己悟錯了，就以爲自己很了不得，就會看輕眾生，不能謙下無礙。所以你們在娑婆世界會看到一個現象，一個在家身的密教上師，既沒有斷我見也沒有明心，而大剌剌的坐在那邊或站在那邊接受出家人禮拜供養；你在娑婆世界可以看到確實有這種人，不但顯教中有，藏密中更多。有許多的密宗上師以爲他自己眞的證得報身佛了，因爲他們認爲樂空雙運就是報身佛的境界，而他已經證得樂空雙運了。卻都不檢查自己：我見也沒有斷，如來藏也沒有證。然後有許多出家法師去跟他學法，都要供養他、禮拜他。他不曉得自己做了這些事以後，下輩子將會在地獄中過活，求死不得的，他們都不知道。那是以凡夫之身而接受出家的聲聞僧寶禮拜和供養，你說這種人是等心眾生嗎？他無法把眾生看待跟自己平等的，他對眾生如何能謙下無礙？他連出家聲聞僧都踩在腳底了，還能對眾生謙下嗎？這種人不必到大陸去看，台灣就有了。這種人能不能往生眾香國？顯然不能！

真正的菩薩不會這樣做，並且真實義菩薩對其他的菩薩們也都視之如佛。可是假名菩薩稍微得到一點皮毛，就覺得：「我比師父厲害了，師父最多也不過跟我一樣而已。」他這麼想，然後就看輕他的師父了！然後他對師父說話時就開始冷嘲熱諷了！有沒有這種人？有啊！很多啊！如果看到了這種人，你就知道這個人沒資格往生眾香國，但他可以往生極樂世界的下品生。你從他們的行爲中，就知道他們未來世會到哪裡去。如果他唸佛求生極樂，一定是下品生；如果他想要繼續在這個人間，一定是生去三惡道中；由於不敬師，就變成這樣。所以看一個人將來會去哪裡，你如果有智慧就判斷得出來。雖然他說：「我未來世要在這裡成佛。」你說：「不可能！」因爲你已經很清楚知道他的行爲以及即將得到的果報。所以人家問六祖：「和尚捨報以後去哪裡？」他不必明講，因爲他想要去的地方，在中陰境界中都可以選擇；一個證悟的人，身口意行而無瘡疣，十方淨土都可以隨意往生，他當然知道自己要去哪裡。

甚至於他可以說：「我到了中陰時再來決定要去哪裡。」因爲明心以後，身口意行都無瘡疣，十方淨土都歡迎你去，怎麼會不知道自己要去哪裡？如果不去那裡，在娑婆世界重新受生，你決定要生到哪一對父母家裡，沒有眾生能跟你爭；除非有比你的境界更高的菩薩要去那裡投胎，否則沒有人能跟你爭。到那時，你隨便要去哪裡，都可以自己決定；既然開悟了就是這樣，那又何必去問說：「師父！你走了以後要去哪裡投胎？」六祖當然說：「我自然知道我要去哪裡，不勞你來問。」所以眞實義的菩薩，他知道諸菩薩證悟之後的果報，而且也知道諸菩薩將來必定成佛，所以對諸菩薩視之如佛，這就是眞實義菩薩。這種實義菩薩當然有資格生到諸佛淨土去，想要往生眾香國土當然更容易了。

第五個條件，所未聞經聞之不疑，不與聲聞而相違背：所未聞經聞之不疑，這是要有很大的善根、福德及智慧的。但是所未聞經的經義看起來似乎與二乘法不同，其實與二乘法並沒有違背。「所未聞經聞之不疑」，這句話非常重要，因爲正訛之間很容易混淆，也很容易被有心人拿來妄做文章。所未聞經，本來是非常勝妙的經典才能稱爲所未聞經，譬如第二轉法輪時期，二乘人還沒有聽過的般若系列經典，就是二乘人的所未聞經。又譬如已經證悟般若的三賢位菩薩們，對於以前從未聽聞過的第三轉法輪一切種智經典，也是所未聞經。三藏十二部經雖然有很多人讀過了，其實所未聞經仍然所在多有。並且所未聞經有兩個法，一個就是「此經」；很多經裡面說的此經，其實講的就是如來藏。如來藏就是經，而這個經，教典裡面都是隱覆密意而說，所以對一般學佛人來講，這就是所未聞經。而這個所未聞經，明聞者一定會生疑，因爲知見與體驗都不夠，慧力就生不起來，無法確實的發起智慧，也無法生起抉擇慧，因此聞之就會生疑。

第二部分的所未聞經，譬如 佛在阿含講過一件事；有一天 佛從地上抓起一把沙，伸出另一隻手的大拇指，把沙慢慢的撒到大拇指上，能留在大拇指上的沙是那麼少， 佛說：「我所說法如爪上塵，所未說法如大地土。」諸位想想看，四十九年說下來的法，記錄在大藏經中有十二部經，但也只是爪上塵而已，還有許多法是如大地土而未曾說出來的。為什麼不說呢？因為人間的菩薩幾乎是用不著聽聞的，所以在色究竟天中所說的法都屬於諸地菩薩應修證的法，而那一些法我們在人間幾乎是聽不到的，除非有地上菩薩在私下稍微說一點，卻不許記錄成文字，所以說那是所未聞經。對這些所未聞經聽了以後能不生疑，這個人就很不簡單。

一般人聽了總是不信，不說一般人，光說出家了而且受具足戒而成為出家菩薩了，但是 佛已說的經都不信，那你對他能怎麼辨？他們總是聞之生疑。譬如《大般涅槃經》裡面明明寫著眼見佛性，並且卷八還特別註明：肉眼而見。但是出家而且身為菩薩法中的法師（編案：指慧廣）竟仍然不信，還寫文章出來否定，然後再把眼識的自性、耳識的自性、意識的自性妄說為佛性；像這樣把深妙的佛性勝法否定以後，再執取自性見外道所執著的最粗淺而且是生滅法的六識自性，作為不生滅的佛性，豈不是愚癡人？這樣跟自性見外道又有何差別？所以聞所未聞這一句話眞的大有文章，所未聞經聞之不疑，是很不容易的。我們看到印順派的法師、居士們把般若經解釋作二乘法的緣起性空，把第三轉法輪的經典完全否定，悖離實相法界。穿如來衣、受佛弟子供養的表相正法住持者都還不信，一般人聞之生疑也就可想而知了。所以所未聞經聞之生疑，其實也是平常現象，不值得奇怪。

猶如《起信論》，一直有一分日本人說它是僞論；又如《楞嚴經》也一直有人說是僞經，印順派的法師、居士們就繼承了這個邪見；他們否定這二部經論，當然是有原因的，因爲《楞嚴經》把西藏密宗的意識境界根本思想破斥了，而《起信論》把西藏密宗的應成派、自續派二大中觀都徹底破斥了，當然他們要否定，所以乾脆就說是僞經、僞論，這樣，他們未悟的事實，不必辨正法義也不必解釋理由就解決了。但是從證悟菩薩的立場來看，不但不是僞經、僞論，而且是意趣甚深、勝妙無比。如今我們把《起信論》註解出來，看誰還能說它是僞論？現在他們不敢再否定了，至少在文字上不敢再講了。《楞嚴經講記》再過幾年也會出版（編案：這是 2001 年講的。《楞嚴經講記》將於 2009 年 11 月起陸續出版），讓大家知道它的法義是多麼勝妙，可是在這之前還是會有許多人寫書、寫文章誹謗說是外道典籍。因此對於所未聞經能聞之不疑，這絕對是一個大善根。

可是這句話，西藏密宗卻把它借來妄用。他們自己創造了一些奇奇怪怪的「經典」，像《大日經、金剛頂經、蘇悉地經》，這些都是外道法。西藏密宗最根本的依止就是這三部「經」，而這三部「經」最根本的還是《金剛頂經》。這三部密續中主張：大日如來（毗盧遮那佛）的快樂報身境界就是雙身法中樂空雙運的欲界凡夫貪欲境界。爲什麼說它們是僞經？證據充分，因爲它們是把阿賴耶識否定的，然後再把意識認定是如來藏；並且裡面的偈說的都是雙身法，然後說樂空雙運就是報身佛所得的果報，超越三界的報身佛，卻落在欲界凡夫意識境界的極重貪著中，這眞是笑死人了！然後他們就假藉這一句話：「**所未聞經聞之不疑，才是大菩薩。你聽聞了《大日經》之後生疑，就是淺見凡夫。**」借用這一句話來籠罩天下人。可是《大日經》，當你剛開悟明心那兩、三年，說句老實話，假使沒有久悟者提醒，你也不知道它是僞經；雖然你有慧眼了，還是看不出來。

我以前初悟兩、三年時也讀過，因爲我一直要探討：**明心了、見性了，爲什麼仍然不是佛**？不是講見性成佛嗎？佛有明心，我也有明心；佛有見性，我也有見性；爲什麼我仍不是佛？其中一定另有道理，因爲我知道自己眞的還不是佛。可是爲什麼諸佛明心、見性就成佛了，這問題在哪裡？我當然要探討，因爲根本就沒有人可以告訴我。好，我就不停的研讀經論，當時《大日經》也讀過了，也沒有發覺它有問題（當然也是因爲不敢隨意懷疑經典）；到後來《楞伽經》通了，《如來藏經》通了，《成唯識論》通了，把那些經典貫通了以後，重新再讀《大日經》時才發覺事態嚴重：它否定第八識，又用外道意識法來取代如來藏，然後又把雙身法帶進來，說欲界的意識貪淫境界即是報身佛的境界，又說要用自己身上的淫樂觀想轉移到佛陀身上來供養於佛。套一句台灣俗語說：「報身佛哪有這麼衰！」還會像他們一樣落在欲界意識境界裡面！不可能嘛！

七住菩薩就不會落在意識中了！且不說七住，聲聞初果就已經不落在意識中了，祂還落在意識中，世間哪有這種報身佛？那只能叫作密宗佛，不是佛教中的佛。可是他們也常常用這一句話來籠罩人：「這是你聞所未聞之經，甚深極甚深，是報身佛講的。化身釋迦牟尼佛不會說這個經，是法身毘盧遮那佛才會講的極深妙經典，所以你平常聽不到。現在有緣讓你聽到，是你的大福報。」聽起來似乎也有道理，所以一般人都相信了。僞經眞的害死人，他們就利用聞所未聞的道理創造僞經來籠罩天下人。因此當顯教中的法師、居士進入叢林參禪十幾年、二十幾年、三十幾年，還是無法證悟如來藏，就轉向密宗去學，他們就用這四字來籠罩人，也都成功了。也有許多聞名的大法師暗中修雙身法，可是他們的徒眾們都不相信，都說：「絕對不可能！」但是證據確鑿，怎麼說不可能？當初《狂密與眞密》第二輯要出版時，想要拍攝雙身像作爲封面，當時還買不到雙身像呢！有一家密宗文物店老闆說：「現在雙身像非常好賣，許多法師都來買，所以供不應求。」只好預訂，等著再從尼泊爾那邊運過來，多等了整整一個半月才買到；可見當時修學雙身法的出家人很多，你說事態嚴重不嚴重？密宗就是用這一句經文來籠罩人，然後警告你：「不許毀謗，毀謗就得下金剛地獄！」可是它們其實都是僞經。而大藏經的編輯者根本不知道是僞經，所以《大正藏》都把它們編進去。編進去以後，日本僧人最喜歡了，因爲他們希望繼續佔有寺院受人供養，又可以像在家人一樣娶妻生子而擁有在家法；所以現在日本許多寺院中的出家人被稱爲和尚，卻娶了妻子、生了子女共同住在寺院裡，將來寺廟就交給他的子女繼承，兒子又繼續住在寺院中娶妻生子，這就是現在的日本和尚。

西藏密宗利用這一句經文來恐嚇大眾不許毀謗密經，而一般菩薩證悟時也沒有智慧可以辨別它；如果沒有指出來，而是自己知道它的邪謬處，必須是你已經有種智（法眼）了，才有能力辨別它。當然我剛剛寫出《狂密與眞密》時，不但西藏密宗抗議我，東密也曾經抗議我，因爲東密依止的根本經典還是《大日經、一切如來現證三昧大教王經、⋯》等，雖然他們把它作了不同的解釋，變成不是雙身法了，但是明明經文就寫著「金剛嬉戲」、「金剛蓮華二相合，令諸有情同妙愛」、

「五欲嬉戲而自娛樂，爲佛世尊而作供養；證如是句，一切世人所不能信」…等等，都是雙身法的文字證據，這些密續的雙身法本質，東密往正確的方向作了解釋，是值得讚歎的，但仍然遮蓋不了這些密續原本就是雙身法的實質。

可是藏密特地借用這一句話說：所未聞經聞之不疑，那你才是大菩薩，你才有資格修金剛乘樂空雙運。可是藏密的金剛只是骨頭加上一堆肉做成的，都是五蘊中法，何來金剛可言？因此所未聞經聞之不疑，還得要有個前提：你對於那一部所未聞經的經義有沒有疑問？自己要有能力檢查。所以我們才要重新編輯藏經，將來要出版《正覺藏》，原因就在這裡。一定要把那些僞經驅逐出去，不然後世還會繼續害人。連大山頭的和尚都在修雙身法了，那你說佛教被破壞、被外道化的情況有多麼嚴重？也就可想而知了。三年前雙身像都賣到缺貨，而且有很多比丘尼去買，佛教淪落到這個地步，可憐不可憐？我的看法很簡單：既然出家了就不要貪在家法，既然是在家人就不要貪出家法。出家人有權、有義務受人四事供養，你在家人不許接受任何供養；你出家了接受四事供養，就不要貪在家法而想要同時享有人倫中的敦倫之樂。在家人與出家人都要把握分際，不要把佛法及戒行改變了，不許用外道法改變佛教的制度規矩，更不許用外道法來取代根本法義。

所以，所未聞經聞之不疑，一定要施設一個前提：先要有智慧辨別。假使沒有智慧辨別，貪淫的凡夫外道創造出來的雙身法僞經也照單全收，只要在開頭寫上「**如是我聞，一時佛於舍衛國**」，讀了這幾個字就信了，那就壞了道業。十幾年前也有一貫道竄改經典，他們也寫上「**如是我聞，一時佛在祇樹給孤獨園**」，然後把經文竄改，送回佛寺去，有的佛寺不覺，還繼續在流通，這眞的很嚴重。**對所未聞經不生疑心**的前提是要有慧眼、法眼能夠分別抉擇，然後才來決定要不要生疑？因此這裡所謂的所未聞經是指眞實經典，不是指外道僞造或附佛外道的藏密僞造的僞經。如果菩薩能夠這樣子，對眞實經典（諸佛菩薩傳下來眞正的經論）聞之不疑，這個人善根就非常大。可是假使所未聞經聞之不疑之後，發覺這一部你所不懷疑的經典，卻是完全違背聲聞法的解脫道，這部經就絕對有問題了。所以「**不與聲聞而相違背**」這一句話，就是教導大家不要光取前一句**聞之不疑**，還要用後一句來配合：**假使與聲聞法的解脫道相違背，那麼這部經典絕對有問題**。

我們再以大日等「經」來說好了，那些密「經」講的是以**金剛嬉戲、蓮杵相合**的淫樂觸覺境界來供養報身佛、供養法身佛，請問這是不是意識境界？正是意識境界。這樣有沒有違背阿含的解脫道？正好相違背！因爲阿含破斥了意識，也破斥意識所受一切境界；而大日等「經」所認爲的如來藏正好又是意識——把意識錯說爲不滅法，又認爲意識所受的淫觸是報身佛的果報境界，在在處處都與聲聞法相違背了。並且它又否定了阿賴耶識，說沒有阿賴耶識，要以沒有阿賴耶識的「智慧」來修學金剛乘。既然沒有阿賴耶識，就是沒有第八識了，還會有般若實相智慧嗎？若法界中確實沒有阿賴耶識心體實存、永不壞滅，請問：「阿羅漢滅了十八界，把六識、意根都滅了——七個識滅了以後入了無餘涅槃，那不是斷滅嗎？」但是聲聞經典裡面明明寫著：無餘涅槃之中有本際、有實際不滅。又說是「清涼、寂靜，常住不變。」大日等「經」把阿賴耶識否定了，結果聲聞法的涅槃就變成斷滅境界了！若懂得用聲聞法四阿含來檢驗密宗的所有經典，你就可以判定它們絕大多數是僞經，是外道經。只要眞的懂阿含，這是最簡單的方法，還不必用到菩薩的法眼——道種智。

諸位要記住這一點，以後假使有誰把西藏密宗的經典拿來唬弄你，你可以照樣閱讀而沒有關係，但是記得心中先打個問號「？」，然後一面讀、一面檢查：它的內容與聲聞解脫道有沒有相違背？假使違背了，那就是附佛外道創造的僞經，這是最容易判斷的方法。所以，要具有這個**聞之不疑**的善根，就必須同時**不與聲聞而相違背**，要以這個原則作前提。如果沒有這個前提，外道寫出來的如是我聞等等，你也信了，那麼學佛學到後來，將會變成學外道而不是學佛了。假使不與聲聞而相違背，才有可能是眞實經典；而般若系列的經典，第三轉法輪的唯識系列經典，都與二乘聲聞解脫道的四部阿含完全沒有違背之處，並且更爲勝妙。因此修學佛法時，要具備這個善根，確實很不容易；因爲往往會把大前提忽略了，都沒注意到**不與聲聞而相違背**的前提。所以菩薩如果所未聞經聞之不疑，而且能夠不與聲聞而相違背，這個菩薩必定於此世界行無瘡疣，捨壽能生十方諸佛淨土。

第六個條件是**不嫉彼供，不高己利，而於其中調伏其心**：菩薩心量不同於世俗人，當他看見世俗人獲得大財利時，絕不嫉妒、不羨慕，這樣才能稱爲菩薩；否則，這位菩薩前面要加上兩個字：新學。因此菩薩如果出家了，看見師兄弟們所受供養極爲豐盛，他絕對不會嫉妒、也不羨慕。假使自己因爲往世所修福德廣大，此世雖然不享受供養，可是供養卻源源而來，他也不會因此而自高；當他把所受供養分送給師兄弟時，心中沒有自高之心，菩薩就這樣調伏其心。這種菩薩已伏、除性障，當然行無瘡疣，捨壽定能往生諸佛淨土。這就像大學聯考一樣，這個人可以讀台大最熱門科系的，但是他想要來我中原大學、想要來我成功大學就讀，我當然接受，沒有不接受的。但如果是只能錄取銘傳大學的分數，想要來讀我成功大學、台灣大學，我還得好好考慮：除非他有特殊緣故，否則絕不接受。因爲成績不夠嘛！同樣的道理，像這種心性純善的菩薩想要往生諸佛國土，諸佛國土沒有不接受的，因爲是最高標準。因此這種菩薩必定能生諸佛淨土，所以眾香國也會接受他。

第七個條件是「常省己過，不訟彼短」：菩薩所爲就是作法義上的辨正，他人的身口意行通常不會拿到大庭廣眾來說；如果我把大師們的私行拿到大庭廣眾來講，那就是廣訟其短。這一點，我們學佛人要注意，不要隨便去傳揚某人的過失，特別是對出家人的過失，這對自己沒有好處；因爲假使有人做了這件事，就是常訟彼短，那就是把自己從高處往下拉來與有過失的人平等了。把自己的層次壓低了，對自己沒有好處。尤其是諸地菩薩，就像無著、玄奘這些菩薩們，假使有人胡亂毀謗，你最好不要轉述。而這種轉述錯誤毀謗的事情，是很多人常常在做的，但是他們自己卻都不知道已經犯了大過失。可是這種事情，諸位不要覺得很奇怪，因爲這裡是娑婆世界，所以古來祖師大德被亂誹謗的也不少，大家公認的大善知識照樣會被毀謗，這種事情在娑婆世界不足爲奇。

就像大名鼎鼎的大慧宗杲禪師，當年是被誹謗得一塌糊塗的，等到《鈍鳥與靈龜》連載出來，你們就會覺得那眞是誹謗到匪夷所思了，可是一直沒有人爲他平反。今天我們來爲大慧宗杲平反，因爲當年我讀到〈現代禪月刊〉上面登載藍吉富那篇文章時，我一讀就知道當時不是他說的那個情況，可是我手中沒有文字上的證據，能怎麼講？所以知道也沒有用，人家會說：「你都是一己之說，你沒有根據。」幸好他們那些喜歡誹謗大慧宗杲的人也很努力把續藏整理成爲光碟，我拿到手了，一看：眞相證據都在這裡了。所以就拿出來平反，結論是跟我所知道的完全一樣，卻不是他們講的那樣。

但是大善知識被誹謗的情形，在這世界很平常，那當然是大過失。然而即使是個凡夫僧寶，你都不該毀謗；除了在法上作辨正，除了指出他們已走入外道法的證據、應該趕快改正；身口意行的過失，原則上都不許說，因爲那是有根毀謗的輕垢罪，諸位在這點上要特別注意。不訟彼短，相對的，一定會有一件事同時伴隨存在，叫作常省己過。所以菩薩如果身口意行有過失時，他自己可能沒注意到，但是有人提醒，他就會改正。因爲菩薩有時乘願再來，會忘了往昔世曾經接受的規矩，不過要是有人提醒了，他就會記起來，馬上就會改，所以有些事情你是可以去觀察的。以前我們在禪三時，起三或者解三的開示之後，常常都會有一定的規矩：禮拜主三和尚三拜。我第一次遇到維那大聲說出這一句話時，我心裡面想：怎麼辦！我要怎麼應付？因爲我不想被人禮拜，可是又沒經驗，也沒有人教導我該怎麼辦。後來有位師姐提醒我：「老師！以後遇到這個情況時，你應該講：禮佛一拜。」好高興有人教我，到現在我心中還常常感恩她；因爲教得太好了，眞好用。從此以後就懂得請大家禮佛一拜，不要禮拜我：全部歸功於佛，我沒有功勞，我只是受命做我該做的事情而已，只是做我的本分事。

以前有時覺得被禮拜是有過失的，又不知道該怎麼辦？後來經驗多了，也有人教過我，每一次高喊「禮佛一拜」就解決了，所以這句話太好了，我到現在還受用，差不多快受用十年了。因此你身爲菩薩，要怎麼樣使自己能不居功、不自高，這是很重要的事。所以，外面人們對我的印象，跟你們對我的印象是不一樣的，外人對我的印象大概認爲說：這蕭平實一定走路威風凜凜，下巴抬得很高，一付瞧不起人的樣子。沒想到私下見了，只像個（現在應該叫作）糟老頭兒，什麼架子也沒有。這就是說菩薩本來就應該這樣，何必自高而慢人？因此如果你能做到常省己過而不訟彼短，這種心性良善的人捨報之後，十方諸佛淨土都歡迎你。如果我將來成佛了，也一定特別歡迎這種人；因爲所有人都這樣學佛時，我來成佛度人可就很輕鬆了！不必一天到晚要找某些人來問：「你有沒有犯了什麼壞事？」又要因人設戒了。那時都不必設戒，有四句清淨偈就可以了。每一次因事設戒時，都是很麻煩的事；如果佛國裡面都是清淨的菩薩，可就天下太平了！大家只管修行，沒有事情可以麻煩。所以如果有這個條件，十方諸佛世界都歡迎，因爲在這種情況下來成佛時，都沒有人事的問題，只管傳法就好了！那不是太棒了嗎？

最後一個條件：「恆以一心，求諸功德。」眞實菩薩在這一點上面是非常重要的，就是永遠一心一意求證種種功德，包括世間法的功德、出世間法的功德。在學佛人中求功德時往往偏在兩邊，有的人是專求世間法的功德：哪裡蓋寺廟就去做義工，如果沒時間而有錢，就以大量金錢投進去做功德。世俗話常常聽到一句話說「做功德」，原來功德是用做的。另有一種人落在另一邊，他不做這些事，他專門做法上的修行，他希望別人都護持他，使他什麼都不用忙，讓他專心去修行；但他修行而在將來證得解脫時，卻不會想要出來利樂眾生，只想繼續隱居；這樣求功德，求來是要做什麼？所以追求功德時應該有正確的知見，不該偏於修福，也不該偏於修慧，慧與福是應該齊頭並進來修的。所以雖然我現在是以法布施為主，可是有機會時，財布施也是一定要做的。

如果有一方大福田，我當然也要種，我為什麼開闢出來只給你們種而自己不種？這就是我的觀念。因此你如果眞的要走菩薩的道，修集功德一定要平均照顧到福與慧兩邊，不要偏重一邊，因為偏重一邊是永遠不可能有成佛的時候，所以功德不是只有一種，而是要去求**諸功德**。可是求諸功德可不要懈怠，因為常常有人很精進去寺院努力修一整天功德，回家以後經典也不看、禪定也不修，接下來整整六天飲酒作樂、打牌、唱歌；到週末時才發覺好像這一週太放逸了，於是週日再去寺院中做一天義工，讓心清淨一下。原來他只是想要清淨放逸的心，那其實是寺院給他功德，不是他給寺院功德。所以應該要每天都這樣：天天要上班，但是也要修行；下班了就要修行，有休假的日子去寺院幫忙也是同時在法上用功修行。不要去寺院時才修行，回家就全部忘光了，回到家就儘量吃喝玩樂起來，這樣就不是一心，而是二心了：週日才修，其他時間不修。

修學佛法時，你會發覺佛教界這種人是很多的。我們同修會裡面這種人就少，大部分都是聽完經回去，每天在無相拜佛做功夫；下班回來還要再做拜佛的功夫，有的時間必須陪著先生看電視，自己就在旁邊讀書；因爲若不陪他，他會皺眉頭，那就陪他：他看他的電視，我讀我的書。平常時間出門辦事就看話頭，把你的生活都融入修行當中，這樣才能叫作恆以一心求諸功德。雖然身心處在世間法中，卻不妨礙世間法而仍然繼續在修行，這才是菩薩所應當行的道。菩薩身在這個世界雖然是惡劣的、堪忍的世界，假使能夠有這八法的話，這個人我們應當稱讚他「行無瘡疣」，他一定不會爲了自己的利益去做事，他所思所行都是爲了正法，爲了利樂眾生；當然這種無私心的菩薩，十方諸佛淨土都歡迎，不單眾香國世界歡迎，所以一定是可以隨意往生諸佛淨土的。

維摩詰與文殊師利兩大菩薩說完了這些法，大眾當中有百千天以及人們，都發起無上正等正覺之心，他們發願：「我要修行佛道，不修二乘法的解脫道。」百千是十萬，因爲外國人最大單位是千，中國則是千以後還有萬，萬以後還有億，億上面還有兆。外國人最大的通用數目就是千，所以一千、兩千、十千、一百千、一千千；外國人沒有一萬二千，因爲他們沒有萬，就說十二千。一百千人就是十萬人，都發起無上正等正覺之心。有十千（十千就是一萬，古印度一千個千就是億，與中國的一萬個萬才稱爲億，並不一樣），也就是有一萬位菩薩得到無生法忍。換句話說：因爲聽聞　維摩詰、文殊師利兩大菩薩說了這番話以後，他們便進入初地了！太妙了！所以假使有緣親遇等覺菩薩，而且是兩位等覺菩薩一起說法，那可眞是大福報！人家混了幾百劫、幾千劫、幾萬劫、幾萬億劫，還混不到初地，這些菩薩們就只是聽兩位等覺菩薩一席法，成就初地功德，就過完了第一大阿僧祇劫，你說快不快？所以菩薩道三大阿僧祇劫說長還眞的是太漫長了！可是假使有好因緣，其實也是很快的。所以所未聞法其實還是很多，只是有沒有因緣聽聞罷了。因此這裡再跟諸位已經眼見佛性的菩薩們（其實也沒有多少，就這麼十幾位而已），提出一個你們可以進修的方向：到底佛性是什麼？佛性的名義當然是知道了，但佛性的本質到底是什麼？無妨探究看看。這在經典、論典上都沒有講過，可是如果能弄通了，無生法忍的獲得就會很快！這是眼見佛性者進修的一個捷徑，提供給諸位參考。

〈菩薩行品〉第十一

【是時佛說法於菴羅樹園，其地忽然廣博嚴事，一切衆會皆作金色；阿難白佛言：「世尊！以何因緣，有此瑞應？是處忽然廣博嚴事，一切衆會皆作金色。」佛告阿難：「是維摩詰、文殊師利，與諸大衆恭敬圍繞，發意欲來，故先爲此瑞應。」於是維摩詰語文殊師利：「可共見佛，與諸菩薩禮事供養。」文殊師利言：「善哉！行矣！今正是時。」維摩詰即以神力，持諸大衆并師子座，置於右掌往詣佛所；到已著地，稽首佛足右遶七匝，一心合掌在一面立；其諸菩薩即皆避座，稽首佛足、亦繞七匝，於一面立。諸大弟子釋梵四天王等，亦皆避座稽首佛足，在一面立。】

講記：現在要說到〈菩薩行品〉了，也就是說菩薩應得的智慧已得，接下來應當如何行菩薩行。當 維摩詰、文殊師利二大菩薩說完法之後，佛派遣給 文殊菩薩的任務已經完成了，也藉著 佛的指令以及探望 維摩詰菩薩的病狀而完成了維摩詰菩薩的大功德。假使不是他故意示現有病，就不可能有《維摩詰經》出現在人間；但是我們今天以親證如來藏的智慧來領受這一部經所說的妙法，一樣也是成就了 維摩詰菩薩故意示現疾病而完成這部經的功德，因爲後世菩薩、今世菩薩都可以用我們對這部經的解釋、演繹，作爲印證所悟眞實與否的根據，也可以從這部經中提升了自己的智慧。

所以在講解此經以前的禪三時，我們一向都以這部經中的三小段經文，來做最後的勘驗與印證：勘驗是讓你來解釋這些經文是什麼意思，當你解釋完了，你就爲自己證明所悟眞實了。昨天禪三最後一天，有好多位我都沒有用 維摩詰這三段經文來勘驗，因爲時間不夠了，但是你們自己讀一讀就知道所悟眞假了。我爲你蓋了章，你也得要自己認定這個章子到底是紫金印還是冬瓜印。假使是冬瓜印，蓋了就爛掉了，你沒有辦法再拿來用。假使是紫金印，這個印章拿來以後你還可以一用再用，隨處都受尊重。如果是冬瓜印，蓋了等於沒蓋，因爲你帶不回家，這一蓋時就已經當場爛掉了。所以《維摩詰經》可以說是佛門叢林的照妖鏡，所悟是否眞實，都可以從《維摩詰經》裡面獲得勘驗與印證。

前面這些經文都是在講般若智慧，是二十、二十一世紀所謂的「阿羅漢」們最怕聽的，因爲聽了完全不懂；你們之中尚未證悟的人，來熏習一年多、兩年多了，聽這部經時多少可以聽懂一些。若已證悟如來藏了，那麼聽了就是滿心歡喜；因爲我一講出來，你就可以隨即做現觀，證明果然如此，這樣一來它就幫你印證了。但是前面這些智慧、入不二法門等等都說完了，菩薩證悟以後要怎麼行？還是值得探究。當然得要來請 佛開示，所以就預先放光照耀 佛陀所在的菴羅樹園；這時 佛陀說法於菴羅樹園，大地忽然廣博嚴事、金光閃閃，所有的人都被金光照耀成金色了。

這菴羅樹園是哪裡來的？菴羅樹園本來是當時印度一位最高級妓女所有的。有一天聽說 佛來到她住的城市，聽人家說 佛是怎麼樣的一位聖者，所以她心中滿心歡喜就去見 佛，想要請 佛回來供養。當時 佛正在說法，看見菴羅女遠遠來了，就先交代比丘們：「你們所有弟子們都要攝心。」因爲這個女人太漂亮了（那也是她前世行善的果報），大家問：「爲什麼？」佛說：「因爲菴羅女來了，你們如果不攝心就會有道業上的危險。」所以大家攝心，她來了都不看她，只有 佛陀看她。菴羅女聽完法之後，她說：「希望世尊明天受我供養。」 世尊默然答應。第二天早上就眞的來請 佛，她連夜備辦精美飲食，第二天早上請了 佛去供養，供養完了聽佛說法，她證果了，就請求 佛：「我把這個樹園供養佛陀及僧，希望佛陀垂哀納受。」佛陀當場就收了，都不客氣；因爲僧眾越來越多，需要有地方住，所以當場就接受了，也成就了這女人的大功德，菴羅樹園是這樣來的。

這時 佛是在菴羅樹園中正在說法，忽然一切髒東西都看不見了，空氣變清新了，金光照耀整個園中，阿難尊者看了就向 佛稟白：「世尊啊！是什麼因緣，所以有這種祥瑞的感應呢？爲什麼這個地方突然變寬廣了、也變莊嚴了，是誰做出了這個事情呢？爲什麼使得一切大眾被金光照耀成爲金色？」佛告訴阿難說：「這是因爲維摩詰大士、文殊師利大士，他們被隨從的大眾們恭敬圍繞著，想要一起來到菴羅樹園，所以就先示現這樣吉祥的感應現象來預告。」

佛說完了，維摩詰、文殊師利菩薩都知道佛已答應了，所以維摩詰菩薩就說：「文殊菩薩啊！我們可以一起去見佛了。」他的病都不見了，眞是故意裝病。菩薩們常常會裝病，禪宗祖師也一樣。有個禪師臨命終前，故意假裝下巴掉了，每次講話就「喲……」，弟子們說：「和尚！你怎麼這樣？」他歪著嘴說：「我要走了！我要走了！」大家好不容易才猜懂他說要捨報了。好了！大家供養一週、兩週過去了，時間到了，他說：「其實我沒病。」自己把下巴一推，又好了！原來他只是使機鋒，可惜徒眾們都不懂，都空過了啊！眞是辜負他。有時祖師會這樣的，就像德山禪師也會裝病；德山宣鑑有一次可能是感冒吧，人家來看望他的病，徒弟問說：「師父！還有不病者否？」他說：「有！」徒眾們就問：「師父啊！哪個是不病的？」他就：「唉喲！唉喲！唉喲！」原來這就是不病的。但這不是開玩笑，你得要有證悟的本質，才會知道德山意在何處；你要是沒有證悟的本質，老是落在離念靈知上，根本就無法體會德山之意，一定錯會！所以我們的禪三印證標準，不像古時候，現在標準超高；不但要懂雲門胡餅、東山水上行，要懂趙州的水上踢球子，要懂蕭平實的七七四十九、果皮三兩片，還要考更高的東西；考過了才能被印證，周末才能來增上班共修；否則進不了門，因爲沒有增上班的上課證。

所以菩薩裝病本來就是正常事，祖師們也一樣有時裝病；有時則是眞的病，但眞病也沒關係，就拿病事來做佛事。所以這時 維摩詰菩薩什麼病都沒有了，原來只是藉著裝病，讓 佛派些人來讓他度， 佛陀就輕鬆多了，他已爲佛分勞了。可是這些人悟了，當然要送去交給 佛，他不收作自己的弟子，把度眾功勞全都歸於 佛，這就是菩薩幹的事。這時他對 文殊師利菩薩說：「我們可以一起去見佛了，與這一些菩薩們一同來禮拜佛陀、供養佛陀。」 文殊師利聽了就說：「太好了！走吧！現在正是時候。」所以 維摩詰菩薩就以神力把九百餘萬大眾及所有的獅子座，都置於右掌而去到 佛陀的所在。到了那裡，落下地面，放下所有菩薩眾及獅子座之後， 維摩詰菩薩就向 佛頂禮（這叫頭面接足禮），然後右繞七匝示敬。

一般菩薩們是在佛前右繞三匝表示恭敬，他則是恭謹的右繞七匝，你看等覺菩薩對佛的恭敬是怎麼樣的？越修近佛地時，對佛越恭敬。假使悟了就對他的師父不恭敬，那個人一定悟得很淺，大概是眞妄不分的人。你看等覺菩薩，是距離佛地最近的階位，可是他對佛的恭敬卻超越所有的菩薩。我們先回來探討一下右繞七匝的意思，有人也許心裡面奇怪：爲什麼見了佛以後要在佛前右繞三匝？這是古印度的習俗，見了貴人要在他面前右繞三匝，表示自己是恭敬誠懇而來，沒有帶任何兵器，我渾身都先讓你看一看，證明沒有不軌的意圖，所以人們也用這個方法來表示對佛的恭敬；既然大家這樣已經成爲禮儀了，所以菩薩見了佛就右繞三匝示敬。假使哪一天，哪一位同修來到佛前右繞三匝，你可別罵他神經病。維摩詰菩薩則是右繞七匝表示恭敬，然後正心誠意合掌而站在側面。

當他禮事恭敬時，諸菩薩當然不敢繼續坐在原來的寶座上；所以這時他們都避座而立，同樣跟隨著 維摩詰菩薩頂禮佛足，同樣右繞七匝，跟著 維摩詰居士站到側面去。不可以在 世尊前正面站立，因爲那是不恭敬的行爲，所以要站在側面。跟隨而來的諸大弟子、釋提桓因、梵天王、四天王等等，也都同樣下了寶座稽首佛足，都在側面站立。

【於是世尊如法慰問諸菩薩已，各令復坐，即皆受教；衆坐已定，佛語舍利弗：「汝見菩薩大士自在神力之所爲乎？」「唯然，已見。」「於汝意云何？」「世尊！我睹其爲不可思議，非意所圖，非度所測。」】

講記：世尊看他們禮拜過了，所以如諸佛之法慰問諸菩薩，也就是安慰他們

「一路辛苦了」，因為有的菩薩真的很辛苦從那麼遠的世界來，所以要如法慰問；然後教令菩薩們復坐——回到他們的寶座上面坐下來，眾菩薩就受教而坐。等到大家坐定了，佛就問舍利弗：「你跟著他們去，如今看見這些菩薩大士們是如何的自在，他們的神力又是如何的不可思議了嗎？看見他們所做的事情了嗎？」舍利弗尊者說：「真的啊！我確實真的看見了。」「你對他們的看法如何？」舍利弗尊者說：「世尊！我看見他們所做的行為真是不可思議，這不是我的意念所能做到，也不是我心中用各種想法所能測量出來的。」因為去到眾香國而且不必自己去，只派化菩薩去就可以要到 香積如來的飯食回來；然後大眾沒得坐，又從很遠的國度借來而化出那麼多高廣獅子寶座，也一樣是從另一個世界去取來的，有誰做得到？但 維摩詰都做得到，所以舍利弗尊者才說：「非意所圖，非度所測。」

【爾時阿難白佛言：「世尊！今所聞香，自昔未有，是為何香？」佛告阿難：「是彼菩薩毛孔之香。」於是舍利弗語阿難言：「我等毛孔亦出是香。」阿難言：「此所從來？」曰：「是長者維摩詰，從眾香國取佛餘飯；於舍食者，一切毛孔皆香若此。」阿難問維摩詰：「是香氣，住當久如？」維摩詰言：「至此飯消。」曰：「此飯久如當消？」曰：「此飯勢力至于七日，然後乃消。又，阿難！若聲聞人未入正位、食此飯者，得入正位然後乃消；已入正位食此飯者，得心解脫然後乃消。若未發大乘意，食此飯者，至發意乃消；已發意食此飯者，得無生忍然後乃消；已得無生忍，食此飯者，至一生補處然後乃消。譬如有藥名曰上味，其有服者，身諸毒滅，然後乃消；此飯如是滅除一切諸煩惱毒，然後乃消。」】

講記：這時阿難尊者向 佛稟白說：「世尊！今天我所嗅到的香味，是我追隨佛陀以來不曾聞過的，這究竟是什麼香味？」佛告訴阿難說：「這香味是這些菩薩們身上毛孔散發出來的香味。」舍利弗尊者想：眾香國的飯我也吃過了，我身上也有香，他就說：「我們的毛孔也同樣散發出這種香味。」阿難覺得奇怪就問：「這香味是從什麼地方來的？」舍利弗尊者說：「這是因爲長者維摩詰從眾香國取得香積如來吃剩的飯，我們在維摩詰居士房中吃了這個飯，所有人毛孔的香都是像這樣。」阿難尊者覺得疑惑：這香味什麼時候會失去？所以就問：「大眾身上這個香氣會停住多久？」維摩詰菩薩就說：「到這個飯消化完爲止。」阿難尊者又問：「這個飯食多久會消化完畢？」維摩詰菩薩說：「一般人吃了這個飯，這香飯的勢力會整整七天才消失。」但是又交代說：「阿難啊！如果是聲聞人學解脫道，他還沒有入正位的話（也就是說聲聞人學解脫道，還沒有成爲初果人時，就是說凡夫位的聲聞人吃了這個飯），得要成爲須陀洹以後，這個飯食才會消化掉。」聲聞人必須證得初果以後，這個飯食才會消化掉，因爲已入正位了。「如果已經得初果的人吃了這個飯，要等他成爲心解脫的三果人了（心解脫再過去就是慧解脫），這個飯的勢力才會消化掉。如果是修學大乘法，可是一直不敢發無上正等正覺之心；也就是學佛時教他要發起一個大心說『我將來一定要成佛』，他都不敢發，沒信心：『佛是何等的果位？何等的功德？我只是一個凡夫，我哪敢？』他不敢發心。像這樣的人吃了這個飯以後，要等到他發起這個大心，香飯的勢力才會消失。如果已經發起這個大心的人吃了這飯，得要等他證得無生忍（無生之忍就是證得如來藏，並且有解脫果的證量），這個香飯才會消化完畢。假使是得到無生忍的人吃了這個飯，要修到等覺位時香飯的勢力才會消化掉。猶如有一種藥稱爲上味，凡是吃了這個藥的人，身上所有的毒害都會消失；當毒害消失以後，這個藥的勢力及香味才會消失掉。同樣的，香積如來所食之餘飯，凡有食者都能滅除一切煩惱毒，這煩惱毒滅除之後，香味才會跟著消失。」

【阿難白佛言：「未曾有也！世尊！如此香飯能作佛事。」佛言：「如是！如是！阿難！或有佛土，以佛光明而作佛事；有以諸菩薩而作佛事，有以佛所化人而作佛事，有以菩提樹而作佛事，有以佛衣服臥具而作佛事，有以飯食而作佛事，有以園林臺觀而作佛事，有以三十二相、八十隨形好而作佛事，有以佛身而作佛事；有以虛空而作佛事，衆生應以此緣得入律行；有以夢幻、影響、鏡中像、水中月、熱時炎，如是等喻而作佛事；有以音聲、語言、文字而作佛事，或有清淨佛土寂寞無言、無說無示無識、無作無爲而作佛事。如是，阿難！諸佛威儀進止、諸所施爲，無非佛事。阿難！有此四魔八萬四千諸煩惱門，而諸衆生爲之疲勞，諸佛即以此法而作佛事，是名入一切諸佛法門；菩薩入此門者，若見一切淨好佛土，不以爲喜、不貪不高；若見一切不淨佛土，不以爲憂、不礙不沒，但於諸佛生清淨心，歡喜恭敬未曾有也。諸佛如來功德平等，爲教化衆生故而現佛土不同。」】

講記：阿難尊者接著向 佛稟白說：「這眞是從來沒有見聞過的事情！世尊啊！像這樣的香飯竟然能夠做佛事。」大家當然都想不到。確實香飯能做佛事，眞的不可思議，但是在大乘法中其實這是平常事。佛開示說：「就像你講的一樣，阿難啊！有的佛土是以佛所放射出來的光明來做佛事。」譬如《華嚴經》講的，又如《楞嚴經》講的，當菩薩進入十地時，會放射出光芒，從頂而出遍到諸佛國土，分別進入諸佛腳下，然後諸佛就策動各自國土中的九地以下菩薩來看望這位剛入十地的菩薩，然後諸佛接著又放出光明，這個光明伴隨著種種光明；主要的光明是來到這十地菩薩的頭頂上灌進去，使他得到無量百千三昧，其餘的光明就各自向那些十方來的九地以下菩薩灌頂，也都各各獲得很多的三昧。俗語說：「一人得道，雞犬升天。」現在可不只這樣，一位菩薩成爲十地，諸方九地菩薩都得到大利益，所以大家應該隨喜上地菩薩，不應該嫉妒說：「哼！他憑什麼進入十地！」他進入十地，對你有好處，不但十方諸佛爲他灌頂、加持他，使他成爲十地滿心（十地滿心就稱爲授職菩薩，授職菩薩就稱爲法王子），而我們大家就趕快跟著撿到大便宜，那有什麼不好？爲什麼不隨喜呢？所以嫉妒心眞的不好。嫉妒的人就不肯去，那人家得到百千三昧、好幾萬三昧，他就得不到。所以菩薩應該常常隨喜，自己做不到的都要隨喜，當你隨喜時就有一分功德。諸佛爲十地初心菩薩放光灌頂加持，這不就是用光明而做佛事嗎？

且不說那麼高的境界，說低一點好了！譬如有人因爲不小心犯了重戒，或者因爲外在環境誘惑的緣故而犯了重戒，假使現前沒有證量很高的菩薩來爲他做懺悔，那他該怎麼辦？只能自己在佛像前懺悔，每天痛哭流涕的懺悔，沒有一天間斷；每天到了晚上就懺悔，至誠心的懺悔，懺悔到佛放光加持他，重戒大罪就滅了。又譬如謗佛謗法，都是屬於重戒的戒罪，無關性罪；殺人放火的罪可就還有性罪，戒罪雖然懺滅了，將來性罪還要自己承受；可是謗佛謗法是屬於戒罪，只要誠心懺悔，佛有放光赦免，戒罪就滅了，就免下地獄了，這些都是以佛光明而做佛事。但是有的人，菩薩放光照他也沒有用，因爲他是新學菩薩，別人對菩薩誹謗一下，他就信了，那你再怎麼放光加持幫他悟入，也是沒有用，他將來照樣會謗你；謗你之後怎麼辦呢？又沒有臉來求你接受懺悔，那只好自己在佛前懺悔：「我很後悔以前無根誹謗某某菩薩，以後永不復作，希望佛陀加持我，放光照耀我，使我滅掉戒罪。」那也是一個辦法，不會丟人現眼而得到佛的赦免，戒罪就滅了，這也是諸佛以光明而做佛事。但是通常諸佛不會做這種事，而是要犯罪者直接向被謗的菩薩求懺悔滅罪；因爲，被謗的菩薩還在世，卻不肯直接去求懺悔，表示懺悔的力量太小了，太沒誠心了！

有的佛土以菩薩而做佛事：也就是說，有些佛土的眾生們沒有因緣可以親見諸佛，所以佛不來示現，就派遣菩薩去那裡度化眾生，這就是以菩薩而做佛事。你們不要覺得說：「這個太玄了吧！」不玄！你想想：一佛所化的國土是三個千的大千世界，那是多少的星球世界？你算算看啊！就等於一個銀河系，不管一個銀河系是一千億或者二千億的太陽系，其中都有一些行星是可以住人的，那你想想：需要多少菩薩來住持正法呢？搞不好你們諸位就會有人被 彌勒菩薩相中，未來哪一世派你到某一個星球去住持正法，這都很有可能。你們不要想像說：「成佛是多麼快樂的事。」我告訴你：成佛最累了！當你即將成佛時，你想一想：你住持一個三千大千世界，需要多少菩薩們來襄助你弘揚佛法？你想想看啊！所以你得要先做安排，要在好幾十萬、一二百萬年的時間中去安排這個事情，哪裡有那麼容易成佛的？假使你需要很多的菩薩來襄助弘法，可是這些菩薩們層次都還不夠，那你該怎麼辦？一定要忙死你：一天到晚得要幫助這些菩薩們提高證量。這很辛苦的，所以成佛不簡單啦！等覺菩薩們都要事先為自己的成佛預作準備，所以得要忙著幫助座下的菩薩們提升證量；前一佛留下來的徒弟們都是你要幫助的對象，想一想：你會有安逸的日子好過嗎？所以你想要成佛並不是那麼簡單的事情，那是很辛苦的。可是你說：「那我乾脆不要成佛算了。」可是我跟你講：你這一條路，早也要走，晚也要走，永遠都逃不掉；再怎麼躲，躲過無量無數億劫之後，你還是得要繼續走。既然晚也要走，早也要走，不如早走嘛！所以還是不許打退堂鼓，要努力幫助座下的菩薩們提高證量，然後由這些菩薩們分赴各個星球世界度眾，就是以諸菩薩而做佛事。

有的世界是以佛所化人而做佛事：就是以化身佛去做度眾生之事，這就像阿含部的《央掘魔羅經》裡面說：釋迦牟尼佛化身為一百佛，同時在一百佛世界成佛、轉法輪。這是阿含部的經典講的，這就是佛以化人而做佛事。有的佛是以菩提樹而做佛事：這真的可以，我們就可以做了。將來正覺寺蓋好了，可能會種一些菩提樹或別的樹，你們去幫忙種樹，也許你正在種樹時就悟了！種樹眞的可以悟，但是不要種雜七雜八的樹，像夜來香那一類的可別拿來種，那個香味眞的好難聞。如果願意，你拿一棵桂花樹去種，也不錯。種樹時，如果你的因緣熟了，還沒種完你就悟了，這就是以菩提樹而做佛事。你不要說：「我種的又不是菩提樹，我種的是桂花。」假使你成佛時，在桂花樹下成佛，桂花樹就改名爲菩提樹了！因爲你是在那一棵樹下成就菩提，大家就不敢叫它桂花，都改叫它菩提樹；然後本來的桂花這個名字，大家都忘掉了，這就是以菩提樹而做佛事。

有的人以佛的衣服臥具而作佛事：假使你有機會親承佛陀在世，眞的要想辦法，看有沒有機會爲佛陀裁一件衣服、做一件僧衣。在你這件僧衣還沒有縫完時就會開悟了。甚至於爲佛準備臥具，照樣可以開悟。假使你當木工，你就發願拜託：「請佛陀讓我種福德，我來爲佛陀您做一個床鋪。」假使佛陀答應了，你就有機會悟了，你就切啊！鋸啊！刨啊！裝啊！還沒做好，你就開悟了。

有的人以飯食而作佛事：對啊！見了佛，請佛明天供養，怕的是你沒有因緣；假使你有因緣，大乘法熏習日久，知見具足，佛陀答應明天來受供養，回家趕快連夜備辦諸種勝妙飲食，你忙上一個晚上下來也就悟了！再不然，佛受供以後問你：「昨晚忙些什麼？」也就悟了，眞的很容易啦！

有的人用園林臺觀而作佛事：其實道理都一樣，因爲實相法界如來藏，祂遍一切處。有人說：「那一切處只是十二處，你別誇大其辭，說什麼遍十方世界。」但我告訴你：眞的也遍十方世界。因爲你跑到極樂世界去，一樣會看見是這個如來藏，你跑到東方琉璃世界 藥師佛那裡去，一樣會看到這個如來藏；不管你跑到哪裡去，你都看得到這個如來藏，那不是遍十方界嗎？不過沒有悟的人會以爲說：「那就是遍滿虛空了？」但我告訴你：又不是遍滿虛空。不過保證你不論去到哪裡，上方無量世界多麼遠，去到那裡一看，還是這個如來藏；到下方無量遠的世界去，你看到的還是這個如來藏。不過我恐怕的就是還沒有找到如來藏的人，聽了會誤會我說的話。但我保證：你將來若是開悟了，不論去到哪裡都會看到祂。那你說祂是不是遍十方界？更何況你園林臺觀做好了供佛，哪有不悟的道理？

因此有時諸佛特地以三十二相、八十隨形好來作佛事：有的人喜歡雕佛像，其實在雕佛像時很容易悟的，怕的就是知見、定力與福德不具足，就難以悟入了。有的佛乾脆就示現受生，用佛身來作佛事：眞的可以用佛身作佛事，只是眾生證悟的因緣有沒有成熟而已。禪宗也有一個很有名的公案，我身後不是有一尊 悉達多太子像嗎？降生於人間時一手指天、一手指地，行走七步說：「天上天下，唯我獨尊。」等覺菩薩都沒有慢心，爲什麼祂降生人間時會說「唯我獨尊」？並且不是只有人間，還包括天上天下？這就是 佛陀示現在人間的第一個教外別傳的機鋒。但是有多少人知道？結果有人拿這公案去問禪師，禪師說：「我當時如果在，就上前把祂推倒了，還有什麼過失？」確實如此！這不是說誑話，而是說諸佛能以佛身而作佛事，禪師就以禪師身而作佛事，有什麼過失？都沒有！當時你要是在，上前把祂推倒了，佛也不怪你，並且站起來說：「好個弟子！」我們並不是說誑話，也不是說籠罩的話，你去禪三參禪若被我印證回來了，你就知道我說的是如實語、眞實語、不誑語，確實如此。

但是有的佛國土，是以虛空而作佛事：藉虛空讓大家體會如來藏心體猶如虛空，那又是另一個方便法，因爲那裡的眾生應該以這個緣而得進入佛的法、律中。但是有時，諸佛又以夢幻、影響、鏡中像、水中月、熱時焰的譬喻來作佛事：所以菩薩始從三賢位中的如幻、陽焰、如夢觀來完成三賢位的修證。佛特地這樣施設，確實有道理。假使不這樣施設，有的人往往誤會，以爲自己眞的已經滿足十住位、十行位、十迴向位了，就自稱：「我入初地了。」但是佛施設了這個現觀之後，菩薩們就不致誤會證境，也不會誤犯大妄語業。因此這些現觀的施設都有它的重要性，對於諸地也有不同的現觀施設：地地皆有不同，不致於誤會證境。

佛以種種方便善巧施設來作佛事，可是有些世界是完全相反的。譬如我們娑婆世界是以音聲語言文字而作佛事，但是有的清淨佛土都不用語言文字來作佛事，恆住於寂寞無言的境界，不以言說表示來說明佛法，而以如來藏的離見聞覺知、無作無爲的體性來直接示現，這就像啞巴一樣都不說話。有的人也許覺得這未免說得太玄了吧！可是不玄啊！在娑婆世界的佛教叢林就有了！有人來問佛法，德山一棒就打去，轉身就走了；有人來問佛法，禪師並不跟他說話，下座就走了，他也悟了，沒有言說。但也有人悟不了，嫌禪師苛刻吝嗇，不肯教導他，就把這個公案傳到另一個禪師那裡去，那位禪師卻說：「**你可別說他沒說法，他說法的聲音大如響雷哩！**」你看！大乘佛法就是這樣。你得要能夠這樣悟入，懂得寂寞無言無說無示，才可以說自己是證悟了。所以有人來問佛法，禪師往往不答，轉身就走。

有人來勘驗：這位禪師到底是野狐籠罩大眾呢？還是眞的有悟？就來探問：「**師父啊！如何是佛法？**」這禪師轉身就走，他不跟你說話。可是來者是作家（行家），從身後一把將他抓住，因爲這公案還沒有了掉；這位禪師被抓住了，轉身一掌把對方推倒，他又走了！始終都沒有一句話。可是這個勘驗的人站起身來，撫掌呵呵大笑：「**原來還眞是作家！**」他也走了！看來似乎活脫脫是一對精神病患吧？但我告訴你：這兩個人都是大菩薩，都不簡單。他們完全不用語言文字，但是就讓你知道對方所悟的眞假。所以諸佛國土有許多事相不可思議，都不能從表相來看；因爲實相離諸表相，卻在表相裡面顯現它的眞實相。

所以　佛作了一個結論：「就像是這樣，阿難啊！諸佛的威儀進止，」也就是諸佛的行住坐臥，「一切所爲全部都是佛事。」大乘法本來就如此，所以我們辦禪三，有智慧的人不用耳朵聽我說法；因爲用耳朵聽我說法，始終是悟不了的。他有智慧，用眼睛聽我說法，就很容易悟；因爲佛法不在言說中，言說只是要顯示佛法的眞實相。可是我們在禪三中解析公案、拈提公案，每個晚上普說，我們是兩個管道在說法，你得要有那個因緣，才能悟得進去。否則的話，我考的「七七四十九，果皮三、兩片」，你是無法通的；你怎麼想也想不出來，擠掉了所有的腦汁，也沒有辦法。所以諸佛都是這樣的：威儀進止，諸所施爲，莫非佛法。我們還沒有成佛，就已經懂得這個道理，何況諸佛的種種勝妙佛法，更有能力這樣做。所以有緣遇見諸佛，不要當作輕易之想。最怕的就是看見佛陀示現在人間時，有人竟然說：「佛陀還得要托缽、要吃飯，到了傍晚，弟子還要侍從祂去河裡沐浴，那還不是跟我們一樣？」我告訴你：就是不一樣，祂只是因爲慈悲才來人間示現。眾生總是以自己的景況來測度諸佛、諸菩薩、諸善知識，其實差異不可以道「里」計。所以諸佛一切威儀進止，諸所施爲，無非佛事；有智慧的人才會眞實信受，沒有智慧的人會說：「你這經文講的未免太誇大其辭了吧！」好在諸位都有智慧能夠信受，將來都有希望悟入。

「**諸佛威儀進止、諸所施爲，無非佛事。**」這對一般人來說，或者對於悟錯的大法師、大居士們來說，這句話是他們所無法理解的；因爲諸佛的四威儀（來去以及一切施爲）全部都是佛事，所以諸佛所教導出來的菩薩，也一樣以威儀進止、諸所施爲作爲佛事，因此很多人學佛久年之後終於發覺：見道的最好方法就是進入禪宗叢林去參禪。但是等他們進了叢林之後，禪師們很少上堂開示法語，往往是重要日子或是年節時才上堂開示。所以弟子們大多是一生操持寺務，有疑問時就直接上方丈室請益。凡是弟子上來方丈室請益，禪師就問：「你今天菜園子鋤草了沒？」「還沒除完。」禪師就說：「那你就去除草啊！」不爲他說法。不管哪一次上來問法，他總是說一些瑣瑣碎碎的工作上的事情。風穴延沼、石霜楚圓……，他們都是這樣。所以上堂問法時，有一次弟子不滿意就向師父抗議：「徒弟我來到這裡幾年了，每次上來方丈室，和尚總是跟我說一些鄙俗之事，卻都不爲我說法！」這師父就說：「每一次你上我方丈室來請法，我哪一次沒有跟你說法？」師父就罵他。他說：「沒有啊！我每次來，師父都沒跟我說法，都只是指示我去做一些瑣瑣碎碎的無關緊要的事。」這師父氣起來了，指著他的鼻頭就罵：「你這個人，竟敢稗販如來！」開口大罵。弟子就抗議說：「難道罵就是法施嗎？」這師父笑笑就說：「你懂得什麼叫作罵嗎？」這弟子一聽：「啊！原來如此。」終於會了。所以禪師們這些看來好像沒頭沒腦的公案，其實都是有人教他們的，（導師指著身後的佛像說）這都是 瞿曇和尚教的。不要以為這沒有傳承，都是有傳承的。如果您不信，看看這一句經文：「諸佛威儀進止、諸所施為，無非佛事。」你如果有因緣，從這裡就悟了；假使沒有因緣，像阿難以前跟著 佛陀四十幾年也悟不了。所以這些經文都不是隨便編一編拿來唬人的，真實佛法正是如此；若非如此，即非佛法。

所以能與善知識共住，那是很大的福報；可是每回禪三那麼多人跟我共住四天三夜，又有多少人知道我的意思呢？我真的是四威儀中都為他們說法，不但行住坐都為大家說法，我睡覺時也在為大家說法；問題是假使因緣不夠，始終就沒有入處，我這邊說歸說，他那邊還是依舊懵懂。我們這樣的作略，當然也有傳承，都從 瞿曇和尚來。所以上上根人不必等待佛陀開口，當下就悟。如果還要等到禪三，我們再施設種種方便，我都眉毛拖地了他還看不見我的眉毛在哪裡，那大概就自度不了。所以「諸佛諸所施為，無非佛事」，這都有深義；但是這些深義，古來有多少人能瞭解？說法的人又有誰知道這裡面有機關呢？所以一般法師、居士講解《維摩詰經》，快的話一週就講完了，慢的話三週，三週也不過只講二十一次，也就講完了。但是能夠每天講而講上三週，是該讚歎他了：眞會扯！我們講這部經總是像王大媽的裹腳布一般，要講很久；可是我們這個裹腳布是又香又長，因爲法太妙了。所以將來你們要是看到有誰註解《維摩詰經》、演述《維摩詰經》，只需看他這幾句話怎麼說，你就知道他有沒有悟了，這是最容易判斷的。假使你還沒有悟，你也可以從這裡去判斷說法者有沒有悟。因爲沒有悟的人總是會隨便幾句話，用他所想的就講過去了。所以佛不誑人，諸大菩薩也不誑人，都是說如實語，但是始終都有眾生不信。如今你們從這幾句話，可以看得出來，你來這裡所證的，是不是符合佛所說法。

釋迦世尊說了很長一段開示以後，又呼喚阿難說：「有上面所說的四魔八萬四千種種煩惱門，眾生爲這四魔以及八萬四千煩惱而生疲勞。」這是眞正的疲勞，因爲無量世以來永無休止的延續下來，還將會永無休止的延續下去，一直到他證悟以後才會開始漸漸的消除。「但是諸佛都以這八萬四千的煩惱門，以及四魔的干擾來做佛事，這個就是入一切諸佛法門。」所以如果眞的想要進入一切諸佛法門，千萬不要一人獨自躲到深山林下去隱居；那都是盲修瞎練，修到年老了，依舊是不開竅的頑石，一生一世空受眾人供養護持；但也因爲在深山林下，少諸煩惱，就難得有四魔的干擾，想要證悟菩提，就幾乎沒有機會了；想要斷除煩惱更不可能，因爲成就佛道的歷程，就是斷除煩惱的過程，把無量無數的煩惱在三大阿僧祇劫之中不斷現行而加以斷除，這才是成佛之道。

如果是深山林下專作解脫道的思惟，斷除我見、我執，讓一切煩惱遠離而不現行，並不是成佛之道，那都是在世俗法的蘊處界上面做種種的緣起性空觀行，那叫作聲聞法的解脫道、羅漢道，不是成佛之道。所以在那種情況下，不可能斷除無量無數煩惱，只能斷除有量有數的見惑及思惑；其餘無量無數煩惱種子都不現行時，如何能有機會去斷除呢？所以請大家不要抱怨煩惱太多，正因爲煩惱太多，才有機會讓我們去斷除它；反而要讓一切的煩惱現前，然後我們一一轉變它，最後習慣於煩惱，自在於煩惱而煩惱不自在於我們；到完全自在時，就是成佛之時。也不要去責怪四魔，當我們不斷的與四魔面對面接觸，到後來我們於四魔得自在，四魔不能於我們得自在，那就是我們成佛之時了。所以四魔與八萬四千法門都是眾生疲勞而不能自在的原因，但諸佛卻用這些法來教導菩薩眾：「一一降伏而自在於四魔及一切煩惱，不受一切法的左右，這個就是入一切諸佛的法門。」因爲十方三世一切諸佛都由此而入。所以一切菩薩現見十方三世一切法界都不離如來藏中所含藏的一切種子，不論是無漏有爲法或者有漏有爲法的種子，都是行者據以成佛的根本，就在這些種子上面去斷除或增益，然後才能成佛；所以一切諸法唯此眞實行，莫不由此如來藏眞實法而有。

既然如此，佛接著說：「菩薩入了此門，看見一切淨好佛土，不會因此而產生喜樂，也不貪求如是佛土，假使往生如是清淨佛土，也不因此自高而瞧不起其他諸佛世界的淨、穢土。假使他在純一淨土之中而看見其他世界的不淨佛土，也不會因爲佛要求他來不淨佛土受生而產生憂心，往生到穢土來也不會覺得有所障礙；他也不會因爲不得不往生到穢土來，就使得心中暗沉而不能弘法。所以當他入一切諸佛法門之後，看見黃金淨土或者糞穢大地時都是等心觀待，沒有高下的分別，只是對諸佛生起清淨心，越是往上進修就越歡喜恭敬，認爲諸佛是眾生極難得遇的聖者。世間如果有人能值遇諸佛，應該作未曾有想；因爲當菩薩進入一切諸法之中而看見種種諸法都是成佛之門，也看見十方一切淨穢土都是這個如來藏，由此緣故而對諸佛生起極大的恭敬與信心，了知諸佛智慧無邊的廣大。」因爲菩薩親證如來藏之後，無法推翻祂，現見十方一切世界莫非是這個如來藏，所以只有更加的歡喜恭敬，認爲是未曾有法，而經由佛陀傳授給我們；因此諸菩薩修行越好，就對佛陀越加的恭敬。但是諸菩薩也都知道佛所說的確實是正理：「十方諸佛不論是示現在純一清淨國土之中，或者示現在如同娑婆一樣的污穢土中，其實諸佛的功德完全平等而無差別；只是爲了所要教化的眾生根機有所差別，所

以顯現的佛土就會有所不同。」假使一尊佛所發的別願是要在清淨世界中度化眾生，祂就會像香積如來、不動如來一樣，示現清淨國土。假使所要度的眾生是具足五濁的剛強眾生，但因爲祂的悲心特重，所以特地在五濁惡世當中出生，祂所示現的凡聖同居土就是污穢土，所以都是由於別願的不同而有不同的示現。

但是五濁惡世的污穢國土中，難道就沒有方便有餘土嗎？難道沒有實報莊嚴土嗎？一樣都具有這三土。在純一清淨世界，譬如大家熟知的極樂世界，難道就沒有方便有餘土嗎？難道就沒有實報莊嚴土、凡聖同居土嗎？還是有的，只是所示現的佛土，因爲佛的別願差異而有差別。譬如我們娑婆世界的方便有餘土究竟在何處？諸位有沒有想過？應該想一想啊！現在的地球，方便有餘土幾乎是快要不見了，因爲方便有餘土是聲聞道所住的境界。請問：現在何處有人證初果、二果、三果、四果？諸位找找看：我們地球世間現在還有沒有？你找不到的，因爲那些自稱是阿羅漢的南洋「聖者」，仔細檢查之後連我見都沒有斷。但是這不代表方便有餘土消失了，仍然還是有，因爲在我們台灣正覺同修會裡面還是有許多的初果人，我見、三縛結已經斷除了，所以方便有餘土還是存在的。解脫道的聖者所住的自性境界就是方便有餘土，而我們這個污穢的大地與凡夫眾生，正好就是凡聖同居土，你們不應想像我們這個凡聖同居土以外有另一個空間是方便有餘土。土是所住境界，凡聖眾生所住的心境就是淨土、穢土。

極樂世界亦復如是，所以極樂世界下品往生者，在蓮苞中聽了很久四聖諦、菩薩六度的「錄音帶」以後，終於出離蓮胎，什麼時候才能證悟呢？遙遙無期！對初果及菩薩七住位的證悟都是遙遙無期的，所以他們所住的境界就是凡夫所居土；而那些下品上生人經過很久修行以後，所能證得的最高果位就是大乘法的初地，不能超越於此；所以下品生人，離開蓮花而出生之後，他所住的極樂世界既有初地聖人，也有凡夫，就是凡聖同居土。所以下品往生極樂世界的人們絕大多數是凡夫，那你要不要下品往生？或是要中品及上品往生？自己衡量看看。

極樂世界的方便有餘土就是中品往生的人，都已成爲解脫道的聖者，那就是極樂世界的方便有餘土。上品往生的人出離蓮胎之後，只有入地時間長短的差別，而沒有不證初地的，由初地到十地所住的境界就是極樂世界的實報莊嚴土。我們這個世界有沒有實報莊嚴土？還是有啊！從 無著、護法等菩薩，乃至中土玄奘菩薩及少數禪宗祖師，都是住在實報莊嚴土中，但無妨同時證得解脫果而具有方便有餘土，卻是與眾生和光同塵，所以娑婆也仍然有這三土。可是還有一個常寂光土在哪裡？那不是你我所能想像的，因爲那是佛地的境界；釋迦佛所住，阿彌陀佛所住，香積如來、不動如來所住，都是常寂光淨土。

所以一切佛土其實沒有差別，有差別的只是淨穢土的事相上面有所不同而已，但本質都一樣，並無差別。所以說：「菩薩入了一切諸佛法門之後，看見淨好佛土，不喜、不貪、不高；看見如同我們的這個世界的不淨佛土，也是一樣不憂、不礙、不沒；不會因為此地污垢不淨，所以心沒不起，仍然一樣奮發修行、利樂眾生。所以菩薩見諸佛土有種種不同，可是深心之中眞實了知諸佛如來的功德是完全平等的。諸佛淨土之所以會有不同，都是因為教化不同的眾生，所以顯現出不同的佛土，並不是諸佛之間互有高下。」能如是觀，才能說這位菩薩已經入一切諸佛法門了；若不能如是觀，這位菩薩即是還沒有入一切諸佛法門，窮其量只是三賢位的修證而已。所以《維摩詰經》中大有深義，《勝鬘經》亦復如是，處處大有深義，絕非一般法師、居士所能了知，更何況加以否定而說為後人之所創作的破法者。因此學佛之人應當對經典抱持著一個觀念：寧可信其為眞，不輕易說其為假。除非你有智慧能判斷它，否則最好不要輕易對經典加以妄判，特別是不可隨順應成派中觀的邪見者對諸經典加以妄判，這是大家特別要注意的。

【阿難！汝見諸佛國土，地有若干，而虛空無若干也！如是，見諸佛色身有若干耳，其無礙慧無若干也。阿難！諸佛色身、威相種性、戒定智慧、解脫、解脫知見，力無所畏不共之法，大慈大悲、威儀所行及其壽命，說法教化成就衆生、淨佛國土，具諸佛法、悉皆同等，是故名爲三藐三佛陀，名爲多陀阿伽度，名爲佛陀。阿難！若我廣說此三句義，汝以劫壽不能盡受；正使三千大千世界滿中衆生，皆如阿難多聞第一、得念總持，此諸人等，以劫之壽亦不能受。如是！阿難！諸佛阿耨多羅三藐三菩提無有限量，智慧辯才不可思議。】

講記：佛說：「阿難啊！你看見諸佛國土有若干種不同的世界，可是諸佛國土所在的虛空並沒有若干，虛空只有一個。同樣的，看見諸佛色身似乎有好幾尊，此地有釋迦世尊，西方有彌陀世尊，東方有藥師佛，眾香國有香積如來等等，各有不同的世尊。可是一切諸佛世尊的無礙慧都是同樣的一種，沒有兩種。」諸佛國土當然是有許多，可是諸佛國土同樣都處於虛空中。古人聽到這一句話，覺得有問題：國土怎麼會在虛空中？所以他們就想像，在我們這個土地上面虛空有諸佛國土，而不知道說諸佛國土不論是純一清淨國土或者像我們這世界的污穢土，其實本來就都在虛空中，古人不知道這個道理；今人因爲天文學發達，學校課程都有教：我們這個世界就是地球，而地球在虛空繞著太陽轉。果然是在虛空，所以你們不要老是說：「我們都沒辦法到虛空去。」你本來就在虛空，可是虛空有沒有很多個呀？沒有！虛空只能說有一個。而這個「一個」仍然是方便說，因爲虛空不可以說它是一個，因爲虛空是無法，虛空只是施設，虛空不是眞實有。

以前有一位師姊一直跟我爭執：「虛空明明有，怎麼說沒有？」我說：你的認知剛好顚倒。因爲虛空是依物質的邊際（在沒有物質之處）施設名稱叫虛空，所以虛空是無法；虛空又叫作色邊色，是依物質的邊際而施設的法，是附屬於色法的法，所以虛空不是眞實法，不能說它有，更不能說它有數量；物質才能說是有，才會有數量；虛空既然是因爲無而說爲虛空，那麼「無」當然可以無邊無際，只有「有」能夠說它有邊際。所以爲了讓大眾瞭解虛空是無，我們不得不說：你假設虛空有邊際，請問你到了那個很遠很遠的虛空邊際以後，那個邊際外面是什麼？外面還是無啊！不可能是有啊！無就是虛空。如果那個無，你再虛設一個邊際，就算你是超光速無量倍好了，又到了那個邊際，請問：它外頭難道是混凝土牆嗎？要不然！它外頭又是什麼？（眾答：無）就是無嘛！無就叫作虛空，所以不要把虛空建立爲一個眞實有的法，虛空只是依物質的外面沒有物質的地方施設叫作虛空，所以無就稱爲虛空。不要把虛空定義爲有法，否則虛空就落在數目裡面了，就可以算：一個虛空、兩個虛空。虛空既然是無法，那就可以無邊無際。假使有科學家要探討虛空的邊際，我們就會剝奪他科學家的名稱，說他叫作愚癡人。因爲虛空無法，如何能探索它的邊際；只能探討世界的邊際，不能探討虛空的邊際。

「癡人」。如果有人想探討虛空的邊際，只好給他一頂高帽子戴，上面寫著所以虛空無法，無邊無際，一切佛土不論是清淨土、污穢土，其實都在虛空中存在，因此：土有若干，虛空沒有若干。假使方便說，你可以說虛空只有一個，但必須聲明那是方便說，不是真實說。同樣的，諸佛色身看來各有不同，極樂世界有 阿彌陀佛，娑婆世界有 釋迦牟尼佛，其餘諸多世界還有 無相佛、無相光佛、須彌肩佛等等無量諸佛，看來佛身有若干可以記數，可是諸佛的無礙智慧都是相同的，並沒有不同，因為同樣都是以第八識如來藏所含藏一切種子的具足圓滿親證而成就佛道，所以諸佛的智慧互相之間並無差別。因此在十方虛空無量世界可以有諸佛色身住持正法，但是諸佛的無礙、無沒智慧其實都同樣只有一種，那就是以一切種智而顯現出大圓鏡智等四智心品。假使你瞭解到這一點，而你今天親證如來藏了，開始在修學一切種智了，你也發覺到無量無邊諸佛所傳授的法同樣都是一切種智，你就應該回過頭來感恩 釋迦世尊傳授我們如此勝妙之法。如同俗諺說的「放諸四海而皆準」，我們可以說：如來藏一切種智妙法，放諸十方諸佛世界而亦皆準。當你想到這一點，難道你不該感恩於 釋迦牟尼佛嗎？難道不該比以前更加的尊敬嗎？是應該如此。

不但如此，佛接著說：「**阿難啊！諸佛的色身、威相種性、戒定智慧、解脫、**

解脫知見等等，其實都一樣。」有哪幾種一樣呢？譬如諸佛色身，祂們在實報莊嚴土之中示現給諸地菩薩所見的，都同樣是三十二大人相、八十種隨形好等等，並沒有差別；而凡夫眾生所見諸佛是跟世間人一樣肉胎之身，所以凡夫眾生認為佛跟凡夫一樣，每天照樣吃喝拉撒，然後就把佛當作是眾生。諸地菩薩所見諸佛另有不同境界，是由智慧境界而見，所以他們不把諸佛當作眾生，也不把諸佛當作諸地菩薩，直接認定是佛；因此從實報莊嚴土來說，諸佛色身沒有差別。所以雕刻佛像的人，他們有一個說法很好：不管你要什麼佛，譬如你若想要坐相的佛像，他隨便請一尊出來給你都對。你如果要 多寶如來，就把一尊佛像請出來，手上加一尊寶塔就解決了。你如果要 阿彌陀佛，把寶塔換上一顆寶珠就可以了，都是同一尊佛像。因為從實報莊嚴土來看，諸佛色身並無差別；既然都一樣，你隨便一尊佛像，施設祂是什麼佛，就是什麼佛，剩下的只是你怎麼樣以有形之物去定位這尊佛像。

你說：「我這裡不說法，我這裡只是誦經、供養而已。」那就請一尊手呈法界定印的佛像來，不說法。「我這裡是說法的地方，我要請一尊說法手印的佛像。」那就請出一尊說法手印的佛像來，就這樣而已。其實不管是什麼手印，你要定義祂是什麼佛都可以，由你定。所以雕刻佛像最容易，不管要請哪一尊佛，請出任何一尊佛像來，都可以叫作某某佛。因此我們就在佛像前放了個小牌子，為大家說明供的是什麼佛；眾人來親近、禮拜完了，仔細看一看：喔！這是某某佛的彫像。不必再請問了。所以你如果到各個道場去，其實不必問供的是哪一尊佛，你只管拜你喜歡的那一尊佛就對了。它上面如果寫著　毘盧遮那佛，你想：「我只拜釋迦牟尼佛。」那你就拜　釋迦牟尼佛，不必管他什麼佛，因為其實是一樣：諸佛又不是依那個石像、金像、銀像、木像來作佛，是依智慧和祂的悲願來作佛。

因此諸佛色身容有若干種的差別，各各存在於十方佛土之中，但是十方諸佛的智慧，都同樣是一切種智的智慧，並無差別。但諸佛智慧無邊而深妙，所以諸佛成就的色身功德莊嚴亦難以想像。同樣的，「諸佛的威德相、諸佛的佛種性以及諸佛的戒、定、智慧、解脫、解脫知見等五分法身，和祂們所證的十力、四無所畏、十八不共法，和祂們因地不斷修集成功的大慈大悲以及種種威儀之所造作的行為，包括諸佛的無量無邊壽命，都是不可思議的。不但如此，諸佛在十方世界說法教化，以及成就眾生的佛道來清淨佛國土，祂們的所行所說，同樣都具足一切佛法，平等不二，所以才能稱為無上正等正覺，名為佛陀。」假使諸佛的威相、種性、智慧等法互有高下，就不能稱為無上正等正覺而應該分階級了。那是不是要分為：甲佛是第一級，乙佛是第二級，丙佛是第三級？那又如何能稱為佛？凡是成佛都是無上正等正覺，既然同樣是實相的究竟境界，當然不可能有高下，才能稱爲無上正等正覺；所以諸佛之間不可能會有高下之分，否則就不是無上了。

因此，法輪功的李宏志在書中自稱他的證境比釋迦牟尼佛高，如果這樣講，他應該是成佛了，可是檢查看他明心了沒有？檢查他看見佛性了沒有？看他斷了我見沒有？從他所有的著作裡面，都很清楚的證明，他連我見都還沒有斷除，連如來藏在哪裡都不知道，所以若說他眞的成佛了，他的名號應該叫作愚癡佛，在佛門中叫作無下不等末覺；因爲天下沒有這種佛，當然是最下層的假佛，是因中說果的愚癡凡夫。當然我講這話，會得罪人；但若有人是無上正等正覺，怎麼可能有人上於他呢？最多就是跟他平等而已。所以李宏志說的話，只能把他當作三歲小兒在講夢話。既然是無上，就沒有人能超過；既然是正等，那就是所悟的內容與範圍都是同樣的平等；既然是正覺，就是所悟的內涵必定是法界的實相，因此一切佛陀才名爲多陀阿伽度。因爲法界的眞實相無來也無去，無來無去所以名爲多陀阿伽度，翻譯爲如去。我們中國人就叫祂作如來。這多陀阿伽度，有人把祂翻譯爲「乘如實之道而來」，我說這種翻譯叫作甚解——解釋得太超過了。如來就是如來，沒有所謂乘如實之道而來；因爲若是乘如實之道而來，那已經落在意識上面了，反不如說「如來」的好；所以乘如實之道而來，這一句話好像是一條蛇身上長出來的四隻腳。由於這個緣故，所以如來多陀阿伽度就名為佛陀。

接著佛說：「阿難！如果我廣說諸佛國土、諸佛色身、諸佛無礙慧三句的眞實義，你縱使壽命長達一劫，聽我說上一劫也無法完全受持；就算是三千大千世界中遍布了眾生，而每一眾生都如同你阿難一樣多聞第一，而且得到憶念不忘的總持智；但是這麼多的阿難同樣都長壽一劫，聽我說明了一劫，也都無法全部受持。所以阿難啊！諸佛無上正等正覺都是沒有限量的，諸佛的智慧與辯才也都是不可思議的。」有人也許想：「騙人！佛法不過就是三藏十二部經而已，假使我退休下來，兩、三年就可以讀完了。佛講這個話，未免太誇大了吧！」有誇大嗎？我覺得沒有；假使有機會，和我單獨相處，並且你懂得請法，你將會發覺法無量無邊；而我們現在修行這麼差，也能如此，何況諸佛？怎麼能用微小粗淺的智慧去想像諸佛的智慧？而且三藏十二部經中，其中有許多都只是略說，並沒有細說與廣說。就像週末我們去新竹演講三個多鐘頭，讓他們聽到一些以前沒聽過的法，譬如說攝受眾生即是攝受國土，誰知道那句話裡面有什麼眞義呢？沒有人知道，而我們時間所限，也只是略說了一點點，不能多說，所以他們無法測度我的智慧。

那你想，假使哪一天有個人，他的智慧證量比我更高，不說你們無法想像他，我也無法想像他；以他的智慧再往上不斷的推上好幾個層級之後，那個最高層級的人就能想像諸佛的智慧嗎？不可能！所以沒有智慧的人才會自以爲很有智慧，越有智慧的人見了諸佛就越覺得自己笨得不得了。但是從另一個方向來說：知道自己笨的人，他就是有智慧的人，不知道自己笨就表示他完全沒有智慧，就會到處去設立道場，然後說開悟的境界就是離念靈知。那眞的是笨得不得了的人，才會這樣說。可是那一種人會覺得他自己是智慧無邊的，然後他就會想：佛開悟的境界大概就是我這樣的境界。所以才說：眾生看佛，佛亦眾生。可是佛看眾生，眾生亦是佛：都是將成之佛。原因就在這裡。因此，「諸佛無上正等菩提無有限量，智慧辯才也是不可思議的。」所以學佛人千萬不要自滿、自以爲是。

【阿難白佛言：「我從今已往，不敢自謂以爲多聞。」佛告阿難：「勿起退意，所以者何？我說汝於聲聞中爲最多聞，非謂菩薩。且止！阿難！其有智者不應限度諸菩薩也。一切海淵尚可測量，菩薩禪定、智慧、總持、辯才一切功德不可量也。阿難！汝等捨置菩薩所行，是維摩詰一時所現神通之力，一切聲聞、辟支佛，於百千劫，盡力變化所不能作。」】

講記：阿難聽 佛開示過之後，非常的灰心，於是向 佛說：「我從今天以後不敢再自稱是多聞第一的人了。」因爲他覺得：以我阿難這樣的人，若以遍滿了三千大千世界所有的阿難都長壽活到一劫，來聽 佛述說佛地的境界，聽上一劫也無法全部記下來，那我阿難算什麼？所以他就像洩了氣的皮球一樣，不敢再覺得自己是多聞第一了。也許你覺得：「這話未免誇大吧！」但我告訴你：眞的不誇大。假使諸佛把二、三轉法輪所說的法，一一加以細說，那你想：阿難尊者要如何能記持？如今第三轉法輪經中所說的法， 釋迦佛都只是略說而已；如果細說下來，有多少法可以解說？他怎麼可能全都記得住？能把《大藏經》中那些經典法義記得住，已經不得了了；可是如果把這些經典中的法義廣說下來，如何能記得住？當然阿難尊者不敢再自認爲是多聞第一了。

可是 佛給他多聞第一的名號，也並沒有錯，所以佛說：「你不要生起退失的想法，爲什麼呢？因爲我說你阿難是在聲聞法中多聞第一，不是在菩薩法中說你多聞第一。」因爲在菩薩法中，哪個菩薩不是多聞的？怎麼算也輪不到阿難尊者。凡是明心以後再進修多劫的菩薩們，都已經承事過很多佛了，哪一位不是多聞的？而所聞的法又不是阿難當時所能知道的，因爲他當時還在聲聞道中，當然不能稱爲菩薩法中多聞第一，所以 佛給他的多聞第一是依聲聞法而說的，不是依菩薩法而說的。所以 佛接著說：「別再這樣想啦！阿難啊！凡是有智慧的人都不應該用有限的數量來測度諸菩薩的智慧。一切大海以及深淵，假使花上很多的時間，都還是可以測量的；可是菩薩所證的禪定、智慧、總持、辯才等等一切功德，是不可能被你測量出來的。阿難啊！你以及你的師兄弟們，且暫時放下菩薩所行的一切事情，先不說他們；單說這位維摩詰菩薩，他在方才短短的時間裡所顯現的神通之力，一切的聲聞人及辟支佛，用上一百個千劫，也就是用上十萬劫的時間去努力變化來做，也無法做成功的。」

這眞的是事實，以往有人對我說的話不太信受，我說：「假使你明心了，哪一天有個南洋來的阿羅漢（假使現在眞有阿羅漢的話），來到你面前談起般若，他沒有開口的餘地。」因爲他們都是在世俗法的蘊處界上面來觀行緣起性空，他們並沒有親證法界中的實相心如來藏；既然不知道萬法的眞實相就是如來藏，他又如何能通般若？又如何能通種智？而你開口所說的全部是般若、種智，他要如何跟你對話？所以我說他們沒有開口的餘地，假使現在的南洋還有阿羅漢的話。

我敢當眾說這個話，當然是有所本的。我的所本，是如來藏以及如來藏中的一切種子。這話不能無所本而亂講，我說了這話將來整理成文字，印成書出版，流通出去，我是全無所懼的。假使哪一天南洋眞的來了個阿羅漢，他來到我面前還是沒有開口的餘地；並且不需要到我這邊來，在親教師、在你們破參兩、三年的人面前，他也沒有開口的餘地；因爲他對法界的眞實相全無所知、都無所證，既不知道法界的眞實相，如何能與你說話？就算他眞的成爲阿羅漢，乃至成爲三明六通的俱解脫阿羅漢，當你問起他：「請問尊者！你將來捨報入無餘涅槃以後，那是什麼境界？裡面是什麼？請你告訴我。」他只好口掛壁上，你說他要怎麼開口？但是你可以慢條斯理跟他閒聊：「當你十八界、五陰都滅盡以後，剩下的就是你的本際，本際就是如來藏。」而如來藏的體性如何、如何……，你說上一個鐘頭、三個鐘頭，他也只能聽，不能開口，事實是如此。

而我們這些話將來會整理成文字，印在書中發行出去，讓南洋所謂的阿羅漢讀讀看，才會知道大乘法的勝妙所在，沒有人可以誹謗它。我們眼前的法已經如此，更何況 維摩詰居士的不可思議境界，阿難尊者當時如何能夠測度？所以還是要呼籲佛教界一切人：應當尊重法，不可有絲毫的輕心；否則不但是自障己道，而且轉而障眾生道，後果是難以想像的，將會使得自己和追隨的眾生無量劫中輪迴生死，受盡無量苦楚而不得出離。我們說這話，當然是以沉痛的心情來講，能不能接受，那就看他們的造化了。

【爾時衆香世界菩薩來者，合掌白佛言：「世尊！我等初見此土，生下劣想；今自悔責，捨離是心；所以者何？諸佛方便，不可思議；爲度衆生故，隨其所應、現佛國異。唯然！世尊！願賜少法，還於彼土，當念如來。」佛告諸菩薩：「有盡、無盡解脫法門，汝等當學。何謂為盡？謂有為法；何謂無盡？謂無為法；如菩薩者，不盡有為、不住無為。何謂不盡有為？謂不離大慈，不捨大悲，深發一切智心而不忽忘，教化眾生終不厭倦，於四攝法常念順行，護持正法不惜軀命，種諸善根無有疲厭；志常安住，方便迴向，求法不懈，說法無悋；勤供諸佛，故入生死而無所畏，於諸榮辱心無憂喜，不輕未學，敬學如佛；墮煩惱者令發正念，於遠離樂不以為貴；不著己樂，慶於彼樂；在諸禪定，如地獄想；於生死中，如園觀想；見來求者為善師想，捨諸所有，具一切智想；見毀戒人起救護想，諸波羅蜜為父母想，道品之法為眷屬想；發行善根無有齊限，以諸淨國嚴飾之事成己佛土；行無限施，具足相好；除一切惡，淨身口意；生死無數劫，意而有勇；聞佛無量德，志而不倦；以智慧劍破煩惱賊，出陰界入，荷負眾生永使解脫；以大精進摧伏魔軍，常求無念實相智慧；行於世間法，少欲知足；於出世間求之無厭，而不捨世間法；不壞威儀而能隨俗，起神通慧引導眾生；得念總持所聞不忘，善別諸根斷眾生疑，以樂說辯演法無礙；淨十善道受天人福，修四無量開梵天道；勸請說法隨喜讚善，得佛音聲；身口意善得佛威儀，深修善法所行轉勝，以大乘教成菩薩僧；心無放逸不失眾善，行如此法，是名菩薩不盡有為。」】

講記：這時，從眾香世界來到娑婆的菩薩們準備要回眾香世界去了，可是要回去之前總是要挖一點法寶，所以就開口向佛合掌稟白：「世尊！我們這些菩薩們初來乍到，剛看到這世界國土時就產生了下劣想，覺得這個世界比不上我們眾香國；因爲這個世界臭穢不淨，而我們眾香國一切是香。可是我們現在都自己在心中後悔並且自責，如今我們已經捨離了輕視娑婆佛土的心態了。爲什麼我們這樣呢？因爲我們現在知道諸佛種種方便施設的智慧眞實不可思議，爲了度眾生的緣故，所以隨著眾生根性與福德的種種不同而感應，所以顯現出來的佛國就有種種的不同。」從他們這一段話就知道其實他們來到娑婆世界已經學了不少法了。諸位是不是仍然會自輕？或是比以前更有信心？眾香國的大菩薩們來到娑婆，這樣短短的時間已經學到很多法了，所以他們心態有很大的轉變；因爲至少已經知道諸佛不可思議，法不可思議，佛身不可思議，一切諸佛平等平等，但是因爲悲願，所以示現在這種國土，這種佛菩薩眞正難能可貴、彌足尊貴；所以他們已經從剛開始的不正確心態轉變了，學到一些教訓，也學到許多法了，現在知道不該對娑婆的 佛及諸菩薩、眾生們生起輕心。可是現在要走了，當然要向 佛挖寶，所以就說：「我們眞的是如此啊！世尊！希望您賜給我們一點法，我們若因爲得到這些法，回到了眾香國以後，就會常常想起您釋迦牟尼佛。」還眞會說話哩！

既然這麼說，佛當然要開示，佛就告訴這些菩薩眾：「有一個盡與無盡的法門，這種解脫法門，你們都應該要學習。」當然 佛特地演說這個法，有很深的用意，也就是教導這些菩薩們：我們娑婆世界的菩薩們雖然身量這麼小，也沒有像你們那樣毛孔出諸身香，但我們這些菩薩們比你們眾香國來的菩薩們偉大。是在說明這個道理。很多人讀經，不知道 佛的用意是什麼，只懂經中的文字。但 佛的言外之意就是鼓舞大家：不要老是想要生到諸佛淨土去，其實這裡是更好修行的淨土，雖然同時也是穢土。要是不相信的話，我們來看看 佛陀怎麼說：「什麼叫作盡的解脫法門呢？這是說有爲法。如何是無盡的法門呢？這是說無爲法。如果你們是要當菩薩，那就不應該滅盡有爲法，也不應該一直想要住在無爲法中。」先把主旨提出來了！

那麼諸位想一想，如果是聲聞種性的人，一天到晚想著：「我要出三界、要解脫，我要寂靜，其他的都不要。」當他們聽到 佛說的這些話，是不是覺得很刺耳？因爲他們一天想的就是「盡有爲、住無爲」，可是現在 佛說的菩薩不盡有爲、不住無爲，是有爲法要一直留著，不安住於無爲法中，要離開無爲法；這跟聲聞人的希望和想法正好顛倒，那你說他們聽了怎麼能生歡喜呢？因爲這是跟他們所想要的境界完全不同；他們想的是有爲法要全部滅盡，所以捨報時十八界滅盡，五陰、十二處、六入滅盡；一法不立，一法不存，就這樣住在無餘涅槃的純無為境界中。現在佛說的卻是：不可以住在無為裡面，不可以滅盡一切有為。當然聲聞種性的人聽了會覺得很刺耳。但這才是菩薩法，菩薩異於聲聞道的所在，正是如此，佛陀眞是一言道破。

「什麼是不盡有為呢？是說不離開大慈之心，也不捨棄大悲之心。不離開大慈心就得要生生世世利樂有情，不捨棄大悲之心就得要生生世世救度眾生離開邪見深坑；並且還要很深刻的發起一切智的覺知心，而不滅沒；深發一切智心以後，還要生生世世都能記得而不忘失，再以一切智心來教化眾生，盡未來際都不會厭倦。」這樣才能稱為不盡有為。因為這些法都屬於無漏的有為法，這些法總不能住在滅盡定中無所作為而成就吧！當然都要在有為法中才能成就。雖是有為，但卻是無漏性，所以稱為無漏有為法。這無漏有為法是不該滅盡的，除非你修的是解脫道，而不是佛菩提道。

「不盡有為以後，還要藉著布施、愛語、利行、同事，以這四種攝受眾生的法門，常常憶念四攝法，隨順四攝法而行。並且在護持正法上面要不惜軀命，不許因為害怕色身性命被損傷破壞，而把護持正法的重要事情逃避不做。在種植種種善根上面，心中不容許有疲累之心、厭惡之心，並且立志常常安住於這種不盡

有為、**不住無為**的境界當中，以種種方便迴向不盡有爲的不可思議解脱法門，努力求證不盡有爲的解脱法而不懈怠，並且要把這種不盡有爲的解脱法毫不吝嗇的說給眾生瞭解。除此以外，還要精勤的供養諸佛；爲了想要精勤的供養諸佛，所以生生世世不斷的進入生死流轉之中，而沒有任何的畏懼。」不可以像二乘聖人一般，恐懼世世生死不斷，「然後在生生世世不離三界生死的過程中，對每一世光榮或羞辱的種種境界，心中都沒有憂愁或喜樂；也不輕視尚未學佛的眾生，對於已經在學佛的眾生，如同遇見諸佛一般的恭敬他們。假使有人未學佛或已學佛而墮於煩惱之中，不能脱離我見、我執的煩惱，菩薩要以不盡有爲的解脱法門來教導眾生，讓他們可以發起正念，不斷的深入無漏有爲法中繼續修學；生生世世於生死中雖然樂於修證遠離法，但是卻對於遠離煩惱的快樂，不當作眞實的快樂，也不珍惜那種境界，而不斷的投入生死當中，不去斷盡一切有爲法，也不執著於自己的快樂；但是當他看見眾生快樂時，卻對這種事情覺得很慶慰。菩薩在種種禪定境界當中雖然領受了禪定中的快樂，但是卻把禪定的境界當作是地獄的境界一般，因爲禪定境界的貪愛會使人貪著於色界、無色界的境界，將會因此而不斷的輪轉生死。」假使因爲貪著禪定境界而生天享福，福報享盡之後就只好下墮三途，再回人間之時可能許多往世修證的智慧都已經喪失殆盡了。所以菩薩雖在禪定當中，總是抱持地獄想，而不貪著禪定的境界。

「雖然，處於生死之中，是諸阿羅漢所最畏懼恐怖的境界，可是菩薩卻當作是在自家的花園、亭台樓榭當中享受；因爲在生死中有一切種智大樓，有大圓鏡智等亭台園觀。」如果離開生死境界就不可能有一切種智及佛地四智心品的親證，所以在生死煩惱當中，才能有佛法中的壯觀美麗豪華的莊園樓觀可以證得，所以菩薩於生死中視如園觀之想。「假使看見有人來求世間財物或善法，對於如此等人，菩薩總是把他們當作善法之師，捨掉自己的所有，而把對方當作一切智者來看待。」也許這個事情很難想像，但是佛法中確實如此。有人來求財而貪得無厭，或者有人一天到晚想要把你從配偶身邊搶過去，這些事情都可能成爲菩薩九種現觀之一的引發因緣；從表面看起來這一類人是不清不淨的，因爲他們心中有貪。可是假使你的因緣具足，這些事相（求你的財或求你的人），都可能引起你的現觀，而讓你超越原來這一地的境界，再往上升進，所以眞的應該對來求者生起善師之想；這些人在你因緣具足時，往往因爲他們一個惡劣的心行、惡劣的言語，而成就你的某一種現觀，你就可以超越眼前這一地。所以對這些人應該具有一切智想，因爲他們是以逆增上緣的方式來幫助你的。如同前面所說，因爲四魔八萬四千煩惱，而使得我們可以成就佛菩提，道理是相同的。

「因此菩薩看見毀戒之人，心中就生起救護之想，希望能救護他們，希望能使他們滅除戒罪，身心轉變清淨，終於能眞實進入佛道。菩薩以六波羅蜜、十波羅蜜作爲父母，因爲菩薩之所以爲菩薩，他最重要的事情就是成佛；但是成佛的依憑是六度波羅蜜以及十度波羅蜜的滿足，所以諸波羅蜜就是菩薩之父母。以這六度、十度波羅蜜爲中心，而配合三十七道品法作爲波羅蜜的眷屬，這樣次第修行，當然全都是在有爲法中來修證不可思議解脫，而不是像二乘聖人以無爲法的修證作爲解脫之法，所以菩薩不盡有爲、而不住於無爲境界中，來修行成佛的不可思議解脫之道。」這樣的解脫之道才是眞正的成佛之道，而不應該每日只求靜坐無事、受人供養，因爲那是聲聞法、羅漢道的修法，不是菩薩道不盡有爲、不住無爲的不可思議解脫法門。

（二〇〇五年講經前的感想：）日子過得很快，記得才剛過元旦，現在已經十一月一日了。青春還眞的是好，尤其兒童那個日子是可以隨便浪費的，而我們現在只覺得來日無多、如少水魚，就只是想還有多少時間可以爲大家、爲佛教做事。所以一年又一年，就好像比噴射機在飛還要快，好幾年的時光一下子就不見了，看來好像又沒做到多少事情，但是很希望諸位每週這麼辛苦來聽經，可以在法上明顯的感覺到一直在快速的進步。希望來這裡共修兩年、三年，可以彌補一個遺憾：

就是過去十幾年、二十幾年學法，總是渺渺茫茫不知道在學什麼，也不曉得目標，更不知道內容與階段，浪費了生命；希望來這裡兩、三年就可以彌補以往學佛二十年的無力感及生命的浪費感，這是我們對大家覺得比較交代得過去的部分。

「**發行善根無有齊限，以諸淨國嚴飾之事成己佛土；**」前面已經說過，有**盡**與**無盡**二法，盡就是不住有為法，不盡就是不盡有為法。煩惱已盡，就不住於有為中；不盡則是不滅盡有為法，才能繼續邁向佛地的果報。如果盡了有為法，就一定會像二乘聖者一樣死後入了無餘涅槃，佛教正法中就後繼無人而會漸漸中斷，最後無人能延續，如同今天的南傳佛法一樣，不再有眞實正確的解脫道了！因為阿羅漢不斷的入無餘涅槃，人間的阿羅漢越來越少，使得後來繼起者大部分不能取證阿羅漢果位，這樣一直到最後，乃至初果人都生欲界天去了，人間連個初果聖人都沒有了，這就是目前南傳佛教的眞實寫照。所以從數百年來南洋那些大師們的開示，雖然都說證阿羅漢、證三果，可是詳究起來，其實連我見都沒斷，所以菩薩一定要像 佛講的「不住無為」而「不盡有為」。如果菩薩都像二乘聖人想要滅盡有為法，都住於無為法中，當菩薩們漸漸捨報以後人間再也沒有證果的聖者了，又要如何傳法？最後只剩下凡夫們把二乘菩提及大乘菩提虛妄解說，那就是我們出來弘法之前的佛教界；這都有現成的例子來做證明，正是最好的寫照。

所以菩薩們即使已證得無爲，也不要住在無爲中。即使已深觀有爲法的虛妄，但是卻不盡有爲，讓自己留著一分思惑，生生世世繼續不斷的在三界中頭出頭沒，受諸痛苦也無所謂，要把 世尊的正法用來繼續利樂眾生。所以這個盡、無盡的解脫法門非常重要：實證解脫，但不取解脫；能盡有爲，但是不盡有爲；能住無爲，而不住無爲。所以 佛說：要發行善根無有齊限。發是發起，行就是運行；所有的菩薩們悟後都必須把善根如實發起，並且不斷的運行，不可以中止。由於發行善根無有齊限的緣故，才能夠攝取種種清淨佛國的莊嚴來成就自己的佛土。換句話說，想要在自己將來成佛時，佛土莊嚴、弟子莊嚴，並且正法、像法、末法時期都同樣具有莊嚴，就必須以更長的時間來攝取眾生，而攝取眾生就是成就自己的佛土，因爲佛土不是由自己創造，而是由你成佛時曾經攝取過的眾生，生生世世追隨你修學正法，在你成佛時來到你成佛的國土；因爲這個緣故，這些人所有的莊嚴自然就帶進你的佛國當中來共同莊嚴了。但是想要讓許多眾生和你結過善法緣，並且來共同成就你的佛國，你就必須把善根發起、運行，永不中止，這樣歷經三大阿僧祇劫，才能夠使你的佛土嚴飾成就，這就是不盡有爲、不住無爲的果報，也是由此來成就佛土。如果住於無爲，斷盡思惑，一捨報就入無餘涅槃了，如何能有佛國淨土的嚴飾成就？又如何能有成佛之時？所以這個「不住無爲、不盡有為」，非常的重要，因為這是成佛之道的精神所在。

「行無限施，具足相好；除一切惡，淨身口意；生死無數劫，意而有勇；聞佛無量德，志而不倦；」在三大無量數劫的成佛過程當中，必須修行無量無限的布施，這樣才能夠使得將來成佛時，身相具諸大人相及隨形好，因為三十二相及種種隨形好，都是靠著三種布施的無量福德來成就的。但是也要靠三大阿僧祇劫過程中，把身口意究竟清淨，這不同於阿羅漢只斷除惡習的現行而已，必須連習氣種子都斷除掉。還得要有大悲願，也就是初入地時所發的十種無盡願。剛入初地心之前要先發十無盡願，要像西遊記孫悟空頭上那個緊箍咒一樣，永遠不捨棄，乃至將來成佛以後也不許休息，不許入無餘涅槃，要繼續不斷在十方世界示現受生而利樂有情。不戴十無盡願緊箍咒，就無法入地，更不能成佛，因為一切諸佛的成佛都靠這個十無盡願。但是十無盡願其實是拘束自己不許住於無為中，要如虛空無盡一樣，恆常力行成佛之道而不中止，乃至成佛之後也不中止。

這個十無盡願，又稱為虛空願，也就是說：這十種大願是無窮無盡的，如同虛空無盡一樣；一直到虛空滅了，這十個願才可以滅除。但是虛空無盡無壞時，所以這十個願也就無盡無壞時；換句話說，要經過無數劫的生死，不畏懼頭出頭沒的辛苦，也不害怕每一世的生離死別，願意繼續不斷在人間利樂眾生。阿羅漢就因爲想到這一點，所以害怕；因爲在人間現前一世就已經夠痛苦了，但是想要成佛的人卻得要三大無量數劫不斷的受這種痛苦，所以他們很害怕，一心要入無餘涅槃。但是菩薩不害怕，菩薩說：「沒關係！我有時可以苦中作樂，調劑一下心緒又繼續往前走；很累了，我就睡一覺，明天又繼續往前走。」就這樣永無休止。所以阿羅漢看到菩薩們能這樣實行，無比的信服，這叫作意而有勇。知道三大無量數劫中一定是痛苦無量，但是有這個勇氣能繼續不斷勇猛直前、毫不畏懼，即使還沒有離開胎昧也不怕，勇猛的繼續往前走，這樣才叫作菩薩。假使聽說三大無量數劫要歷經無量數的生離死別，種種打擊、困苦，加上不可避免的病痛，阿羅漢個個聽了都害怕，所以一心要取無餘涅槃；但是我們就得要不害怕，繼續往前走。假使很累了，不管是身體累或是心累；覺得累了就休息一下，調劑一下。如果你度眾生時覺得好累、好累，連續睡了三天大頭覺，還說好累、好累，那一定是心累，我建議你去爬爬山，賞賞風景，然後明天繼續開始努力度眾生；不能像阿羅漢那樣沒有勇氣繼續往前走；這樣就是不盡有爲，也不住無爲。

三大無量數劫中常常會值遇諸佛，譬如我們在賢劫這個大劫之中，還有九百九十六位世尊可以覲見、供養、聞法，這有什麼不好？以前跟隨過 釋迦世尊，接著還有 彌勒世尊等九百九十六位，對我們而言，這一大劫眞是大豐收；下一劫一樣也有千佛，從現在開始整整兩個大劫都是我們大豐收的機會，這不是很有福報嗎？佛常常說：在三界中遇到佛的機會不多，以前九十一劫有一佛，接下來是三十一劫前才有一佛示現，然後才有賢劫千佛。所以我們這個賢劫眞的很有福報，聽到這樣一個消息，心裡面應該歡喜，不管下一輩子有多麼痛苦，仍然要像這一輩子繼續受生來努力修行，因爲這一劫就有一千佛可以値遇，太有福報了，應該就足夠鼓舞每個人的心志。假使想要去極樂世界，上品上生，趕快去、趕快回來，下一尊佛還可以遇得到。所以千萬不要求上品中生，因爲上品中生回來時，賢劫千佛已經都過去了。

能夠遇見佛，現前供養，那個福德眞是不得了啊！接著還有九百九十六位等著我們現前供養、修集大福德，而且可以聞法受益，那眞是太好了！所以如果要去極樂世界，應該要上品上生，去了趕快回來，彌勒尊佛還沒有出世，還可以等得到，應當如此。如果上品中生，在那邊要住在蓮花中一個晚上，等於我們這裡半個大劫，這半個大劫我想住劫已經過完了，因爲接下來還要有壞劫以及空劫，所以那半個大劫過去，極樂世界天亮了，遇見彌陀世尊，聽完法回來娑婆世界時，這邊住劫已經過去了，已經轉入壞劫了，一尊佛也遇不到了，那只好等下一劫了，所以最好還是求上品上生。在外面是沒有人敢說「**你們要上品上生去**」，因爲假使敢開口，大家可要罵慘他了。但是我們要鼓勵諸位上品上生，這樣可以很快又回來，還可以親値 彌勒尊佛。這是無上福田，只要有機會供養一缽飯菜，那麼未來世你的道糧都有了。所以不要害怕生死痛苦，因爲菩薩不是二乘聲聞，所以下面接著還會向大家開示「不盡有爲、不住無爲」的道理。

但是諸佛的成佛，都是三大阿僧祇劫修種種布施行，而成就無量的福德。且不說三大阿僧祇劫，光是最後百劫等覺位中修相好：**無一時非捨身時，無一處非捨命處，內財外財皆施**。想想看，這樣的功德難道不該是我們所敬仰的嗎？又加上無量無邊法界智慧，能利樂一切眾生，這功德不是世俗人所能想像。我們瞭解到諸佛有這樣無量的功德，應當要發大志願，殷勤不懈的繼續效法、學習、修行。諸佛假使如同二乘聲聞一樣盡諸有爲、住於無爲，就不可能**荷負眾生永使解脫**。因爲希望出離生死的人有三類，就是二乘菩提的兩類人，以及菩薩根性的一類；所以**以智慧劍破煩惱賊**，必須要具足三乘菩提的究竟智慧，不能單靠二乘菩提來利樂眾生，因爲二乘菩提所證的涅槃是可思議的涅槃，可是諸佛所證的涅槃是不可思議的解脫。當然，在我們出來弘法之前，都如印順法師說的：涅槃是不可知、不可證的。但是諸位明心之後，現前觀察十八界滅盡後只剩下如來藏時，祂離見聞覺知，也不思量，不生不滅、不來不去，是可現觀的。所以無餘涅槃中的境界，你不需要入涅槃就已經能現觀清楚了，所以涅槃其實是可知也可證的，不是印順講的不可知、不可證。這種涅槃，諸位明心之後都能思議它，但是對一般人、對四大山頭的大法師們來講都是不可思議的，但在諸位親證者之間確實是可思議的；即使有如此的智慧，佛的涅槃，諸位就無法想像了！不說諸位，等覺菩薩也無法想像，因為無住處涅槃不同於二乘涅槃；而且二乘涅槃也仍然是基於諸位明心時所證的本來自性清淨涅槃而方便施設的，所以二乘涅槃其實還是依明心時所證的本來自性清淨涅槃來建立。但是這涅槃，阿羅漢已經不能思也不能議了，更何況是諸佛的無住處涅槃，阿羅漢與辟支佛如何能想像呢？所以說，唯有這種佛地所擁有的智慧劍，才能破盡一切煩惱賊，無一不破，才能眞實出離陰界入。

也許有人心裡面想：「阿羅漢不也是出陰界入了嗎？」但是你明心後，如果詳細的現前觀察一下：阿羅漢有沒有眞的出陰界入？或者他仍然還在陰界入的境界中？當你明心後，現觀了無餘涅槃本際以後，你將會發覺到一件事實：阿羅漢沒有離開陰界入，沒有出離陰界入，因為阿羅漢是由五陰來當，阿羅漢出陰界入時是滅了陰界入；滅了陰界入以後，還有誰出離陰界入？沒有！也許你想：「那就是他的如來藏出陰界入嘛！」可是阿羅漢還沒有證得如來藏，又如何能說是已出陰界入？所以若從涅槃的實際來說，答案是阿羅漢沒有出陰界入。阿羅漢出陰界入，是依二乘菩提方便說，不是眞實說；依實相來講，阿羅漢沒有出陰界入。諸佛具足三乘菩提的智慧劍，能破盡二乘種性及菩薩種性所有行者的煩惱賊；換句話說，包括見惑、思惑煩惱，包括無始無明上煩惱，全部都能破盡。以這樣的究竟智慧而不入無餘涅槃、不住無爲中，不滅盡有爲法，才能世世荷負一切眾生，也使眾生永遠得入不可思議解脫境界當中，這就是不盡有爲、不住無爲。

又說：「**以大精進摧伏魔軍，常求無念實相智慧；**」這又會有許多人要解釋錯了，他們常常會講：「你看《維摩詰經》也這麼說：無念就是實相智慧。」從文字表面看來好像正確，似乎並沒有錯誤；所以很多人誤會經典，是情有可原；但是如果自稱證悟的善知識也一樣的誤會經典，那就不可原諒了。誠如《起信論》講的：「前念不覺，起於煩惱；後念制伏，令不更生；此雖名覺，即是不覺。」明明已經講到這麼清楚了，竟然有人還要把無妄念時的覺知心當作眞如心，自稱覺悟了，還振振有詞起來辯解；難道是 馬鳴菩薩腦筋出問題了，所以前後自相衝突嗎？當然不是！因爲 馬鳴菩薩講的離念的正覺、本覺，是無始以來本來就離念的，不是修行以後才離念的。這裡也是一樣，「無念實相智慧」是講，無始劫以來本就無念，不是將常常起念的覺知心，經由打坐修定變成無念，而且只是短暫的無念；所以眞實無念的是無量劫以來就本是無念的，證得這個本來無念的才叫作證得實相，才會有實相的智慧。但是想要證得無念的實相智慧，卻要心中常常祈求諸佛菩薩加被而能遇到善知識，才有機會證得，否則沒有機會證得。

這就要靠無量世中以大精進心降伏煩惱魔、五陰魔，讓自心對覺知心的自我執著漸次減輕到比較輕微時，才有可能遇到善知識。假使我見的煩惱仍然很重，縱使有佛菩薩安排他遇見善知識，也是沒有用，因爲不會相信善知識的開示。所以有很多人早課、晚課念著要除掉煩惱，然後很懇切的求觀世音菩薩：「求您幫我找一位善知識！」菩薩幫他安排一個機緣遇見了善知識爲他開示，結果他心裡面很輕視的說：「你算老幾？你眞懂那麼多？」不接受，當面錯過了。然後回去寺院做晚課時又繼續求，菩薩只好感嘆：「你這個傻徒弟，我幫你找來了，你不要，又來求我做什麼？」就不再爲他安排了。眾生往往如此，那就表示這些眾生過去世經歷大精進心摧伏魔軍的時間與過程還不夠，還要再加上幾劫，乃至兩、三萬劫不等；最後有一天自以爲悟了，被善知識說：「你這個離念靈知的離念是短暫的，不是永遠的；你如果證到永遠都離念的，那才是實相智慧。」一聽，有道理，原來我這個是短暫的、不究竟的，請問：「你證到那個永遠離念的沒有？」「有啊！你要證這個心也很簡單。」「怎麼簡單？」「來正覺同修會共修就有了。」他聽了就來了，那就得度了。

終於有一天找到如來藏了，發覺：祂還眞的是本來就離念的，即使我們當前不斷的打妄念，祂還是離念。所以無所謂制心一處、常保離念境界，不需要這樣，那太辛苦了。所以如果去外面被印證了，一定會交代你說：「**你要很小心保持，不然會退失悟境。**」什麼是退失悟境？是以妄念又生起時叫作離開悟境。那樣的保任豈不是累死人了嗎？很辛苦的打坐，坐到一個鐘頭、兩個鐘頭後，終於沒有妄念了，就說「**現在開悟了。**」待會兒下座又起念了，又成爲沒有悟了。這變成有時悟、有時沒悟了！那不成了有變異的悟了嗎？開悟後就有智慧了，所以悟了就永遠悟了，怎麼會悟了以後又變成不悟了？那豈不是開悟所得的智慧有時又會失去了？不可能嘛！他們是悟錯了，以定爲禪，所以還得要每天最少靜坐兩個鐘頭，繼續鍛鍊一念不生，否則就失掉「悟境」了。但我們不用，假使悟了以後每天去唱卡拉OK時，也是在開悟境界裡面唱，不會因爲唱歌就變成沒有悟。

假使遇到一個蠻不講理的人，也無妨跟他吵吵架，吵架時也是住在悟境裡面，怎麼會說吵架時就變成沒有悟了？所以實相智慧所依的本覺，其實是本來離念的第八識如來藏心，而這個如來藏不是像石頭、木塊一樣完全無知，祂可是靈靈覺覺、了了而恆常不斷的知，沒有一時一刻中斷過祂的靈知，即使眠熟了、悶絕了仍然繼續恆常靈知，只是祂的靈知（本覺）是本有的覺，是六塵外的**本覺**，這才是眞悟祖師有時所說的離念靈知啦！是永遠離六塵中的妄念，是在六塵外永遠離念而靈知分明的；所以外面那些人都沒有資格說他證得離念靈知，只有我們有資格說已證得離念靈知；因爲我們這個離念的是永遠離念，靈知也是永遠靈知，不會中斷、昏沈、起妄念。他們證的靈知，只要腦後一記悶棍就中斷了，所以誰有資格跟我們談離念靈知？我們也可以說：我們也是離念靈知，但不是你的離念靈知。我也可以跟他們講離念靈知，然而法就是不一樣，聽起來卻似乎是一樣。他們不懂，就說：「那你還不是離念靈知！」「是啊！我也是離念靈知啊！」「那有什麼不同？」「有啊！你的會中斷，我的永遠不會中斷；我的是常知，你的不是常知；我悟的是死了仍然常知，你的是死了就不知了，哪裡是常知？」一聽：「眞的是他口才好，我講不過他啦！」其實不是口才的問題，而是法的本質問題。

所以如果想要實證無念實相智慧，得要殷勤常求；可是殷勤常求不一定有用，因爲善根還沒有發起，不能運行善根，所以遇到善知識時仍然不信受，還要千方百計去打擊善知識，說是邪魔外道，這是末法時期很正常的事。那就表示說，過去無量世以來，他所經歷過的精勤修學佛法、降伏魔軍的過程還做得不夠。什麼時候夠了呢？很簡單！有一天發覺說：我有無明遮障，大概是以前對正法不信受，往世曾經誹謗過。如果瞭解到這一點，就不會再誹謗了，就會平心靜氣去瞭解所有善知識的說法互相之間有沒有差異？差異在何處？是誰與經典、論點的眞實義最相符合？能如此平心靜氣的檢查，而不是人云亦云的跟著毀謗，那就表示他的因緣成熟了，就表示他在這一世可以證得無念實相智慧了。

不但如此，還要**「行於世間法，少欲知足；」**這樣才能稱爲不盡有爲、不住無爲。在二乘法中他們不行於世間法，所以他們只有日中一食，晌午之前不飲食，過午之後也不飲食，只有中午托鉢，日中一食，其餘的時間都是經行、打坐、思惟出世間法，不行於世間法中。所以阿羅漢們除非僧團中有事，除非有人來請法，阿羅漢們都不行於世間法，所說、所論也都是出世間法。他們雖然同樣是少欲知足，但是不行於世間法；但菩薩所得的資財不是用來積聚，而是用來利益眾生，用在弘法的種種事務上面，自己的生活無妨照樣過得很簡樸，不求五欲境界，這就是行於世間法不盡有爲，少欲知足而又不住無爲。

菩薩**「於出世間求之無厭，而不捨世間法；」**聲聞人於出世間求之無厭，但是捨棄世間法。現在的印度仍然有這種人，他們成家立業，養育子女，四十歲出頭時就把家業、配偶交給兒子，他一個人出家去了。他們出家就只有拿著一支拐杖，杖上掛一個布袋，裝著簡單的生活所需，就到處行腳，過著少欲知足的生活；那是托鉢的生活，日中一食。現在印度還有，他們身上衣服襤褸。出家之後走到哪裡就睡到哪裡，不一定能再回到他的家門；即使有一天又回到家門托缽時，被家人認出來了，也只是在門前吃完一齋又繼續往前走，將來會死在何處？不知道。眞正出家修二乘解脫道的行者就像這樣：好像一隻鳥，今天飛到這棵樹，這棵樹就是牠的家，明天不曉得會飛過幾棵樹，會經過、停過幾棵樹，到那個晚上停下來休息的樹就是牠的家；最後捨命時死在哪裡？都不知道也不預作施設，對自己全無執著，這倒是斷除色身執著的好方法。但問題是：他們出家後仍然不能得解脫，因爲他們沒有佛法知見，雖然對出世間求之無厭，但是求不可得。

佛門中的二乘法行者也應當如此，於出世間求之無厭；假使有正確的佛法知見，求亦可得；但是卻要捨盡一切世間法，這才是二乘菩提。所以菩薩如果出家了，卻還在當縣長，那就是犯戒；出家之後還經營事業、還當營利事業的董事長，那就是犯戒；因爲出家菩薩要捨盡一切，無家爲家。所以如果菩薩出家了，剃頭著染衣而兼受聲聞戒了，卻還在經營公司，那就違背聲聞戒了。

如果放不下那間公司，他應該捨棄聲聞戒，恢復在家相，單持菩薩戒，當個在家菩薩。出家菩薩就不可以有世間法嗎？也是可以，但是有限制——不在求世間財上面。可以做什麼事業？做利樂有情的弘法事業，這是可以的。因爲菩薩不像二乘聲聞，所以菩薩出家了以後，爲了利樂有情，可以早餐吃了，午餐過午了也照吃，晚上再加上一餐，爲眾生忙到三更半夜時再來一碗點心，都不算犯戒；因爲菩薩與聲聞不同，聲聞人沒有爲眾生忙到深夜的。慧解脫聲聞人早上醒來就經行，如果 佛陀在世，就去聽 佛說法；中午快到了，下山托鉢；午齋吃過了，經行的經行、打坐的打坐，到明天早上又重複同樣的生活，他們沒有在晚上做事的。

但是菩薩要爲眾生做許多事，所以菩薩不能捨棄世間法。因爲如果日中一食，要爲眾生從早忙到深夜，身體根本維持不了，無法爲眾生做事。如果每天就只是打坐，出定了去托鉢，回來以後經行一番，消食了又打坐入定，當然一天一餐可以維持，所以他可以捨世間法。但菩薩不行，同樣是出世間求之無厭，而菩薩不捨世間法，所以華嚴五十三參裡面的在家菩薩有種種行業，甚至有的菩薩當宰相專門懲治惡人，被他抓到了就剁腳後跟，讓他不能再走路去害人；又譬如婆須蜜多，是高級應召女郎，莊院廣大，但是她可以度人家證悟，也可以與有緣人共眠而度人，那可就不是只有白天忙了。所以菩薩不捨世間法，因爲菩薩的法與聲聞不同，菩薩所修的法，直至成佛爲止都是以在人間最爲具足。如果到了天界就減少了，越往上去越少，一切種智就無法圓滿。

也許你想：去極樂世界最棒了，因爲極樂世界是諸上善人，都不會有人害我生氣，我也看不到誰在生氣，眞是一片和樂。可是不說一切種智，光是百法明門，你在那邊住久了，你都弄不清楚什麼是貪、什麼是瞋，因爲那裡沒有貪、瞋的人。「奇怪！什麼地方會起瞋心？」你就想不通了！搔破了後腦勺都想不通：什麼叫作瞋？有誰瞋心大發？你會連這個煩惱心所法都不懂。因爲在那邊，會讓你生氣的人都還住在蓮苞裡面，能出到蓮花外面來的人已經都不會讓你生氣，那你在那邊研究初地的百法明門時，貪、瞋心所法的法相就難以現觀了！所以這裡還眞好，你要找什麼樣的心所法，在這裡都有，不怕沒得體驗；正因爲每一種心所法在這裡都體驗得到，所以這就是最好的佛土，是可以讓你快速成就種智的淨土。菩薩如果捨離世間法，種智的內涵就很難具足親證了。

又譬如菩薩在人間，是不是證悟之後就離開了人間的倫理和五欲呢？不行！因爲你不可以說：「老爸！我證悟了，今天開始換你要供養我。」人間倫理還是在的。子女悟後也不可以要求父母說：「你們每天見了我都要禮拜，因爲我是聖人。」這是因爲菩薩不捨世間法，人倫仍然照樣保持著。如果年紀稍微大了，也無妨孫子央求妳：「奶奶！抱抱我！」妳就抱起他嘛！不可以說：「奶奶是聖人，你不可以叫我抱你。」聲聞種性的人出家了就不認父母爲父母了，只稱呼爲老菩薩，不再稱呼爲父母了；菩薩出家了卻仍然是稱呼爲父母的，與悟前完全一樣，這是證得出世間法卻不壞世間法、不捨世間法。

那你說：證悟就離開五欲了嗎？有的人腦筋眞的像漿糊：「你既然已經證得離六塵的境界，你從今天以後吃飯就沒味道了。」你看：誤會有多嚴重！他們想的是把這個覺知心變成眞心離六塵，所以變成沒味道；但我們講的是你這個妄心覺知心存在的當下，同時有另一個眞心是從來離六塵的，所以吃好吃的，人家問說：「好不好吃？」心情高興的說：「好好吃喔！」心情不高興時無妨照樣回答說：「沒有味道！」他們說：「你這個人很奇怪，心情高興就說好，心情不高興就說沒味道，眞的沒味道嗎？」「眞的沒味道，不然我明天心情很好時，你再來問，我還是會告訴你沒味道。」所以沒味道的心與覺得好吃而有味道的心是同在一起，看你是依哪個心來說。所以早期常常有人這樣質問，不論我們怎麼答他都聽不懂，很傷腦筋。後來他們終於弄清楚：原來有另一個眞心與妄心覺知心同時存在。可是大法師就講：「他說的不如法，心哪有兩個？」我們說：「心不只兩個，還說有八個呢！」

所以菩薩想要證一切種智，就在不捨世間法中去體驗到出世間的一切種智境界，所以於出世間求之無厭，是求成佛智慧，成佛才是出世間的究竟境界。但是佛地一切種智的親證，卻都是在人間最能具足體驗，因緣也最多，這也是諸位要特別注意的一點。所以，你如果想要在極樂世界成就一切種智，必須花掉非常、非常久遠的時間才可能完成，因爲在那裡能給你的因緣太少了。可是在這個世界，眾生具足五濁，所以他們能給你親證一切種智的因緣非常之多。所以淨土經中說：在極樂世界持八關齋百年，不如此地持八關齋一日一夜。這都是有深意的，不只是文字表面上看到的「因為時節長短不同的因緣」而已。想想看：在那裡都是諸上善人，你能有什麼證得種種現觀的因緣呢？既不可能引起你的任何疑情，你要如何證得種種現觀？所以這裡的眾生具足五濁，就正好是你修行的最快速道場。所以求生極樂很好，目的只是去跟 阿彌陀佛佔便宜：從明心七住或見性十住去那邊變成初地、二地、三地，趕快就溜回來，阿彌陀佛都不跟你計較，祂就是要你這樣，懂這個道理才是有智慧的人。所以菩薩求出世間法，而且求之無厭，但是不可以捨離世間法；若捨離世間法時，所求的出世間法就不可能究竟。

因此，菩薩漸漸就能「**不壞威儀而能隨俗，起神通慧引導衆生；**」菩薩無妨既保持他的身分與四威儀，但是不會遠離眾生，會繼續與眾生同在一起。假使菩薩遠離了眾生，就沒有機會可以地地增上了，因此說，菩薩要不斷與眾生同事、利行，當然就得要隨俗。總不能今天證悟了，明天出門去就要求眾生：「見了我，都得要禮拜供養。」那人家看了說：「你這叫什麼菩薩，一天到晚要叫我禮拜你，慢心這麼重！」不就開罵了嗎？不能度眾了！所以菩薩證悟後，固然有證悟後應有的威儀，但仍然是隨俗的，而且要隨俗到讓人家看不出你是一個證悟菩薩，只知道你是一個好人，這樣你就成功了。當市井小民看了你，也覺得你好親切，樂於親近你，而不覺得你是一個高高在上的聖人，那你這個菩薩行就算成功了，這叫作不壞威儀而能隨俗，雖然你說法時能鎭住所有大師們。所以市井小民，或貧賤而只能撿破爛的人們，看見了你會恭敬你，因爲你的智慧不同於凡夫大師們；但是他們又喜歡親近你，覺得你做人眞的太好了，心腸太好了，對他沒有一點點的卑視輕鄙，這樣就是不壞威儀而能隨俗。當你能如實做到這一點，而你又有那個福報，擁有一個好環境，也擁有閒暇可以修禪定，那麼你在禪定具足之後，就可以接著修學五神通了，到這個階段，加上經由神通所得的世俗智慧，又可以用來引導更多的（特別是引導世俗法中的）眾生迴向佛道。

假使今天你出來弘法，並且五神通具足，那你眞的可以廣度眾生，如果你不怕辛苦的話；如果你眞的有神通了，又有很好的智慧，可以帶領眾生悟後一步一步往前進修，那你就可以大小通吃：學人也度，俗人也度。那就可以分成兩館，這邊叫學人館，那邊叫俗人館。到學人館來，就是上課，很輕鬆的說深妙法。到俗人館來呢，你要請人預先發掛號牌，第一號進來問：「昨天我家愛犬走失了，請你用天眼通幫我找看看，牠在哪裡。」好，這個問完了，下一個問：「我兒子現在事業不順利，請你幫我看看他是什麼原因。」因爲他們問的不是同一個世間法，所以你要發掛號牌，這叫作俗人館。當然你可以藉著助人時方便告訴他們：「你們這個都是過去世有什麼因果，如今要在什麼地方去找，可以找得到。」也要告訴他們因果：「但是你這個煩惱是愛別離的苦，你今天才會來找我。你被人家倒債五千萬，這五千萬離你而去就是你的愛別離苦。」碰上一個老人：「我快死了，這麼多財產，我的金孫怎麼辦？」你就告訴他：「這叫作愛別離。」如果有個人說：「我什麼都不執著，可是我就害怕把這個五陰丟了。」「這也是愛別離。」都告訴他愛別離，只用一個法度眾生就夠了：都告訴他們是愛別離。當眾生聽你這樣講，「那怎麼樣可以離開這個痛苦？」「很簡單！你別再來俗人館了，改到學人館來。」這就可以大小通吃了。在學人館，你就可以分門別類：這個是聲聞人，讓他修二乘菩提；這個是菩薩種性，教他佛菩提。就可以因材施教，因爲你有神通慧，這時當然可以引導眾生，隨他的根性去度化，這也是不盡有爲、不住無爲。

菩薩還有二乘人所羨慕而不敢追隨的法，就是：「**得念總持所聞不忘，善別諸根斷眾生疑，以樂說辯演法無礙**；」得正念，以及由這個正念使你不會忘記總持，就能不忘諸法。萬法的總持就是如來藏。此經是什麼？也是如來藏。所以很多人讀經卻不知道什麼是受持此經。此經就是如來藏，你只要受持了如來藏，就已受持一切經了，因爲一切經都在此經中。菩薩證悟之後永遠不會忘掉：如來藏就是總持。由親證如來藏而得總持，從此以後聽到善知識解說如來藏諸法的妙義之後，雖然無法一字不易的複述，但是當人家問起來，仍然可以爲人如理作意說明，不需要記憶文字，只要能總持如來藏的義理，就能爲人解說諸法。還沒有悟的人，得要靠著從蕭平實那裡聽來的，或者書上背來的，一字不易的唸給人家聽，可是常常會有許多遺忘。但你證到如來藏以後就不用記憶了，當你聽過涅槃的本際正理時，聽過就有念總持存在，當人家問起來：「**你前年聽過蕭平實老師講無餘涅槃中的本際，能不能告訴我？**」「**可以啊！**」就用你聞法後的現觀告訴他，不必牙牙學語，這就是「**得念總持所聞不忘**」，聽過了就懂，當然能不忘失，不必死記了。

隨著不斷的悟後進修，漸漸就能「**善別諸根斷衆生疑**」。智慧越來越通透，以後就能從衆生的言語表現中，觀察衆生的根性，隨著能夠觀察衆生根性的緣故，漸漸就能爲他們斷除疑惑。聞法者若是聲聞種性，只爲他們解除二乘法上的疑惑就夠了；不必爲他們解除大乘法中的疑惑，因爲你解說了也是浪費口水。如果是大乘法的根性，他有疑惑，你就可以爲他們把三乘法中的疑惑全部說明。因爲你有這樣的智慧與能力，能善觀察衆生根器，能有智慧爲他們斷除疑惑，當然可以有樂說辯才、演法無礙。人之所以不樂說法，都是因爲於法有障礙，法義不通達，加上口才不便給。如果法無障礙，也已經通達了，口才又便給，一定會樂說無礙。

所以任何時刻，有眾生想要聽你說法，你都可以隨時上台爲眾生說法；到這個地步，自然就樂說無礙。樂說無礙的人當然可以爲眾生宣演種種法義，不但自己無所障礙，而且聽法的眾生聞法之後也能知解無礙。但是這些其實仍然都是在有爲法中來示現無爲法，假使離開了有爲法，就不能爲眾生示現這些無爲法，所以菩薩們都得遵循 佛的告誡：不盡有爲、不住無爲。

接著說：「**淨十善道受天人福，修四無量開梵天道；**」菩薩的成佛之道，在以前爲大家解說《優婆塞戒經》時已經說過了，其實都不離十善業、道，因爲成佛的過程有一些很重要的修行，就是十善業、道。成佛的種種修行不離十法（身三法、口四法、意三法），身口意都不造惡，並且時時利樂眾生，這就是身口意十業的善道。經由這十業的善道，與眾生同事、利行，來引發自己佛法中一切種智的種種因緣而漸次邁向佛地，漸次成就無量的福德，這就是菩薩清淨十善業、道。受天人福，是依願而行，不是自己貪愛享福；譬如需要藉用某一天天主的權位來護持正法，那就發願去受天人之福，並且也要教化無緣證法的眾生：清淨十善業、道，求生欲界諸天。如此一來，世間惡業減少，人間可愛，也就使得佛法在人間弘傳的環境能漸次成就，這也是教化眾生「淨十善道受天人福」的目的之一。並且菩薩自身還要加修四無量心，以及四禪功德，這目的是要打開梵天之道，也如此教導眾生。假使眾生都能修證初禪到四禪境界，也都願意精修四無量心，修證佛法的因緣就成熟了。眾生肯修十善業道、四無量心，也能證初禪到四禪，不但捨報後能生到梵天去，而且修證佛法的因緣也就漸次的成熟了。菩薩自身如此修，也勸化眾生如此修，這就是身相不盡有為，但是心相雖證無為而亦不住無為。

「**勸請說法隨喜讚善，得佛音聲；**」假使有遇到修證更高的菩薩出現在人間，就應該勸請說法，隨喜讚善，因為這樣做會有果報，就是未來「**得佛音聲**」。佛音聲在前面說過了，既如此殊勝，我們也應該求證。今天我們因為沒有佛音聲，所以得要靠麥克風、擴大機、喇叭，得佛音聲時就不用了，沒有擴音器材也可以讓幾萬人聽法，而且佛音聲還包括柔軟音等殊勝的功德。但這些功德不是平白而得，而是因為在菩薩位中世世不斷的勸請說法，請善知識說法之後並且隨喜、讚善，才能得佛音聲。真修菩薩行的人，不會請了善知識上堂說法之後，私下又評論：「他的聲音不好聽，他說法不夠深妙。」真是愚癡人，本來他勸請說法以後有大功德，可以幫助他將來得佛音聲；可是這麼一評論，不但那個功德不見了，還要加上評論、否定的負面作用；由於他已經使人對善知識的信受力降低了，所以自己的功德也隨著損減了。因此勸請善知識說法之後，不管他說的多爛，都要說：「講得好！講得好！」除非他是誤導眾生。換句話說，我們應當嚴以律己、寬以待人；若是講得不好，頂多以後不再勸請就是了。讚善是有大功德的，因為將來佛國的善妙音聲，就在因地這樣一步一步的修出來。但是這些法仍然在有為法中，總不能夠說你住在滅盡定中可以完成這個功德，所以這還是不盡有為、不住無為。

「身口意善得佛威儀，深修善法所行轉勝，以大乘教成菩薩僧；心無放逸不失眾善，行如此法，是名菩薩不盡有為。」身口意都要良善，不可用染污心、挑剔心聽善知識說法，否則沒有辦法成佛，因為佛的威儀不是這樣，所以應該有身口意俱善的心態來面對一切善知識，然後深入去修行種種善法。雖然一切善法都不外於十善業道，但是十善業道有粗有細、有深有淺、有欠缺的也有圓滿的，所以十善業道必須世世不斷繼續修行，讓所行十善業道逐次轉勝。可是世俗人應修十善業道，菩薩也要修十善業道，這中間有什麼不同？我們修十善業道，二乘法中的在家人也修十善業道，這裡面究竟又有何不同？這就值得探究了。因為我們修的是成佛之道，成佛之道一定是大乘教，不可能是二乘教。二乘教的修行不可能成就佛道，只能成就羅漢道，名為學羅漢，不名學佛。只有大乘教的修行能夠成為菩薩僧，將來能夠成佛；二乘法的修行不能成為菩薩僧，只能成為聲聞僧，所得最高是羅漢果，不能成為菩薩，更不能成佛。

十來年前，有一個大山頭的比丘尼，不服昭慧法師，寫文章批判昭慧法師，因爲昭慧法師說「僧，有聲聞僧、有菩薩僧」，她不服氣：「哪來的菩薩僧？在經論有什麼依據？」有的人當然知道是誰。她寫了文章批判以後，昭慧法師舉出好多經論證明：有菩薩僧，不只是有聲聞僧；弄到這位比丘尼下不了台，還要勞動她的師父從美國寫信來向昭慧法師求情說：「妳大人不記小人過，大人大量。」結果這比丘尼看看，好像我師父不如昭慧法師，她反而去依止昭慧了。她不承認有菩薩僧，是因爲她們道場一向的觀念只承認聲聞僧，所以在她們那邊受菩薩戒是不發給縵衣的，只給你一條模仿東密的長布條給你掛在頸上，當作識別之用。可能是因爲你們居士理光了頭髮，唸佛繞佛時若搭起縵衣，跟他們聲聞僧看來似乎沒兩樣，不足以彰顯他們常住聲聞僧的尊貴，所以他們傳菩薩戒時不像各個道場一樣發給縵衣，那心態就是特地要崇顯聲聞僧。她們跟昭慧法師爭執說沒有菩薩僧，結果經論上明明就有菩薩僧；她特意要否定，就吃了一鼻子灰。

這意思就是說，法確實是有三乘菩提的，不是單以二乘菩提的解脫道就可以成佛的；所以說，眞實法、眞實成佛之道，都在法界實相的親證，而法界的實相不是緣起性空，因爲緣起性空是世俗諦，不是第一義諦，不是勝義諦，因此菩薩不以聲聞僧作爲皈依的對象，原因就在這裡。若以聲聞僧爲皈依對象，所學的將只是二乘教，不是大乘教，那是學羅漢，不是在學佛，他就不是眞的在修菩薩行。

二乘教專從世俗法的五陰、十二處、十八界來作觀行，但是大乘教不單從世俗法的蘊處界作觀行，還從法界實相如來藏上面來作觀行；所以大乘教函蓋二乘法，而且上於二乘法，是二乘法所不及，也是二乘法所依止的，以這樣的大乘教法來修學的出家人，才是菩薩僧。以二乘菩提的法教去修行，即使受了菩薩戒以後仍然是聲聞僧，不是菩薩僧；這樣的聲聞僧，一定無法以平常心來看待一切佛弟子。以聲聞教解脫道替代佛菩提，所修的法當然就是二乘聲聞法，是學羅漢，不是學佛。修二乘聲聞教而想要成就佛菩提，就好像爬到樹上，在樹葉中找魚一樣的愚癡；所以成佛之道一定是具足三乘菩提的，不能單以二乘菩提而想求成佛。

依大乘教法具足三乘菩提而修，才能如實的成爲菩薩僧，而不會成爲聲聞僧；否則的話，縱使出家後受具足戒而加受菩薩戒，他仍然是聲聞僧，所以他對在家菩薩們不會有平等心，永遠都會自覺高高在上；當他見了諸地菩薩時還是會視如糞土，一點恭敬心都沒有，因爲地上菩薩大多是示現居士相而少現聲聞相的。這種聲聞僧多不多？很多！而最具體的表現就是：「我是出家人，怎麼可以跟居士學！」不幸的是：這種現象已經很普遍存在於台灣及大陸，特別是台灣，非常的嚴重，這就是標準的聲聞僧心態；他們都沒想到當來下生成佛的 彌勒菩薩如今在兜率天宮中，也是示現在家相（天身相）呢！

以前有人求我們派老師去教他們，我們派了修證很好的老師去他們道場教導，他們不接受，指定要聲聞相的老師去教。像這種心態，即使是要求我派居士相的老師去教，我都不會答應，因爲我早就講過：我往世出家度了許多聲聞僧證悟菩薩法，但我這一世不度聲聞人。這菩薩大法怎麼可以送給聲聞人呢？大阿羅漢若不迴心大乘，佛都不幫他們明心，何況是末法時代的聲聞凡夫？所以我這一世只度菩薩，不度聲聞人；即使求我派一位現居士相的老師去他們道場教，我也不會答應，更不要說是派一位聲聞相的老師去，因爲菩薩大法不該傳給聲聞人。一定要以大乘教來修行，才可能成就菩薩僧；而印順的成佛之道所講的，是修二乘法而說爲菩薩僧，他們想要成就佛道，是永遠不可能成功的。而菩薩僧要一直在有爲法當中與眾生同事、利行，道業才能成就，這就是不盡有爲、不住無爲。

並且，菩薩在這個**盡**、**無盡**的解脫法門中，永遠都是**「心無放逸不失衆善」**。假使有人證悟之後，認爲「余願已足」；因爲有很多人學佛的唯一而且最高的目標就是開悟。後來終於有一天悟了以後就說：「**我終於悟了，我這一世的目標達成了。**」從此以後不肯再深入經教中，也不肯依止善知識深入做圓滿的融會貫通，然後心就放逸了。放逸之後，他就以聖人自居（當然我們不能否定說他不是聖人，因爲他確實斷了三縛結，也確是親證法界的實相了，依大乘通教或者二乘的聲聞教來講，他都是聖人），但是心中放逸而以聖人自居之後，他就去諸方道場踢館。不是跟人家作法義辨正，而是親自去踢館：「你們說已經開悟了，悟個什麼？來！講講看！」然後就跟人家起諍論、面紅耳赤。何苦來哉？只需為他們作個方便、為他們種下證悟的因緣就可以離開了，何必要讓人家難堪？只有一種人才要給難堪，就是這個人每天不斷的破法，每天在抵制正法，那當然要降伏他。一般道場的住持又沒有未悟言悟，你去踢館，何苦來哉？心有些放逸了，所以一天到晚去找諸方道場的住持，見了面就伸出手：「茶來！」來了茶，就舉杯問人家：「是什麼？」（大眾笑…）人家老老實實修行，沒有未悟言悟大妄語，又沒犯著你，又沒謗法，你何必這樣呢？我的立場很簡單：只有針對破法者才要這樣做，目的是為了護持正法，也是為了救護被誤導的佛弟子不再盲目追隨而共造謗法的大惡業。除此以外，對於沒有謗法、沒有嚴重誤導眾生的法師與居士們，我們就不要為難他們；如果不分狀況而一律前去踢館，其實是在諍勝，所以說這種人是心有放逸。有放逸，十善業道就有過失了，所以悟後還得要心無放逸、不失眾善；而不失眾善的意思，也是包括不輕易去為難其他安份守己的佛門弘法者。如此修行，才能稱為菩薩不盡有為，也才是眞正的不盡有為——不落入世俗心態中。因為這一切利樂眾生、護持正法、攝受眾生的事，都在有為法中才能成就，卻要避開諍勝心；而這些護法利眾的一切事與業，若是離開有為法就無法成就了，這就是菩薩不盡有為、不住無為的妙意所在，也是諸位來到正覺而證悟之後，必須如此修行的方向。

【「何謂菩薩不住無為？謂修學空，不以空為證；修學無相無作，不以無相無作為證；修學無起，不以無起為證；觀於無常而不厭善本，觀世間苦而不惡生死，觀於無我而誨人不倦，觀於寂滅而不永滅，觀於遠離而身心修善，觀無所歸而歸趣善法，觀於無生而以生法荷負一切，觀於無漏而不斷諸漏，觀無所行而以行法教化眾生，觀於空無而不捨大悲，觀正法位而不隨小乘；觀諸法虛妄無牢、無人無主無相，本願未滿而不虛福德、禪定、智慧；修如此法，是名菩薩不住無為。又：具福德故不住無為，具智慧故不盡有為；大慈悲故不住無為，滿本願故不盡有為；集法藥故不住無為，隨授藥故不盡有為；知眾生病故不住無為，滅眾生病故不盡有為；諸正士菩薩以修此法，不盡有為、不住無為，是名盡、無盡解脫法門，汝等當學。」爾時彼諸菩薩聞說是法，皆大歡喜；以眾妙華：若干種色、若干種香，散遍三千大千世界，供養於佛及此經法并諸菩薩已，稽首佛足，歎未曾有，言「釋迦牟尼佛乃能於此善行方便。」言已忽然不現，還到彼國。】

講記：前面說過菩薩不盡有為，這個不盡有為，主要是偏在無漏的有為法上，但是在人間就無法避免會示現等同世俗人在有漏法中生活。所以菩薩的不盡有爲的心境，一般人無法想像；莫說一般人，就說阿羅漢們、辟支佛們，他們也是無法想像的。所以不盡有爲的修證以及理解，其實是有很多層次的差別不同。以前破參時讀到《維摩詰經》，我想不盡有爲大概是怎麼一回事，認爲已經懂了；但是在五年前對不盡有爲的看法，我又覺得不同，覺得以前的認知太過草率。其實從五年後去看五年前所知的不盡有爲，那層次是差很多的。然後今天再看以前兩次對不盡有爲的認知，相差又是很遠。所以對於不盡有爲的看法是隨著證境不同，而會次第改變的。

所以凡夫們看佛，把佛也當作凡夫，他看佛在人間一樣需要吃喝拉撒，一樣需要穿衣步行，而不知道諸佛的心境與解脫境界、智慧境界、神通境界，他就說：「佛亦不過如是。」但是那心境與智慧的差異有多大呢？他們無法想像。二乘聖人看佛就當作是阿羅漢、當作辟支佛，所以他們對佛的瞭解，是從二乘菩提來理解佛的智慧與心境。可是菩薩悟後看佛的時候，不同於阿羅漢與辟支佛，是從菩薩所證的智慧與心境來看待諸佛；但是等他把別相智（相見道位的功德智慧）修集圓滿了，進入初地了，那時再來看佛，又會發覺以前對佛的認知，眞的是相差太遠了。等到他未來又到另一個境界，才會發覺原來對佛的證境認知，仍然是相差很大；越往上修，越覺得佛陀雖然示現在人間受生，但是祂的不盡有爲根本不是菩薩所能想像的，乃至等覺菩薩都無法想像。所以不盡有爲的看法，從世俗人、二乘聖人、眞見道的菩薩、相見道的菩薩、諸地菩薩、等覺菩薩所見，各不相同。修證越差的人，對佛的認知就越覺得沒什麼了不起；修證越好的人對諸佛卻越加敬服。所以，身爲等覺菩薩的 維摩詰、文殊師利、普賢菩薩、觀世音菩薩……等人，來到 釋迦佛面前，爲什麼都會右繞三匝、右繞七匝，如是恭敬？是因爲他們知道 佛陀境界不可思議。

所以不盡有爲的理解都是從個人的自身證境去作理解的，實際上都無法如實理解 佛所說的不盡有爲。從一般人來看：「悉達多太子來到人間，不也是享盡五欲之樂嗎？那豈不是跟世俗人一樣嗎？這樣的人成佛了，有什麼稀奇？」這是一般人的想法，可是他們不知道菩薩的不盡有爲乃至諸佛的不盡有爲是不可思量、不可測度的。因此對不盡有爲的說明，我們雖然講了兩週四個鐘頭，但事實上我也沒有辦法完全理解到 佛所講的不盡有爲的究竟意義。而我講了，你們也不能如實理解我所說的全部內容。因爲有爲法，譬如六識能見聞覺知的自性是有爲法，那這六識的自性也就是識陰的自性，眾生對識陰自性所能理解的究竟有多少？眾生其實是無法理解的，眾生都是把識性當作識，然後又把根當作識，所以才說愚者難分根與識，都是世間愚人。但是六識的自性都是有爲法，大乘法中的許多自以爲悟的凡夫們，卻都錯認爲是佛性而落入凡夫所隨順的佛性中，成爲標準的自性見外道，他們何曾稍微了知六識的自性！而這六識自性等有爲法，從大乘菩薩看來，卻又與凡夫在因地的所見，就已經有種種不同；如果證得實相之後，從所證如來藏再回頭來觀察這六識的自性，你一定會否定祂（會如同二乘聖人一樣來否定祂），但是十住菩薩眼見佛性以後，卻是將六識的自性也攝入佛性中，與意根、如來藏的自性等視而觀，將六識自性攝入如來藏自性中；至於諸地菩薩如何看待六識的自性與佛性？那又是另一個層次的看法。到了鄰近初地的時候，他對六識自性的見地，阿羅漢與一般人都難以想像了，可是他卻仍然無法想像這六識的自性在諸地時是怎麼樣的證境。我們且說比較粗淺的見性境界吧：當菩薩在十住位眼見佛性時，八個識的自性一體同見，全都以肉眼來見，並且能在山河大地上親切的眼見自己的佛性；若沒有見性，你想像不通爲什麼肉眼能親見，眞的無法想像其中境界的一絲一毫。可是十住菩薩、十行菩薩的見性，比起初地又算是很粗淺的了，又怎能想像諸地菩薩對佛性的看法與證境？

所以說，這些固然都是有爲法，但是這種有爲法不是二乘聖人所知，也不是各各不同階位的菩薩所能完全了知，因爲佛性是函蓋八識心王的，不是單只有六識的自性，但是意根與阿賴耶識的自性併同識陰而顯現出來，那是沒有見性的人所無法想像的，更何況諸地又有不同的證境；但這些都是有爲法，是八識心王的無漏有爲法不斷的運作，沒有一個世間人、沒有一位阿羅漢、辟支佛能了知祂的有爲性。而這個有爲性都在無爲性中安住，都從無爲性的如來藏而生顯。所以菩薩就藉這個有爲性，一直努力的精勤修行，才能在三大阿僧祇劫之後成就究竟佛果。假使都像二乘聖人一樣消滅有爲性，取證無餘涅槃，那麼三界中就不會再有菩薩成佛。而這個有爲性，另外還有一個很特殊的地方是阿羅漢所無法想像的，就是斷盡了思惑以後，仍然不會生起絲毫涅槃貪，仍然繼續流注無漏有爲法，繼續向佛地邁進。這就是六地滿心以後證得滅盡定，而不入無餘涅槃，不斷盡思惑，這是阿羅漢無法想像的。因爲阿羅漢們證得滅盡定，必定是斷盡思惑的。可是菩薩證滅盡定時，仍然可以特地留下一分思惑，是阿羅漢無法想像的，這也是無漏有爲法在世間運作。

所以「不盡有爲」有非常深妙的意義。這也就是說，法相唯識學爲何是一切種智的根本？其實就是在說明萬法爲何是純粹依靠八識心王而有。所以菩薩要探究一切法的相貌鉅細靡遺，乃至成佛；因爲這牽涉到一切種智的修證，所以法相都是有爲法，但法相的理解不是一件簡單的事（法相不是指諸法的名相，而是諸法的相貌），但這個道理如今有誰能瞭解呢？而這些法相都是有爲法，卻是菩薩據以成佛的根本。所以「不盡有爲」在成佛之道中是非常重要的法，不是一般人所想像的只是作佛法名相的探究。因此，不盡有爲不但是菩薩求證如來藏的階段應該要有的觀念，乃至修到諸地、等覺，仍然要在不盡有爲上面努力進修。即使世間人如何誤會來看待菩薩，而指責菩薩爲什麼在人間不離五欲，乃至指責諸佛成佛之前在人間還有許多的五欲享受，那其實都只是不盡有爲的示現而已。所以不盡有爲這個法是非常重要的法。因此 佛把這個法特地爲眾香國來的菩薩們提出來開示。不盡有爲，另一個層面講的就是不住無爲，不盡有爲的目的也是要讓菩薩們不住於無爲。假使住於無爲，就會像二乘聖人一樣，捨報後必定會取證無餘涅槃，人間就沒有眞正的佛子來紹隆佛種，佛種就會漸漸的斷絕，所以不住無爲是一個心態以及實行的現象。

什麼叫作菩薩不住無爲？也就是說，菩薩雖然修學空，卻不以空作爲取證的目的。空有空性與空相二法：空性是說眞實心雖然無形無色猶如虛空，但是有眞實自性，所以稱爲空性；空相是講實相如來藏所出生的三界諸法都是無常空的法相——蘊處界無常故空，也是說山河大地無常故空、三千大千世界無常故空，這叫作空相。菩薩雖然修學空性與空相，但是不會取證萬法滅盡後的空，因爲萬法滅盡後的空是二乘聖人捨壽所入的無餘涅槃。假使菩薩也和二乘聖人一樣捨壽都入無餘涅槃，佛滅後不必幾百年，佛法就會斷滅了，而成佛之道的大乘法教就不可能繼續長遠的流傳於人間利益眾生；所以菩薩終究不取涅槃，不入無常空的境界之中，所以不以空爲證。

「**修學無相無作，不以無相無作爲證；**」菩薩所修兼攝三乘菩提，所以菩薩同樣要證得涅槃，但是不取涅槃。菩薩還要進一步證得無相法的如來藏，雙觀實相的空及世俗諦蘊處界的空，因此菩薩可以現觀蘊處界無常故空，空則無相，無相所以沒有願求，沒有願求也就不需在有爲有作的種種貪求上面用心，所以無作，如此完成二乘聖人的三三昧。但在另一方面，菩薩也要探討蘊處界山河大地一切萬法從空性如來藏而生，了知法界的實相，所以他親證如來藏之後，證實了這一點，但是卻又現前觀察如來藏是無相的（祂是無相法），這個無相法對種種法沒有任何的有爲有作性、貪著性，祂的自性是無爲的，但是可以流注無漏有爲法來使眾生造業受報而世世不斷輪迴。可是如來藏的自身終究是無相法，緣於外六塵而顯現內六塵，但是卻從來不於其中有所分別、有所領受、有所貪厭，所以祂也是無作性，因此在阿含部的《央掘魔羅經》說：如來藏是無作性。

菩薩證悟如來藏而如此現觀以後，就轉依如來藏的無相無作性，因此菩薩的五陰十八界就親證空、無相、無作，但是親證而轉依如來藏的空、無相、無作，也親證蘊處界的空、無相、無作之後，卻不像二乘聖人一般去取證無相與無作，所以菩薩不起涅槃貪，捨壽後發願重新再受生於人間，繼續與眾生同甘共苦，繼續紹隆佛種。假使有能力去證悟無餘涅槃，那麼二乘法中的一切人都會起涅槃貪，都會入無餘涅槃；可是菩薩由於悲願所持，不起涅槃貪，不欣樂涅槃，因此不以無相無作爲證。

「**修學無起，不以無起爲證**；」菩薩又學無起，但是不以無起爲證。起是起諸心行，起諸貪厭。二乘聖人厭惡生死，貪樂涅槃，所以他們恐懼自己對生死法起貪，不願意讓自己遠離涅槃。但是菩薩的現觀境界不同於二乘聖者，因爲二乘聖者見有涅槃可入，可是菩薩不見涅槃可入：二乘聖者看見自己捨壽後可以捨棄十八界，無一留存，這樣就是入了無餘涅槃，不再受後有，因此他們不願意讓識陰再起任何心行，一切心的行爲全部要滅盡，以免捨壽時起了心行而使中陰身現前，再度去受生輪迴。但是菩薩不見有涅槃可入，這不是像一般凡夫外道說：「涅槃是施設，所以無涅槃可入。」有一些人讀般若經時誤會了，因爲菩薩對涅槃的見解是：「入涅槃即非涅槃，是名涅槃。」但是二乘聖人見有涅槃可入，菩薩不見有涅槃可入，原因是菩薩現見涅槃本來就在，不必去入，現前在三界中流轉生死的當下就已經在涅槃中了，所以不需再入涅槃，而意識覺知心也無法進入涅槃中；菩薩以這個本來自性清淨涅槃的親證而證得無起法，因為涅槃中一法不起，萬法都不起，但是涅槃中卻又無妨有眾生蘊處界的種種萬法生起。所以當有人去請問禪師：「要取證涅槃，是不是應該萬法不生？」禪師答覆說：「涅槃並不禁制一切法。」這是二乘聖人無法想像的，他們的看法是要滅盡一切法，獨留無餘涅槃的本際才是涅槃。但是菩薩所見的涅槃並不禁制萬法，萬法無妨照樣生起，照樣變異而消滅，如是不斷起滅，而無妨涅槃境界當前仍舊；不需以滅盡萬法而取證涅槃，正在萬法競起的當下就已經是涅槃了。所以禪門有一句話說：「森羅萬象許崢嶸。」就是講菩薩所證性淨涅槃的境界。既然現見涅槃本來存在，而涅槃的實際其實就是第八識如來藏，如來藏於三界諸法不起貪厭，本來無起，菩薩如是親證，但是卻不會因為轉依了無起性的如來藏以後，就禁制萬法的生起，所以菩薩證得無起法，卻不以無起為證。

「觀於無常而不厭善本，觀世間苦而不惡生死，」菩薩又觀於無常而不厭善本，觀世間苦而不惡生死。觀於無常而不厭善本，正是一切菩薩不盡有為、不住無為的修行方式。常常有凡夫眾生會對證悟的菩薩們說：「你既然現前照見萬法無常，那你為什麼還無法把你所有的資財，一夜之間就全部布施出去呢？」不知道你們有沒有被問過？我是被問過的。而質問者的心態其實只是聲聞心態的想法。假使菩薩全都布施出去以後，是不是要開始改爲向人乞討，然後來度眾生呢？或者說菩薩是否應該再度爲了求三餐溫飽而重新投入謀生，朝九晚五，每天只剩下兩、三個鐘頭可以在法上用功以及利樂有情呢？所以菩薩的行門與聲聞完全不同，不因爲現觀五陰無常、一切世間財無常，就頓捨五陰、頓捨一切世間財，反而還要更努力爲自己未來世能擁有更廣大的世間財，而修集種種善本、利樂有情，來擴增自己未來世的福德。所以菩薩知道世間財無常，也知道這一世行善所得的未來世世間財也是無常，但是菩薩不妨留著大部分世間財，繼續努力布施而不終止，也藉著仍然保留的世間財維持生存所需，不必再「爲稻粱謀」，而有更多時間全面用在護持正法救度眾生上面，來廣增未來世的大福德；因爲菩薩必須生生世世都廣有資財，不必世世的大部分時間都爲五斗米而折腰，要有很多的資財而且擁有更多的閒暇來爲眾生做事，所以菩薩**觀於無常而不厭善本**。

假使你要求阿羅漢們證得四果之後，繼續爲眾生做事來修集後世的善本，他絕不會同意你的看法，因爲他捨報後一定要入涅槃，不再有後有，不再出現於三界中；所以未來世的資財如何，他並不關心；未來世能否藉廣有資財而擁有更多時間來利益有情，他也不關心，因爲他捨壽後會入涅槃，永遠不受後有，沒有未來世。但是菩薩為了生生世世有更多時間來利樂有情，所以他需要每一世不斷修集善本，然後用這些善本所生的世間資財利樂眾生，也讓自己有更多時間來度化有情，所以觀於無常而不厭善本。

菩薩也如同二乘聖者一樣，現觀世間一切是苦，沒有一法不是苦；但是菩薩不因為世間是苦就厭惡生死，因為菩薩永遠都依大悲心而牽掛著世間眾生能否得度。對一般人而言，他們不知道一切是苦，所以他們一心追求世間的財物、名聲、權位，據為己有，而不知道那其實是苦。現在的年代，最高權位是當總統，請問當總統日子好過嗎？先說當總統之前要經過一、二十年從事政治活動，想一想：累不累人？假使被政黨提名了，成為總統候選人，接著台灣南北東西都要去跑，握到手腫了都還要再握，走到腳腫了還要再走，喊到喉嚨沒聲音了，泡了澎大海喝了還要再喊，半年中沒有一場好覺可以睡，累不累呀！還沒有享受成果就先累、先苦了，那有什麼好？等到當上了總統就好過嗎？也是不好過！國事、家事都要操心，人家只要念一本經就好，他要念兩本難念的經，有什麼好過？不好過！就算是大家都很擁戴、很認同，四年幹下來也等於是扒了一層皮。

世間諸法都類似如此，當你今天事業有成，出門有司機，坐的是勞斯萊斯，出國時私人飛機開著飛，但這是付出多麼痛苦的代價才能換來的。倒不如我們粗茶淡飯閑雲野鶴，比他們好。雖然我如今是幹不成閒雲野鶴了，但是粗茶淡飯遊心法海，卻是遠勝過他們；因爲我知道那一切是苦，而他們都無法超脫。我們雖然身體很苦、很累——爲眾生做事很累，但是遊心法海其樂融融，有誰能知道？因爲有這個法樂以及本願的大悲，所以菩薩現觀生死中一切諸法是苦，但是並不厭惡生死。這話你要是說給二乘聖者聽，他們聽不進去，雖不會當面頂嘴，但是也不會認同你。可是他嘴裡會稱讚你：「你眞是菩薩呀！」意思是說：我是做不到的。所以菩薩一定能觀察世間諸法是苦，但是一定不厭生死，願意爲眾生而一再接受生死中的痛苦。

那就是說，菩薩要具足兩個條件：第一、他有大悲願，第二、他有無窮的法樂。如果有無窮的法樂，他就不會起涅槃貪，因爲他知道：將來成佛所依憑的一切種智，都在三界萬法中等待他去具足親證。也因爲他了知：成佛之道其實就是攝取眾生。若不能攝取眾生，他就沒有佛國淨土可以成就，所以他憑著大悲心要攝取眾生，攝取眾生就是利益自己，即是成就國土。因此假使有菩薩欠缺利益眾生、救度眾生的大悲心，不想生生世世常在人間，這就不是眞實義的菩薩，只是假名菩薩。假使他沒有大悲心，不想幫助三界中一切有情，那他也不是眞實義菩薩，而是自了漢，充其量只是個新學菩薩。所以，菩薩觀世間苦而不惡生死，必須有這兩個條件。

「**觀於無我而誨人不倦，觀於寂滅而不永滅，**」菩薩觀於無我而誨人不倦，二乘聖者現觀五蘊無我、十二處無我、十八界無我，菩薩一樣如是現觀，證知蘊處界諸法都沒有常住的我性，所以菩薩如同二乘聖者一樣親證人無我。但是菩薩同樣證了二乘的人無我以後，卻另外還有別的人無我修證，這是從法界實相來修證無我，那就是《楞伽經》說的猶如咒力起屍、木人因機運動，是名菩薩證人無我，這是另一種人無我。菩薩證得兩種人無我，但是卻不會像二乘聖者一樣消極的度人，只是等待捨報的時間到來；所以菩薩因爲有這種不同二乘聖人的人無我修證，由此而現觀蘊處界無我的當下，如來藏也是無我性的：雖然常住，卻沒有五蘊我、十二處我、十八界我的虛妄自性。而祂是常住法，這個常住法是在蘊處界不斷起滅無量無數大劫以來之中，祂仍然常住而沒有起滅。因此菩薩不會像二乘聖者一樣起涅槃貪而每天等待捨報時間到來；假使捨報時間到了，將會瀟灑的轉入下一世，繼續在人間利樂眾生。他自己如此，也對眾生如此教導，而且從來不厭倦於教導眾生如此的正見，所以菩薩教導眾生親證兩種無我的道理，卻永遠不會厭倦，生生世世努力教導兩種人無我的眞理。

菩薩又現觀蘊處界終究歸於空，所以在蘊處界起滅不停的喧鬧境界當中，其實蘊處界本身也是寂滅性的；因爲無常故空、緣起故空，沒有眞實常住的本質。但是菩薩又現觀涅槃中的實際也是絕對寂滅，因爲菩薩現觀無餘涅槃中的本際就是如來藏，而如來藏恆離六塵中的見聞覺知，所以究竟寂滅：現前如此，捨報後如此，住胎位如此，悶絕了也如此，非二乘聖人所能了知。雖然證得這樣的寂滅，而且是究竟的寂滅，菩薩卻不會入滅度而永遠住於無餘涅槃境界中。二乘聖者所證的寂滅，遠不如菩薩所證的寂滅，因爲二乘聖者所證的寂滅最高層次就是滅盡定，而滅盡定中意識等六識都斷盡了，仍有阿賴耶識離見聞覺知，以及意根仍然有五遍行心所法中的三個法在運作，但意識不在了，所以無法眞實了知究竟寂滅的境界。而阿羅漢入了無餘涅槃之後，他的十八界滅盡了，所以他也無法現觀無餘涅槃中的境界如何，所以究竟寂滅的無餘涅槃境界，諸阿羅漢是無法實證的。

但是菩薩雖然還沒有能力證無餘涅槃，譬如七住位菩薩才剛初悟不久，卻有能力現觀意根滅盡、識陰六識也滅盡，唯餘無餘涅槃中的如來藏的境界，是究竟寂滅的境界，但是阿羅漢無法現觀。而阿羅漢所證的滅盡定，還有意根的三個心所法在運作著，也不是究竟的寂滅；但是菩薩現觀無餘涅槃中的如來藏，連意根與意根的心所法都不存在了，所以祂才是究竟的寂滅，非阿羅漢所能想像。阿羅漢所能知的就只是滅盡定中的寂滅境界。可是菩薩證了這種寂滅境界卻不會永遠入滅度中，不會住於無餘涅槃境界中，仍然讓蘊處界繼續保持著，捨壽後再度轉入下一世仍然生起蘊處界諸法，繼續邁向佛道，繼續利樂有情、住持正法，所以菩薩觀於寂滅而不永滅。

「觀於遠離而身心修善，」二乘人遠離諸法是很辛苦的，所以阿羅漢們下山去托缽，佛教導要「藏六如龜，守意如城」，所以只能看著前方地上，不許東張西望。到了人家門前托缽，振錫讓屋主知道有人來托缽了，不管屋內是誰送出飯來，他都不許看到施主的臉，只能看著缽。你說像他們這樣遠離六塵，辛苦不辛苦？很累人！假使比丘去托缽，女主人送飯菜出來放入缽中，他盯著人家眼睛看，回來就要懺悔，因爲他緣於六塵，而且是緣於人家的女人，所以回來就得要懺悔（當然這一定不會是阿羅漢，而是凡夫比丘）。可是菩薩不然，菩薩無妨看著人家的女人：這也是如來藏。看到男人送飯菜出來：這也是如來藏。無妨受了飯菜以後，向對方祝願勉勵。因爲蘊處界正當攀緣於六塵時，爲人勉勵或者祝願時，菩薩卻轉依如來藏的遠離性：如來藏從來不在六塵中有所攀緣，何況是攀緣人家的女人？所以如果菩薩比丘尼出去托缽時，無妨正視人家的男主人而祝願讚歎，但仍然是遠離的，因爲她所見的都是如來藏，不見男人。這個就是觀於遠離，不是依二乘的世俗法蘊處界來觀遠離。可是雖然轉依了如來藏而遠離於六塵，菩薩無妨繼續緣於六塵而使身心繼續修行種種善法。二乘聖者聽了這個法，是怎麼想也想不透的，因爲這種境界是不能思量的、不能測度的，只有親證了才能了知的。所以二乘人觀於遠離之後不樂修善，只是隨順度日，準備捨壽取涅槃；菩薩不然，觀於遠離而無妨繼續修善，世世紹繼佛種。

「觀無所歸而歸趣善法，」爲何觀無所歸呢？因爲修一切善法之後，善法種都歸於如來藏，但是如來藏中本有善法種子，本來具足、本來已在；而菩薩修學善法之後，只是把善法種子加以增長，增長善法之後，那些善法還是從自己本有的善法種子增長出來的，所以仍然是自己的，因此善法種其實仍然無所歸，因爲本是如來藏中本有的種子。眾生造作種種惡業，一切惡業造作之後仍然無所歸，因爲眾生本有惡種存留於如來藏中。菩薩是把一切惡法種子修除，眾生卻不斷在增長惡法種子；但是眾生增長了惡法之後仍然也是無所歸，因爲這些惡法是從眾生的如來藏中惡法種子引發的。但是菩薩看見如來藏在因地雙具善惡法種子，卻努力斷除一切惡法歸於善法，而歸於善法之後仍然是自己本有的善法種子，並無所歸，因爲第八識如來藏是自己的所歸，而如來藏從來無所歸趣，轉依祂無所歸的清淨自性，菩薩就無所歸；這就是觀無所歸而歸趣善法，終究不造任何惡業。

「觀於無生而以生法荷負一切，」二乘聖者觀察一切諸法都有所生，因爲他們不知實相境界，只看到五蘊如何生起變異、暫時而住、終歸寂滅，他們只看見十二處、十八界以及輾轉所生諸法，同樣都是因緣所生，無常故空。既然終歸於空，當然就是生死法、生滅法，只有滅了生滅法以後才能得涅槃、得解脫。但是得了涅槃解脫以後，他確實實證無生了，可是卻成爲灰身泯智的無意義境界，因爲不再能紹繼佛種，也不再能利樂眾生了；所以阿羅漢們的無生是以滅盡諸法、不再出生諸法作爲無生，所以六祖斥責說這是將滅止生，以滅盡蘊處界諸法來終止未來的蘊處界諸法再出生而說爲無生。可是菩薩不只現觀二乘的無生，菩薩還現觀蘊處界一切萬法都從如來藏阿賴耶識中出生，而如來藏自無始劫以來不曾有生，始終如是。既然無始劫以來不曾有生，顯然未來無量數劫之後，仍然不可能有滅。

因爲凡是會滅的法都是曾經出生，目前存在，未來才會滅；若是本來無生的，就不會滅；所以六祖慧能大師斥責二乘的無生法叫作**將滅止生**。菩薩不是用滅盡諸法來證得無生，而是現觀如來藏實相**本來無生**，菩薩如是現觀兩種無生之後不取滅度。所以三地滿心菩薩可以取證滅盡定而不取證，一直推遲到六地滿心才取證滅盡定，取證滅盡定的人隨時可以入無餘涅槃，而三地滿心在一大無量數劫前已經斷盡我見了，當他修到三地滿心時又已證得四禪八定，那是隨時可以取證滅盡定的，但是絕不取證，一直拖延到六地滿心不得不證滅盡定。證滅盡定者隨時可以入無餘涅槃，他卻不入，繼續進入七地進修。乃至七地滿心念念入滅盡定了，他還是不取證無餘涅槃，這時不得不斷盡以前故意所留的一分思惑，卻還不入無餘涅槃，轉入八地繼續修學佛道。這都是因爲親證如來藏的本來無生，所以才能以大悲願常住於三界中紹隆佛種、救護有情，這樣次第邁向佛地。所以菩薩所觀的無生，不同於二乘人的**將滅止生**，而是同時還有現觀**本來無生**的實相般若智慧，所以他觀於無生之後，因此而能以世世再生之法不斷出生於三界中，來荷負一切有情，來荷負正法血脈的流傳。

「**觀於無漏而不斷諸漏**，」菩薩如同二乘聖人一樣，現觀我見、我執兩種煩惱的過失，所以菩薩能證無漏的境界，可是菩薩另外親證法界實相的本來無漏。二乘聖者只能從斷除我見與我執上面來實證無漏，菩薩不但也能如此，同時能現觀如來藏本來無漏，因此無妨在一切諸法有漏有爲當中繼續現觀法界本際的無漏，所以菩薩是有漏法與無漏法同時並存的，因此無妨繼續留著一分思惑，捨壽後又繼續投胎，繼續在人間荷負有情、荷負正法，世世不斷諸漏而能現觀涅槃本際從來無漏：現觀蘊處界處於有漏境界當中而仍然有無餘涅槃本際的本來無漏，這就是二乘聖者所無法想像的實相般若證境。

「觀無所行而以行法教化眾生，」菩薩又觀無所行，而以行法教化眾生。行，大家都知道有身行、口行、意行，身口意三種行都是在六塵當中運作的，可是六塵中的身口意行存在的當下，如來藏仍然在六塵當中運作，而不對六塵生起任何的心行，所以如來藏於六塵當中無所行，這是菩薩獨有而不共二乘聖者的現觀。以如是無所行的現觀，所以才能世世以身口意行的法來教化眾生，若無身口意行，不但菩薩無法教化眾生，諸佛也不能。所以諸佛才必須化現諸地菩薩所見各不相同的各種他受用身；藉著他受用身示現身口意行，才能利樂諸地菩薩；也藉著人間的五蘊身口意行，才能教化人間的眾生；所以諸佛、諸菩薩都觀無所行，而仍然以種種有行之法來教化眾生。

「觀於空無而不捨大悲，」爲何菩薩觀於空無？對二乘聖者來說，外六塵是實有法，山河大地宇宙是實有法。但是菩薩認爲外六塵、山河大地都是假法，因爲都是如來藏所生。而且二乘聖者常常想要滅除六塵，菩薩卻現觀六塵是自心內法，不是外法；既然六塵是內法，是自心所生的內法，而我們的識陰從來不曾接觸外面的六塵，所接觸的都是如來藏所變現的內六塵，那麼一切法當然都是自心所現，沒有一法是眞實有——萬法唯是自心。雖然如此，菩薩卻不捨大悲心，繼續在空無當中，假藉涅槃本際所生的一切諸法來世世受生、利樂眾生。其實在四阿含諸經中，佛陀曾經間接開示六塵不是外法，可是眾生並不瞭解；特別是到末法今天的二乘菩提修行者，南傳佛法及印順派的大法師、大居士們也都不瞭解了。有何證據而作此說？在四阿含中 佛已經開示有「外六入、內六入」。既然六入有外、內之分，顯然六塵是有內、外之分的，那當然是顯示有內相分六塵的。

另外 佛又說：阿羅漢入無餘涅槃時是滅盡十八界的。既然是滅盡十八界，應該六塵也滅了；既然入無餘涅槃是滅盡十二處，那麼六塵也應該滅了；可是 佛陀入滅後一百年內，一千二百五十位阿羅漢，其中所有不迴心的阿羅漢都已入無餘涅槃了——都滅除六塵了，如今我們世界中卻還有六塵，全都還在啊！顯然他們沒有把六塵滅盡，所以他們各自所滅的六塵都是內六塵，不是外六塵，這就已經間接說明六塵相分是有內外之分的，所以相分六塵是有內外差別的。外六塵是由共業眾生的如來藏共同變生，可是內六塵則是個人自心如來藏各自變生的。既然這內六塵都是自心所生，六識也是自心所生，六根也是自心所生，所以入涅槃時才能滅盡各人的十八界（包括六塵），顯然沒有一法眞實，都是可生之法，就一定是可滅之法；可滅之法最後歸於空無，顯然就是一切諸法都無所歸，因爲都是歸於如來藏。菩薩正因爲親證諸法空無，現見諸法本來只是在如來藏中起滅不斷而已，何嘗有一個外法被眾生的六識所領受？所以說諸法空無。但是觀於諸法空無之後，卻又因爲諸法的空無是在如來藏中不斷起滅，而如來藏恆住不斷，所以就無妨繼續投胎於人間，爲眾生宣示如此道理，才能救度一切眾生歸向究竟解脫的實相境界。菩薩觀於空無而能不捨大悲，都是因爲這個涅槃實際的體認所導致。

「觀正法位而不隨小乘；」二乘聖者如果觀於正法而入正位，就取無餘涅槃了；因爲二乘聖者的正位就是滅盡蘊處界一切法進入無餘涅槃中，那就是二乘聖者的正位。可是菩薩的正位是本來自性清淨涅槃，不是有餘依、無餘依涅槃，所以菩薩現觀有餘依、無餘依以及本來自性清淨涅槃，都是如來藏所顯的清淨境界。由於現觀如此的正位，故不會隨於小乘法在捨報時進入無餘涅槃；因此菩薩捨報後大多會繼續投胎於人間，繼續紹隆佛種，乃至成佛之後亦不取滅盡。

「觀諸法虛妄無牢、無人無主無相，本願未滿而不虛福德、禪定、智慧；」也就是說，菩薩現觀一切諸法都不牢靠，都很容易被毀壞。有人會覺得說：色身會壞，**但是我這覺知心常住不壞，死了以後去地府喝一碗孟婆湯以後又去投胎。**他們就藉孟婆湯的說法想要連接上一世、這一世以及後世；因爲他們有個問題解決不了，只好發明孟婆湯的說法。還眞是聰明，能發明孟婆湯。印順就是笨，發明意識細心說，明顯的違背佛說聖教，所以他死定了。可是孟婆湯來到我們正覺手裡，也是一樣死定了。爲什麼他們要發明孟婆湯？是因爲：**如果意識可以從上**

一世來到這一世，應該才一出生就會叫媽媽了。而且當他會走路以後，也會去找上一世遺留的財物，會去跟他上一世的兒子（也許五、六十歲了），到那邊去說：「兒子啊！我還有一些隨身之物沒有帶過來，我這一世還用得著。」意識既然從上一世來的，本就應當如此；就像今天的意識去到明天一樣，明天醒來就會記起來：我昨天什麼東西放在某處。就去取來用。可是明明一切人的意識都不能記得上一世的事物，除非報得宿命通；因此證明意識是只有一世，不能來往三世。可是他們沒有辦法解決這個問題，就想像是喝了孟婆湯，所以忘記前世的一切了，一切都要從頭開始，包括說話、走路、喝水都要從頭開始學習，所以剛出生時連飯都不會吃。可是有誰能證明世間眞的有孟婆湯？沒有人能證明！如同沒有人能證明一神教上帝的存在一樣，所以也證實孟婆湯的說法只是一種施設。

既然意識不能來到今生，也不能去未來世，祂顯然不是牢靠的法，那麼意根應該牢靠了吧？因爲意根從無量世以來沒有斷過，而且「恆、審、思量」；但祂雖然是從如來藏中出生的，可是阿羅漢仍然可以把意根滅掉，所以仍然是生滅法。菩薩初地滿心以後，他如果大悲願消失了，他會滅盡最後一分思惑而取無餘涅槃，所以意根也可以滅掉啊！意根也是不牢靠的。既然意識、意根都不牢靠，前五識就更不用談了！而萬法都是從意識構想出來的，當然更不牢靠，因此蘊處界諸法並沒有一個眞實存在的人。所以世間法中那些修仙道的人常常自稱某某眞人，其實他們都沒有資格自稱爲眞人，因爲都落在意識境界中，脫離不了意識境界，只有諸位證了如來藏以後可以自稱爲眞人。所以假使哪一天我在書籍封面上蓋個章子叫作平實眞人，諸位也不必覺得奇怪，因爲我們最有資格稱爲眞人。哪個眞人？是如來藏！祂是常住法，常住法才是眞正的人。蘊處界沒有一法可以稱之爲人或我，因爲都不牢靠，都是虛妄法，都是可滅之法。既然無眞實不壞的我，又怎能有一個可以眞正作主的我呢？

有人說：「**清楚明白、處處作主的我，就是眞如佛性。**」請問那些大師們：「**你怎麼個作主法？**」要處處作主的心只是意根、末那識，如今請問：「**這個意根，你能作主入涅槃嗎？**」作主不了，因爲把意根自己認定爲常住法的時候，就是我執沒有斷，他如何能作主入涅槃？那顯然就不是眞的能作主了。那麼再問他們能處處作主的心：「**請你作主把自己的惡業種子全都丟掉，作主看看！**」做不到嘛！既然宣稱能處處作主，無妨請求他們：「**請你作個主，把佛地應該有的功德全部顯現出來。**」也做不到。「**大妄語之後，請你作主：死後不要下地獄。**」也做不到，都作不了主。不然：「**請你作主，生四禪天去享天福。**」他也作主不了，因爲他沒有四禪的定力，作主了也沒用。所以那其實不是眞正能作主的，只是自以爲能作主，等到捨報之後生在地獄中時才說：「哎呀！原來我印證那麼多人開悟，都是大妄語，也害了許多人大妄語。」惡境現前即將受報時，在中陰身境界，業風所吹而極度恐怖時，他能不能作主？作不了主！業風一吹就走了，都作不了主。只是活著時能在人間作個小小的主：我不想吃，我還要吃，我討厭你，我不想見你，我要走人。只能作這些世間小事的主，眞正遇到大事情都作不了主，那怎麼能夠說有眞實的主呢！

誰才是眞實的主？只有如來藏！可是祂從來不作主。正因爲從來不作主，才是眞實主；一天到晚想要自己作主的人，都是落入意識與意根境界中，屬於凡夫有情；當生死到來而該捨壽時，只能隨著業種與我見、我執的作用而去受生，根本無法自己作主生到自己想去的地方；所以，落入處處作主的想法中，他就無法在捨報後自己作主了；只有不落入意根與意識境界的人，只有實證從來都不作主的如來藏而轉依成功以後，憑藉這種親證實相而發起的智慧，在蘊處界等世間法解脫了繫縛而不作主的人，才能在捨報後自己作主決定要乘願往生到何處去。所以眾生造惡業下了地獄，特別是無間地獄，不經由中陰境界而直接下地獄，受苦無間，渾身受苦無間，時間上也是受苦無間，這種人死後是無法作主的；當他正在地獄中受苦，但他的如來藏並沒有受苦，所以他的如來藏不需要作主，才能自在於一切法中，處處作主而確實執行因果律。所以祂才是眞實主，可以於一切時中都得自在。只有不須作主的才能自在，會作主的覺知心或意根都不能自在；既不能自在，怎麼說是可以作主的心？所以現在佛教界的觀念正好顚倒，都說：我們死後要懂得作主，要能作得了主。正因爲想要作主，所以他們死後才作不了主。當你轉依如來藏而不作主的時候，天上人間、十方世界可就任你來去了；是因爲證得這個不作主的，轉依於不作主的，世、出世間智慧無上——實相般若智慧出生了，你才有那個功德，可以十方作主自由來去：十方諸佛世界任你來去，只要你發願要去，諸佛就一定會接引你去。

就好像你聯考得到可以進入台大的分數以後，你說：「我沒有一定想要讀哪個學校。」但是不論哪個學校都歡迎你。同理，悟後有了實相般若智慧，就是證悟的功德所在，卻是因爲證得從來都不作主的如來藏心而生起的；只有不作主才能作主，處處作主的不能作主，因爲處處作主的是意根，不是法界的實相心。凡事都要作主，那就是遍計所執，表示他是個凡夫；所以他無法想要去哪裡就去哪裡，因爲人家不要他，他的資格還夠不上。當他不作主，轉依如來藏的無我性、無主性，這時意識有了實相智慧功德，就可以作主說：「我想要往生去眾香國。」或者說：「我想要往生去妙喜國，想要覲見不動如來。」都可以！諸佛都歡迎你。就只有不作主的眞心被你證得了，轉依了祂而不作主了，那你就是斷了執著的菩薩，這時你才有資格作主說：我死後一定要往生某某佛世界。所以想作主的、愛作主的，死後都不能作主，證得如來藏而不作主了，卻無妨到中陰身時再來決定看看：哪個國土好，我去。諸佛從來不奪人所願，只要你有資格，希望去哪個國度，那個國度的佛就來接你。所以無主才是菩薩應該修證的法，因爲如來藏從來不作主，而能作主的五蘊十八界其實沒有眞實主，因爲都是虛妄法，都不牢靠。

說了「無主」以後又說「無相」，如同《金剛經》說：「凡所有相皆是虛妄。」接著又說：「若見諸相非相，即見如來。」所以凡是落到有相法中的人都不是眞見如來，都是凡夫菩薩。覺知心有沒有相？有啊！覺知心都會有喜怒哀樂相，修行人即使進入欲界定、未到地定中，也仍然有相：取六塵相。即使進入初禪等至位中，都還會取三塵相；若加上定境中的法塵相，就有四塵，還是有取塵之相。當你清清楚楚、明明白白、一念不生時，那就無相嗎？不然！還是有相，因爲清清楚楚、明明白白時，是對六塵清清楚楚、明明白白，還是取六塵相，是有相。意根有沒有相？也有！意根在清醒位中藉著意識的分別而不斷的執取六塵，藉著意識不斷的執取色身，不斷的執取眷屬、財物、名位、權力，所以處處作主。睡著無夢時祂有沒有執取相？有！祂並且還緣於你上一世的臭骨頭：藉著你的如來藏在攀緣。假使你是念佛人，求生極樂至心誠懇，願力不改，你的意根還藉著如來藏在緣於極樂世界那一朵蓮花，祂是無所不緣的。假使你來到同修會學法，對親教師很信受，晚上意根還會藉著如來藏去跟你的親教師攀緣，讓你的親教師在夢中給你機鋒來幫助你。意根沒有不攀緣的，一切法都攀緣。但是我們同修會的規矩不能制裁你的親教師，因爲那是夢中的事，我們只管人間清醒位的事。

所以意根也是有相的，這些法爲什麼被稱爲有相呢？因爲都是在三界中的六塵諸法中去執取。可是如來藏從來不在這上面用心，祂不會主動去執取，都是意根在作怪，如來藏永遠是被動性的。所以如來藏有無量無邊的功德，卻不斷的在被意根使喚。諸位聽過這種法嗎？以前沒有聽過，今天算是聞所未聞了。但是你若能夠聽得進去，信受得下來，這表示你們都已不是新學菩薩了，所以今晚回家以茶代酒，該浮一大白。所以凡是諸法都是有相的，但是有相諸法也是無相，因爲都是緣生法，終歸緣滅、無常故空，也是無相；所以蘊處界諸法也都是無相：對凡夫說有相，菩薩看來還是無相。因爲這蘊處界諸法，六根、六塵、六識乃至萬法無非是如來藏相，都沒有自體相；萬法自體的法相都是生滅不住的，所以沒有眞實常住的法相，還是無相法。

菩薩又現觀諸法虛妄無牢、無人無主無相，卻都是在如來藏的心體表面起起滅滅，所以諸法法相就是如來藏相，就是涅槃相，菩薩就是這樣現觀的。因爲如來藏沒有五蘊我性，沒有十二處我性，沒有十八界的我性，所以祂無人，沒有人我的自性。祂眞的沒有人性，假使有人性，那就是人類五陰十八界的自性。所以你假使悟了，人家罵你說：「你眞沒有人性。」你說：「對！我就是沒有人性。」世間惡法在你悟後，來到你身上都變成善法。有人性就是凡夫，沒有人性才是菩薩。菩薩這樣現觀以後發覺原來人、主、相其實都依如來藏而起滅，只是如來藏許多法中的少數法，不斷在現前又消滅、現前又消滅，而如來藏自身則是無人、無主、無相。

菩薩如此親證，如是現觀以後，並不因此就取證無餘涅槃，因爲本願尚未滿足。菩薩的本願各各不同，有的菩薩發願：眾生度盡，我才成佛。有的菩薩發願：我要世世在人間度化眾生。可是人間的眾生一直沒有度盡，他就一直在人間投胎，這也是本願未滿。至於四宏誓願，那是通願，不是別願。菩薩發願說：我要生生世世在人間紹隆佛種，令佛種不斷。可是眼看著佛法正脈要斷滅了，所以他又扛起來繼續努力做，這也是因爲本願未滿。但菩薩最大的本願是什麼？是成佛！所以沒有成佛之前還是要繼續努力一直到本願成滿而成佛之後，才不會再努力的修禪定、福德與智慧。所以本願未滿之前，一定會繼續努力修集福德、禪定與智慧。

成佛之後禪定與智慧當然不再修了，但是福德卻無妨繼續隨緣而修。所以成佛之後無妨爲瞎眼的弟子縫僧衣，因爲福德不嫌多。就好像世間人錢財不嫌多，諸佛亦復如此，所以本願未滿之前，固然須修福德、禪定、智慧；本願滿足了，禪定、智慧都不用再修了，但是福德無妨繼續修。能依前面所說的這些法及心態，繼續進修成佛之道，就是菩薩的不住無爲。聲聞人一定會住於無爲法中，但是菩薩可以不住無爲、可以不盡有爲，如是生生世世投胎於人間，紹隆佛種救護眾生。

「又：**具福德故不住無爲，具智慧故不盡有爲；大慈悲故不住無爲，滿本願故不盡有爲；**」不住無爲，是因爲菩薩具足了福德，既然有福德而且是行菩薩難行之行，準備無量世以後成就佛道，當然得要在人間一世一世與眾生同事、利行，那當然要有福德作爲修道度眾的基本條件。假使生爲菩薩出世弘法利眾，但是卻窮困到無以自處，那又如何能有閒暇利樂眾生？每天要早晚奔波爲五斗米折腰，謀生的時間尚且不夠，又如何能專心弘法利樂眾生？所以必須要世世都具備福德，才能與眾生同事利行；因此說菩薩具備福德的緣故，所以能世世自在而度眾生，所以在不住無爲的狀況下，心境是與眾生同在的，所以菩薩世世藉著福德而以四攝法攝受眾生，也攝受未來成佛時的淨土，即是修集累積成佛所需的更大福德。這是二乘聖人做不到的難行之行，是因爲菩薩有大慈悲心，但主要是因爲智慧導致他如此；假使沒有智慧，他將會專門在解脫道上面用心，而不可能在成佛之道上面用心，因此就會如同二乘聖人一樣取證無爲，不樂住於有爲法中。

但是不樂住於有爲法中，就無法世世常行菩薩道，就無法具足證得一切種智。如果不能具足證得一切種智，就不能成佛。一切種智的具足都是在人間最容易引發因緣及觀行親證，只有智慧深妙的人才會理解這一點，所以除盡有爲法的人就沒有諸地現觀功德引發的因緣和修證；因此眞實有智慧的菩薩一定會在人間的有爲法中去利樂眾生，藉著與眾生共事的種種因緣來引發一切種智的功德；但是這些都是要在有爲法中實修，所以菩薩能夠不盡有爲法，繼續世世發起無漏有爲法，廣度眾生而不取寂滅，都是因爲有眞實智慧的緣故；所以說因爲智慧的緣故，菩薩不盡有爲。

可是菩薩從大悲中生，除了上面所說的智慧緣故，也因爲大慈大悲的心態，捨不下一切眾生，所以不但願度容易度的眾生，同時也願意未來世一再受生來度脫難度的眾生，所以菩薩度眾生時不會常常心住無爲法中；因此菩薩對眾生的攝受就會有種種的不同，從一世攝受盡未來際而無中斷的易度眾生，乃至暫時捨棄，留到數劫之後再來攝受的難度眾生。因此菩薩不能在短時間或者長時間離開眾生，於一切時中都必須與眾生同在一起，藉著與眾生同事利行來結下深厚的世間緣及佛法的因緣，這樣就能夠兼顧短、中、長期攝受眾生的種種狀況，所以菩薩不離人間都因爲大慈悲的緣故。菩薩其實可以世世在天上享樂，他有那個福德與條件，但是菩薩始終不生天上，始終都在人間利樂有情。

菩薩不盡有爲也是因爲想要滿足本願的緣故，由於菩薩的本願一定符合諸佛的通願，所以一切菩薩莫不依止四宏誓願作爲本願；除此以外，再觀察自己的因緣、眾生的因緣，另發別願。四宏誓願和自己的別願合起來就是諸菩薩各自不同的本願，所以菩薩的本願函蓋的範圍是相當廣泛的，菩薩在本願尚未滿足之前永遠不會滅盡有爲法。一直到本願具足完成時才會成佛，所以一切菩薩多數的時間都會生在人間，不斷的出生種種有爲法來利樂眾生，不會滅盡有爲法。假使把有爲法滅盡，就不能使眾生得到利益。最簡單的有爲法，譬如行住坐臥、言語來去，即是最簡單的有爲法。假使菩薩住於無爲之中，把這些有爲法滅盡了，眾生就無法親近他，無法追隨他修證佛法。所以菩薩不許像二乘聖人一樣吃過飯經行消食以後就入定去了，而是吃過飯以後可能連經行消食的時間都沒有，就立刻又爲眾生做事、說法去了，所以菩薩不能住於無爲法中，不許像二乘聖人一樣住於滅盡定或者禪定中，要不斷的爲眾生努力。既然要利益眾生，就不能離開有爲法，因爲離開有爲法時，譬如菩薩住於滅盡定中，住於四禪八定中，眾生如何能向他請益佛法？又如何能因菩薩而斷惑見道？所以菩薩證悟後，在利樂眾生的本願尚未完成之前，不能也不會成佛，所以他必須不斷的示現有爲法才能利樂眾生。

「集法藥故不住無爲，隨授藥故不盡有爲；」菩薩爲了修集佛法妙藥來對治種種煩惱，所以菩薩必須常常在有爲法中修行。如果常常住於無爲境界中，法藥就不現前了！藥是用來對治生死病的，在一貫道中，二十年前他們也教人家打坐練功，所謂九節佛風，也說坐到某一種境界就有眞藥現前，要擷取眞藥才能成道。我當年初學佛時讀到他們的開示也覺得很玄妙，但是今天看來他們根本就無藥可說、也無藥可救，因爲他們所謂的眞藥並不是佛法中講的治生死病的藥；雖然他們自稱那是治生死的藥，但其實只不過是靜坐中顯現的意識境界相而已；而他們自己也無法證得那個境界，因爲那只是想像的境界。所以對治生死煩惱的藥只在佛門中才有，而且是在人間時最多，到欲界天就比較少了一些；如果生到無色界天，就完全沒有對治生死的藥了，因爲無色界都是愚癡的境界，所以眞悟菩薩都不求生無色界。菩薩深知成佛之道的一切種智，其引發與實證的因緣，在人間最具足；因爲人間是五陰、十二處、十八界具足，人們的煩惱引發因緣也最具足。人間是煩惱最多的地方，又剛好不很苦而適合修行；人間也可以接觸煩惱最多、最繁雜的眾生，所以在人間具足了引發一切種智各種現觀的所有因緣；在天界並不具足，所以菩薩成佛之道的大部分時間要在人間修行。

但是在人間修行時要從利樂眾生上面去著手，而不是每天住在禪定中，譬如常住第四禪的不動無爲中。也不可以每天住在眞如無爲中，譬如說證悟以後常住眞如無爲法性中，不肯起心動念爲眾生做事，因爲常住無爲法中難得有法藥現起。菩薩懂得這個道理，爲了修集種種法藥的緣故，所以不住於無爲法中。但是一方面又爲了利樂眾生的緣故，不同於修集法藥的自利修行，所以爲了隨著眾生根性的不同，福德因緣的不同而授與眾生種種法藥。爲了授與眾生種種不同的法藥，所以菩薩不能滅盡一切有爲法；若是滅盡了一切有爲法就無法授與眾生無量法藥，所以說：隨授藥故不盡有爲。

「**知衆生病故不住無爲，滅衆生病故不盡有爲；**」知眾生病故不住無爲，滅眾生病故不盡有爲：眾生有種種病，菩薩很不好當，因爲菩薩不單要治眾生的生死病，當他修到四地、五地以後，還要爲眾生治身體的病。所以菩薩到了四地、五地開始，他得要學醫術，就是醫方明。所以菩薩到了四地、五地開始，不但要治眾生的生死病，還要同時能治眾生的色身疾病與因果病。因此到了四地、五地以後，菩薩更忙、更辛苦、更累。這樣的菩薩，你願不願意當？（有人說：願意。）願意，可是心裡面有一點猶豫，因爲累死人了！願意，是因爲這可以證得四地、五地果德，怎麼不願意？問題是：眞的累死人。弘法就已經忙死了，每天還得要發掛號牌，至少要撥出半天時間爲眾生看病，四地菩薩就是這樣行菩薩道的。

但是菩薩爲何要這麼辛苦利樂眾生？因爲知道眾生身心有病，也知道眾生身病、心病的根源所在。但是想要治眾生的身心二病，不能常常住在無爲法中，所以四地、五地菩薩雖然隨時可以取證滅盡定，他們卻常常忙到沒有時間進入滅盡定休息一下，一直拖到六地滿心時才不得不證滅盡定。其實三地滿心就有能力取證，但菩薩一直沒有去證，是爲了治眾生的身心二病，所以不能住於無爲法中。在想受滅無爲裡面連意識都不現起了，如何能治療眾生的身心二病？所以菩薩因爲深切的了知眾生身心二病的根源，了知如何對治，因此爲了治眾生的病，所以不住於無爲法中，儘可能提供時間來爲眾生治身心二病。假使把有爲法滅盡了，眾生的病就無法滅盡：若是身病要治療，需要的時間比較少，可是如果要治眾生的心病、煩惱病，菩薩就得要花很多的時間，才有辦法治療眾生的心病。因爲心病、煩惱病是最難治的，不說別的，光說一個最簡單的我見病就好，想想看：一個最簡單的我見的病，菩薩也得要每天爲眾生詳細說明。如果是我執的病，更要花許許多多的時間不斷的爲眾生勸說、誘導、開示，乃至有時不得不用怒目金剛硬逼著眾生去斷我所的執著。這些都要在有爲法中來運作，離了有爲法是完全無法運作的。如果更進一步要對治眾生的無明病，那就要花更多時間了。看看諸位明心到現在，有的人才剛悟入一、兩個月，有的人是已經悟入十幾年了；可是這個斷無明病的事情，我十幾年來一直在做，沒有停過；因爲塵沙惑上煩惱不是解脫道所函蓋的範圍，而是明心以後要不斷進修的增上慧學；可是增上慧學妙法是要經歷無量無數劫的悟後進修才能完成的，所以上煩惱這個無始無明的大病心病，都需要菩薩以無量數劫的時間不斷爲眾生深入解說，讓隨學的人悟後可以次第深入現觀，所以解脫道所治的煩惱病，是很粗糙的。但是佛菩提道所治的煩惱病是很深細的上煩惱，是非常沉潛而難以發覺的；菩薩爲了幫眾生消滅這一些病，不能有一世常住於無爲法中，必須要世世幾乎以所有時間都住在有爲法中，才能幫眾生滅除種種病。

「諸正士菩薩以修此法，不盡有爲、不住無爲，是名盡、無盡解脫法門，汝等當學。」接著　佛作了一個總結：「諸位正士菩薩因爲修學這個勝妙的成佛之法，所以不滅盡有爲法，所以不住於無爲法中，這就是盡、無盡的解脫法門，你們這些菩薩們都應當要好好學習。」菩薩會加上正士兩個字，當然是意有所指；這表示說，菩薩之中也有非正士。非正士的菩薩其實在娑婆世界隨處可見，很多人受了菩薩戒以後，不管是在家身而受菩薩戒或是出家身而受菩薩戒，往往無法很嚴謹的看待十大律儀戒；所以毀謗了法寶以後自己卻都無所知，並且繼續毀謗一直到壽盡命終之時不會改變；等到臨命終時業風狂吹，才知道自己一世的護法正行其實都是在毀謗正法，但是那時已經無法言語，無法表示意思來請人幫忙補救了，這一類人是非常多的。只有不謗正法、不犯十大律儀戒的菩薩們才能稱為正士；所以諸位今天應該要因自己是正士菩薩而覺得稍堪安慰，因為非正士的菩薩實在太多、太多了。在這個五濁惡世中，只有一個辦法才能消除非正士菩薩，這個辦法就是廣設七寶池、廣種蓮花，凡屬於非正士的菩薩就請進去廣大寶蓮花宮殿裡面享受聞法之樂，剩下的人都在寶蓮花外面，就是正士菩薩，否則這個世界是永遠都會有許多非正士菩薩大力護法，而實際上卻是在破法。

因此諸位發願在這個世界世世利樂有情，就得要有這個心理準備；乃至你將來成佛時，可能也都會有一位你的提婆達多；除非像 彌勒菩薩一樣在人壽八萬四千歲時成佛，那時天魔也要來擁護你、幫助你弘揚佛法。那時的天魔為什麼叫作天魔？是因為他放不下欲界天的五欲。但是那時的天魔會率領極多眷屬來歸依 彌勒尊佛，並且還會勸導人間民眾歸依 彌勒尊佛，普勸大眾出家、學法，他又會勸請城中人民大家都來聽 彌勒佛說法。如果你不想要在成佛時有你的提婆達多，你就得發願，在人壽很長時來成佛。有的人想：「那我發願在人壽百歲、兩百歲、一千歲時成佛，好像吃虧了。」也不盡然！你敢發這種悲願，你就一定會常常在人壽百歲、千歲時在人間度眾生。但是你要知道：在人壽百歲、千歲的惡劣心性眾生中弘法度眾，這個功德是比八萬四千歲時弘法度眾的功德大過很多倍，所以你成佛的速度將會比人家發願八萬四千歲時來度眾生、來成佛，加快很多倍。

所以世間法與佛道中都是很平等的，不用畏懼人類那麼惡劣而說：「人壽百歲時我才不要來度眾生。」你儘可發願，你來度眾時，那些非正士菩薩每天攻擊你、打擊你，而你都不在意，在這種情況下而能度眾生悟入佛菩提，你的功德將是無量無邊廣大。懂得這個道理以後，從今天開始不要再向任何人抱怨：「這個世界眾生眞難度！也眞可惡！常常恩將仇報。」都不需要再抱怨了，因爲你在這裏修學佛法，成就的功德更大；你在這時度一個眾生開悟，比人壽八萬四千歲時度一千個人開悟的功德更大，就像佛說的：在這裡行善學法一天，比在極樂世界行善學法一百年的功德還要大，所以還是要在這個時間來當正士菩薩，功不唐捐。

今天諸位聽到 佛開示不盡有爲、不住無爲的盡、無盡解脫法門，應當歡欣鼓舞。對自己有緣親聞這種妙法：能盡煩惱而不盡有爲法，心處於無爲中而能不住於無爲中，能常常現起有爲法來自利利他，這是迅速成就佛道的微妙殊勝法門。

所以佛告訴眾香國來的菩薩們：「應該如是修學。」我們大家更應該如是修學。可是 佛教導他們這個盡、無盡法門，祂有很深的用意，不曉得諸位有沒有注意到。佛的意思其實是說：「你們這些眾香國來的大菩薩們，其實應該在捨壽後往生到娑婆世界來投胎。」讀經要會讀，佛的言外之意在這裡。因此他們回去以後，在眾香國修行時，如果智慧夠，就會想起來：「我們在眾香國修行，生活過得很快樂，都沒有任何逆境，大部分是在無為法中，住於有為法中的時間很少。那麼想要具足一切種智就會很緩慢，因為一切種智所應具備的種種現觀的引發因緣很難得，更難具足。」如果他們有一天想到了這一點，就會知道：原來 釋迦牟尼佛為我們開示的盡、無盡解脫法門，是要我們去娑婆世界投胎，可以加快成佛之過程。他們就會向 香積如來告假，下一世就會來到娑婆世界了。

「爾時彼諸菩薩聞說是法，皆大歡喜；以眾妙華：若干種色、若干種香，散遍三千大千世界，供養於佛及此經法并諸菩薩已，稽首佛足，歎未曾有，言『釋迦牟尼佛乃能於此善行方便。』言已忽然不現，還到彼國。」假使有哪一位具足三明六通的菩薩聽到我們今天講的法，把這個道理傳到香積國去，未來世娑婆世界中就會有很多從香積國往生過來的菩薩們。所以 佛陀講這一段經文，把盡、無盡法門開示了以後，有智慧的人要懂得 佛陀的弦外之音。可是當時那一些眾菩薩們，一時之間並沒有聽出這個弦外之音，因此聽到 佛陀開示這個盡、無盡解脫法門時，因爲自己並沒有常常住在滅盡定中，所以覺得很安慰，皆大歡喜，就以眾妙花（若干種顏色、若干種香味的妙花）散遍娑婆三千大千世界，供養 釋迦牟尼佛、這部經的妙法及眾菩薩之後，向 佛稽首頂禮，就讚歎說：「釋迦牟尼佛說的法是我們在眾香國未曾聽聞的妙法。」又各各互相稱讚：「釋迦牟尼佛竟然能夠在這種五濁惡世的娑婆世界中，善行這種方便法門。」因爲他們沒有聽出弦外之音，所以說完之後就回到眾香國去了。

假使回去之後向 香積如來重述 釋迦牟尼佛的開示，香積如來將會爲他們點出弦外之音。諸佛都沒有眷屬欲，祂們都不會說：「你們是我的徒弟，不許生到娑婆世界去。」 釋迦牟尼佛也不會這麼講，所以祂授記說：「你們這幾億人可以生到眾香國去。」後面還會有授記生到別的國土去。但是生到那邊去以後，學過一段時間 香積如來會告訴那些往生去香積國土的此界眾生，當他們智慧到達一個階段以後再告訴他們：「你們應該回娑婆去了，因爲那邊修學佛道比在我這裡快很多倍，但是要有心理準備去受苦、受毀謗。」

所以有些人一心嚮往其他諸佛的純一清淨世界，但是我不會嚮往，我只會說：「我去那邊留學，得了阿彌陀佛的好處，我又趕快回來娑婆世界住持正法。」那個時候，我也會到其他世界去宣揚：「阿彌陀佛太慈悲了，你們趕快去佔祂的便宜，再回到各自本國利樂眾生。」因爲眞正想要證得諸地的現觀，其實還是以穢土的因緣比較多，實證的速度一定比較快。去極樂世界是因爲阿彌陀佛的悲願慈心，願意幫助大家迅速獲得應有的某地現觀，所以去那邊應該只是留學而不是久住。但是去那邊得了便宜回來，你也要準備讓眾生佔便宜，所以你回來以後就要廣設方便利樂與你有緣的眾生，幫助與正法有緣者快速的證悟，這就是你應該對諸佛回報的地方；不能只是佔了阿彌陀佛的便宜，結果自己一毛不拔，眾生無法契入佛法，而自己對眾生都不顧念，這樣是不對的。

所以眞正有智慧的人，要懂得佛說法的背後妙旨。因此佛說了這些法，有智慧的菩薩聽了，他會知道：「我還是留在娑婆好，因爲修行快，也能夠深入的利樂眾生。」假使能幫助一百個人生活無憂無慮，但是另一個人在很危險的境界中把一個人的性命救回來，這個功德遠勝過幫助一百個人一生之中無憂無慮，而他這麼大的功德只是在一個很短的時間完成而已。我們應該有智慧培養自己有這種救人性命的能力，你若是能在短時間中，拋了繩索把一個人從懸崖中或大海中救回一命，那你何必選擇用一世的時間去利樂一百人生活無憂無慮呢？假使你一生能夠救十個人的性命，就超過幫助一千個人一世生活無憂。所以身爲菩薩道的行者應該具備這兩種能力，這樣你成佛之道就會很快速的完成。

所以有智慧的菩薩們聽 佛說完盡、無盡解脫法門，都會慶幸：**幸好我是在這裏修法，幸好我沒有很快就離開了。**所以諸位想想，在這裡三、五年，大不了花個十年，在娑婆世界明心，從初住位進入到七住位，那是多麼快：一大無量數劫你已經過完三十分之七了，你說快不快？假使福德夠大，一世見性，如幻觀瞬時成就，已經過完一大阿僧祇劫的三分之一了，眞是快！可是兩千年前生到極樂世界的人極大多數現在都還在蓮花中，因爲是上品中生或中品中生的人啊！都還在蓮花中，現在還沒有出來，當然也都還沒有開悟。你自己比較看看吧！所以苦還是有苦的回報，我希望今天這一席話可以讓大家有更大的心量，願意接受、攝受娑婆世界的惡劣眾生，來迅速成就自己的佛土。能弄通這個道理，就不枉諸位這幾週來聽聞 佛所開示的盡、無盡解脫法門了。

〈見阿閦佛品〉第十二

【爾時世尊問維摩詰：「汝欲見如來，爲以何等、觀如來乎？」維摩詰言：「如自觀身實相，觀佛亦然：我觀如來前際不來、後際不去、今則不住；不觀色，不觀色如，不觀色性；不觀受想行識，乃至不觀識如、不觀識性；非四大起，同於虛空，六入無積；眼耳鼻舌身心已過，不在三界；三垢已離，順三脫門。具足三明，與無明等；不一相不異相，不自相不他相，非無相非取相，不此岸、不彼岸、不中流，而化衆生。觀於寂滅，亦不永滅；不此不彼，不以此不以彼；不可以智知，不可以識識，無晦無明、無名無相，無強無弱、非淨非穢，不在方不離方，非有爲非無爲，無示無說，不施不慳，不戒不犯，不忍不恚，不進不怠，不定不亂，不智不愚，不誠不欺，不來不去，不出不入，一切言語道斷。非福田非不福田，非應供養非不應供養，非取非捨，非有相非無相，同眞際、等法性；不可稱、不可量，過諸稱量；非大非小，非見、非聞、非覺、非知，離衆結縛；等諸智，同衆生，於諸法無分別；一切無失，無濁無惱，無作無起，無生無滅，無畏無憂，無喜無厭無著；無已有，無當有，無今有，不可以一切言說分別顯示。世尊！如來身，爲若此，作如是觀。以斯觀者名爲正觀，若他觀者名爲邪觀。」】

講記：接著進入〈見阿閦佛品〉，阿閦佛是音譯。阿閦佛就是不動佛，或者稱為無動佛。這時 世尊因為看見眾香國來的大菩薩們離去了，維摩詰菩薩帶領這些菩薩們來見 世尊，當然得要隨緣說法，所以 世尊就問維摩詰說：「你帶著他們來見我，是想要見真實如來，請問你是以什麼來看待如來呢？」這如來二字當然有深義，就好像《金剛經》說的：「若以色見我，以音聲求我，是人行邪道，不能見如來。」又譬如說：如來者，無所從來，去無所至，為了利樂眾生的緣故，所以化現為如來。但如來本身到底是什麼？現在 佛藉著 維摩詰來看祂，就特地引發一個因緣，讓 維摩詰來為大家說法。因為如果 佛自己說：如來是如何的勝妙、如何的不可思議，是什麼樣的實相境界。愚癡眾生可能還會覺得 佛陀的說法太自誇了，不如藉這個機會讓 維摩詰來為眾生說法，也成就了 維摩詰菩薩這一場病緣的功德。由等覺菩薩說出來的法，眾生總是多少要信受的；當然不會全部眾生都信受，因為即使是等覺菩薩說法，也會有許多非正士菩薩毀謗的，二乘聲聞中的許多凡夫們更加會毀謗，這都是在佛教歷史及當今佛教界現前可以證實的現象。

佛教歷史中，譬如 玄奘菩薩因為發覺《俱舍論》等兩部論並不究竟，並且法義上的缺失很多，所以特地去西天求學《瑜伽師地論》，因為那是等覺菩薩說的。固然仍有《解深密經》、《楞伽經》等非常勝妙，但是眾生都讀不懂，而《瑜伽師地論》把這些經典的妙旨融合了加以細說，因此《瑜伽師地論》非常重要，所以他特地前去天竺求學這一部論；若能藉這一部論來通達其他諸經，再爲眾生說法，眾生就對其他經典更能信受。沒想到他在西域遇到了般若趜多時，對方竟然說：「《瑜伽師地論》是外道論。」諸位想想：般若趜多穿著佛教的法衣，是佛門僧人，竟然把等覺菩薩所說的論謗爲外道論，意思是說 彌勒菩薩是外道。諸位再用這一件歷史事實來返觀今天的佛教界，爲什麼印順派的那些法師們不願意認同《瑜伽師地論》？他們一心要推翻《瑜伽師地論》所說的第八識法義，原因何在？都只是因爲無法親證第八識罷了！只因爲沒有能力親證，就乾脆把祂否定掉。諸位想想：這些聲聞種性的凡夫法師們，連等覺菩薩都敢否定了，何況是否定我們。所以我們被聲聞凡夫法師毀謗也是正常的，因爲我們離等覺菩薩的境界還遠著呢！

他們連最原始的聲聞法教四阿含經典中明文記載的，佛陀親自授記的當來成佛 彌勒大士所說的妙法，他們都敢否定了，何況是我們？所以我們被那些聲聞種性的凡夫法師否定，也是正常的。我們有了這個認知，就應該要心平氣和，不要再有人心中忿恨不平了。如果你還心中忿恨不平的說：「我們這個第八識法明明是正法，爲什麼他們不信？還要故意否定、特地誣賴，謗我們是邪魔外道？」如果你還是這樣忿恨不平，那你就錯了。想想看：等覺大士都會被毀謗了，我們被毀謗又有什麼關係呢？所以要認定：會被毀謗才是正常的，不被毀謗那就是異常了，因爲現在是五濁時期。大家都要這樣想。世尊當然很清楚這個現象，因爲眾生的心想是逃不過世尊法眼、佛眼鑑照的。所以世尊晚年時有很多人請求世尊講法華，世尊一直推辭，不斷的往後推延，因爲早就知道：一旦開始說《法華經》，聲聞法中多數凡夫一定會當眾退席抗議的，所以一天拖過一天。因爲聲聞凡夫們認爲：**世尊跟阿羅漢是一樣的，何必自我吹噓呢？**果不其然，後來有菩薩三度誠懇請求世尊宣講法華而不得不講，可是準備開講時，五千聲聞凡夫們公然退席抗議。你想：五千人當場退席，那是多大的聲勢！你們有沒有想過？恐怕諸位都沒想過，我們現在這三個講堂坐滿了，最多不過接近一千人；但是佛講法華時是五千人當場退席，那聲勢多麼浩大？由此可以想見聲聞種性的凡夫心是如何偏狹了！而現在正是末法時期，此時的聲聞凡夫心性更是可想而知了！所以諸位不可以期待他們會擁護第八識正法，也不可期待他們會信受**如來的證境確實不同諸阿羅漢**。

所以由世尊自己來講如來的境界，他們是不信的，現在維摩詰居士來了，是最好的機會，應該由他來講，所以佛做出這樣一個引子：「**你現在來此是要見如來，請問你是用什麼來看待如來？**」要他把如來的眞實本質說出來。維摩詰菩薩當然一聽就知道世尊的言外之意了，所以他就把如來的實際加以宣說，讓眾生對如來生起更堅強、更如實的了知，所以 維摩詰菩薩就說：「我看待如來，其實就跟看待我自己的實相是一樣的：我看待如來是前際不來，後際不去，現前這一刻是無所住的。」這句話，很多人讀過《金剛經》，也聽過大師們的解釋，但是說者與聽者有沒有眞的懂了？那就是問題所在了。

前際沒有來，是講如來的本際不是從前際來的。如來以何爲本際？以法身如來藏爲本際，法身如來藏就是第八識，如來的第八識改名爲無垢識，不像我們仍然稱爲阿賴耶識。如來其實不是三十二大人相的那個色身，其實不是爲眾生說法、觀察眾生心行的如來意識，也不是憑意識的認知而決斷何時說什麼法的如來意根，因爲這些都是自性如來化現出來利樂眾生的有爲法而已；即使是報身佛，那也是自心如來所化現的莊嚴相，都屬於自心如來所化現的有爲性的如來身，作爲利樂眾生的藉緣，作爲眾生皈依的對象而已，但其實仍然都是屬於有爲法所攝，不是眞實如來。在諸佛如來的報身、應身、化身的背後，其實都是自心如來，而自心如來就是佛地的第八識——無垢識。這個佛地的無垢識自心如來，祂不曾從前際來。所謂從前際來是說：這一世並沒有佛在人間示現，而現在示現了，說祂是從前際來，因爲往世沒有而現在有佛出現了。但是現在有佛出現而往世沒有，看來是從前際而來，但若是從前際而來，本無今有的佛身應化身出現在人間，看來是有來去的，可是這個有來去的應身如來，其實是由佛的自心如來無垢識應緣化現出來的。而如來的無垢識不曾從前際來，因爲祂無始以來不曾斷滅過，如何能劃分前際、今際與後際呢？所以說如來的實際，其實沒有從前際來，只有自心如來化現的應身如來、報身如來才能夠有前際以及今際。因此 維摩詰菩薩說：「我觀如來前際不來。」

如來在人間化現而捨壽之後荼毘了，剩下舍利子，看來如來似乎已經到後際去了，可能重新化現在某一個世界投胎、出生、修道、轉法輪了，此時在另一個世界似乎如來有來，在我們這個世界似乎如來已經去了，可是這有來有去的應身如來都是諸佛如來的自心如來無垢識所化現的，所以都不是如來的本際。從如來的本際來看，如來並沒有去（沒有去到後際），只有應身有前際與後際，自心如來無垢識並沒有前際與後際；因爲祂既然沒有滅，如何能說祂有後際？祂一直都恆常不變的存在，所以當然沒有後際；既然沒有後際，當然不能說祂去到後際了。

如來應現在人間的這個時代，應身如來還沒有入滅之前，自心如來也是無所住的；從表相看來，如來去托缽是住於托缽的境界中，如來爲眾生說法是住於說法的境界中，如來托缽回來飲食，眾生供養如來勝妙飲食，看來是住於好吃的境界中，但這都是自心如來化現的應身如來境界。就如同諸位證悟後，你現前觀察：

今晚為了來正覺講堂，所以家中不開伙，在外面餐館吃，人家煮得很好吃呀！好像是住於很好吃的境界當中。但這個是對應身如來（你這個五陰）而言；對眾生而言，你這個五陰就是你的應身如來，是由你的自心如來阿賴耶識化現出來的。本來人間沒有你這個色身，沒有你這個覺知心，但是你的自心如來為了法緣，所以上一世捨身而從大陸生到台灣來；今天在這裡，為了來正覺講堂聽經、熏習正法，所以你的自心如來化現了你的色身而使你今晚在餐館吃飯，好像住於那個色聲香味觸等六塵境界中，你是有所住的；但是你的自心如來仍然無所住，根本不住於六塵中，仍然是無所住的。今天你在餐館吃的那一頓好吃的晚餐，如是一切行住坐臥所有運為，莫非如是，你轉依自心如來就全部都無所住，何嘗有所住呢？所以維摩詰菩薩以此道理而說「今則不住」。

一切事都如此，一生都如此，怎能夠說這一世中有所住啊？你明心之後，現前如此觀察、現前領受這個無所住的境界，又何妨覺知心意識仍然在六塵之中有所住？又何妨這一世捨報了，歡歡喜喜認命的捨報，爽快的讓自己就斷滅了，是因為你已現觀自己還是有個自心如來，無所住也不捨報。你能從自己去觀察到自心如來前際不來、後際不去、今則不住的事實，難道諸佛如來不都是如此嗎？所以這樣子現觀領受之後，回到家時何妨回想說：我在正覺講堂聽到蕭導師這一席法：維摩詰菩薩講的觀察如來前際不來乃至今則不住，而我已經現前觀察領受了，豈不眞是慶快平生呢？所以回家以後應該可以浮一大白——以茶代酒。所以明心之後你可以說：我這一世沒有白來，差堪告慰。

接著 維摩詰菩薩又說：「**不觀色，不觀色如，不觀色性；**」如果以色見如來，這個人不是求如來，眞正想要求見如來，是要把你自己的自心如來找出來，就知道一切佛也是以這個第八識作爲眞實如來，這樣才是眞實的求如來、見如來。所以不要在色法上面說：這一個度眾生成阿羅漢、成菩薩的人，就是如來。假使將來你有緣親見 彌勒如來時，你不應該說：「這位就是彌勒如來。」因爲你會被 彌勒如來斥責說：「我彌勒如來不是五陰這個人。」因爲祂的無垢識才是眞正的 彌勒如來，才是眞實如來。如同《金剛經》說的：不以色見我，方能見如來。假使以色身而見如來，所見就不是眞實如來了，所以 維摩詰菩薩說「不觀色」：我看見的如來，不是從色身上所看見的如來。

又說：「**不觀色如，**」色如，譬如有人看待如來，是把那個具有無比威德力的色身當作是如來，而說：「如來身金色，有三十二相，八十種好。」把那個在人間可以如而無所牽掛，無任何人能傷害的金色身如來，當作是眞實如來，是錯誤的看法。有些凡夫想：「凡夫很容易被傷害、被毀壞，所以不是如來。如果有三十二相、八十種好的時候，那是金剛身，有金剛力士隨時護衛著，任何人類、天人、天主都不能傷害他，這樣的色如，才是如來。」那他又錯了，因爲那個有大人相、種種好的金色如來，終究只是自心如來所化現出來的，那個於色如的如來仍然只是一個化身如來、報身如來而已，仍然不是眞實如來，仍是可壞法；所以不可以觀色如則爲如來，也不可以去看待應身佛、化身佛或報身佛的色性，而說可以常住不滅。譬如報身佛壽命無疆，就把報身如來的色性加以細觀，說因爲他只是一個影像，猶如光影而不能被傷害，所以可以永遠存在，說是眞實如來，那就錯了。因爲那也是自心如來化現給諸地、等覺菩薩所見的影像，如同應身如來在人間示現的肉身八十幾年以後壞掉了一樣，只是化現的影像而已。所以不能從色如來觀察如來，應當以諸佛如來的自性法身無垢識來觀待，這才是眞實的如來觀。

「**不觀受想行識**，**不觀識如**、**不觀識性**；」同樣的道理，不可看待有種種受覺的如來是眞實如來。受蘊如是觀待，想行識蘊亦復如是，不應該說如來在人間於五受、三受得自在，乃至不可說如來在人間六識得自在而說那就是如來；換句話說，不可以把五陰中的任何一陰當作是眞實如來。所以假使有人出生於佛世親見如來時說：「那個色身就是如來。」或者說：「那個能知能覺的心就是如來，能了知我在請問什麼法，而爲我回答的六識見聞覺知心就是如來。」那就錯了！因爲五陰六識都不是眞實如來，不可以從五陰中去認取如來，也不可以說色如、受如、想行識如就是如來，因爲於三界中受想行識如如自在的那個如來，其實只是如來的無垢識所化現的，所以不能把應身佛在六塵中如如自在的受想行識認作是如來，也不可以把如來的受想行識的種種自性認作是如來。

識性，有很多人誤會而產生錯誤的執著。爲什麼要這麼說呢？因爲這種執著太多了！也是佛教界中非常普遍可見的錯誤認知。譬如說，我們常常講自心如來是第八識如來藏，又名阿賴耶識；而識性的誤會是自古以來就存在的，不是只有末法時代的今天，古今一同，一樣誤會，所以諸位在各處道場常常有大師會說：「能見之性就是佛性，能聞之性就是佛性，乃至能知能覺之性就是佛性。」但我告訴你：那不是佛性，那都是妄知妄覺。很多人讀《楞嚴經》時斷章取義、斷句取義，《楞嚴經》中 佛已經很清楚的說明：能見之性乃至能知能覺之性，都是六識的自性，而六識是虛妄法；被生的、所生的六識已經虛妄了，而這六識的自性怎麼會是常住法、眞實法呢？可是到今天爲止，仍然還有許多居士、法師認定說：「這六識見聞覺知的自性就是佛性。」所以我說：他們都是凡夫。識性是什麼？學佛人必須要去認知：眼識的自性就是能見之性，耳識的自性就是能聞之性，乃至身識的自性是能覺之性，而意識的自性是能知之性。

有很多人誤會了，不瞭解《楞嚴經》的眞義。《楞嚴經》說：這六識的自性不是因緣生，也不是自然生，都是如來藏所生。可是他們執取非因緣生、非自然生二句，把如來藏所生的大前提抹殺掉，就說：「既然六識的自性非因緣生、非自然生，所以它是本住法、常住法。」可是六識的自性從六識來，佛明明說：「六識是根、塵、觸所生。」爲什麼竟然弄不懂呢？眞的很奇怪！所以到今天爲止，還有許多人在主張：「六識的自性——能知能覺之性——就是佛性。」眞的是朽木不可雕也！但這叫作妄心妄覺。很多人卻跟這些人一樣說：「你看佛陀在人間時，我來了，祂看到我來了；我說什麼話來請問，佛的意識也都知道，所以這就是佛性，佛就靠這個成佛。」但是我告訴你：諸佛都不是靠這個成佛。靠這個成「佛」的只能成爲密宗佛，叫作常見外道佛、愛樂淫觸的佛；都是落到六識的自性裡面，對識性不瞭解，有所誤會。所以觀佛時不應該把佛的識蘊及六識的自性當作是眞實佛，這些誤會佛性的人就是落在這個地方——剛好落在識性裡面。他們觀察識性而把識性當作是佛性，他們是這樣觀佛，所以才會說：「當我看到六識的自性時，我就是看見佛性，我就是見性成佛了。」眞是邪見加上大妄語，好可憐喔！

可是我們一再的爲他們說明，識性的虛妄，他們仍然不肯改變，救不了他們，只好留到未來世再攝受了；這一世能做的，就是儘量把正確知見灌輸出去，他們的得度因緣就只能留到未來世去，都是屬於菩薩長期攝受計畫的對象，事實上確實是如此。所以他們還會繼續在網站上一直罵我們，繼續主張「六識的自性就是佛性」。這是落在內我所裡面了，因爲六識的自性是六識我所有的體性；六識心體尚且虛妄，何況六識的自性，當然更加虛妄。可是有很多人不瞭解，看見佛有這六識的自性，而看不見佛的意根與如來藏，就說這六識自性就是佛性，然後他就自認爲已經成佛。維摩詰菩薩這一句就是在破斥這些人：不可以觀識性爲眞實如來。假使觀察六識之性爲佛，那個人是不懂自心如來的，正是自性見外道。

初悟菩薩找到了自心如來以後，尚且還看不見佛性，更何況一個沒有明心的人，落在六識性裡頭的凡夫，如何可能看得見佛性？可是他們卻堅持已經見性了！這樣誤會佛性的凡夫，卻要來跟看見佛性的人爭執說：「**六識的自性就是佛性。**」如同一個剛剛學會認識「一顆李子叫作一，放上兩顆李子叫作二」的幼稚園學生，公然責罵大學教授不懂加減乘除一樣，所以才會是五濁惡世的眾生。但是菩薩對這種人也要攝受，還得要詳細爲他說明：**你這是六識的自性，爲什麼是六識的自性呢？**就詳細的、一一的爲他說明，把正確知見灌輸到他的腦子裡面去，讓他把這個種子留在阿賴耶識心田中；未來三劫、五劫，甚至有的人要一萬大劫後才有因緣得度，那你就等著三劫、五劫、一萬劫後再收他爲徒弟。菩薩是這樣度人的，所以菩薩不能長時間離開人間，所以這種事不是人幹的，只有菩薩能做。

如果能夠「不觀受想行識，不觀識如，不觀識性」，這樣的人才是眞的見如來。所以將來 彌勒尊佛龍華三會，諸位都會在祂座下禮拜供養學法，到那時你們看 彌勒尊佛，不要落到色受想行識上面去看待 彌勒如來，應該以自心如來而觀 彌勒如來，否則的話，到時候 彌勒如來說：「你五千六百萬年前跟蕭平實學法，學到現在還落在受想行識啊！」那你就眞不値得了。因爲釋迦世尊遺法弟子將來全部都會在 彌勒座下參與龍華三會，你們可要把這個種子種好，別丟了，可別在那時 彌勒如來轉頭問我說：「蕭平實！你當年度他們是怎麼度的？」那我只好漲紅了臉，不敢回答了。所以不能以色觀如來，不能以受想行識觀如來，不能以色性觀如來，不能以受想行識性觀如來，應當以自心如來觀如來，這樣才是眞實見如來。

接著說「**非四大起，同於虛空，六入無積；**」這是說，自心如來不是由四大積聚而成就的；換句話說，自心如來是本來無生的，如果是積聚而成的，就是有生。有的人寫書時不懷好意，故意亂說法：「第八識是由許多種子積聚而成就的。」很多人讀到他這一句話，沒有發覺到他的過失，因爲不曾讀過經中的語句是怎麼講的。但這個人寫這句話是心懷不軌，他是要讓你感覺到第八識是眾法和合所成，他的目的在這裡。表面上看來他講的似乎沒有錯，因爲第八識收藏一切種子，所以他說第八識是由無量無數種子積聚而成，看來好像沒有錯；但其實錯了，因爲這兩句的意思截然不同。假使第八識是由無量無邊種子聚集而成就，那就表示這個第八識本身沒有自性，只有種子的體性，而第八識自己沒有自性，沒有功能，也是不存在的，只是種子的集合體。他這樣講，是變相的顯示第八識是和合所成的，成爲生滅法而無自體性，是以弘法來掩護謗法的極惡劣行爲。

但是我們所證的第八識並非這樣，我們證的第八識以及 佛說的第八識是有自體性的心體，祂有自己的功能性，並且能收藏了無量無數的種子，讓種子各有它的功能顯現，而祂也有祂自己的功德，與種子同時運作。這意思是完全不同的：一個是和合所成，猶如河流轉彎的地方有漩渦，漩渦中心始終有泡沫，泡沫是一個個泡沫合起來成爲一團聚沫，不斷生滅，但始終存在，那些泡沫有生滅現象，而這整聚的泡沫沒有自體性。如果第八識是由種子聚集而成，就跟那一堆泡沫一樣，祂就成爲如同四大聚集所成的色身一樣的道理，也成爲生滅法了。可是如來藏不單是收藏無量無邊的種子而已，祂還有自己的自體性，所以祂有祂的功能存在；在祂的功能不斷運作的當下，同時祂所收藏的許多種子與祂配合而現行運作，而且那些種子若沒有如來藏的配合運作，是無法單獨自己運作的，所以如來藏有自體、也有自己的功能性，不是由種子聚集所成的表相，也不是由四大的聚集而生起的。所以你要有智慧去判斷人家寫那一句話是什麼心態：他既然證不到第八識，又沒有能力實證祂，所以就不願意承認有第八識存在，就用變相的方法去否定祂；表面上看來他這一句話並沒有否定第八識的存在，可是他把第八識虛體化而貶低了，使祂在修學佛法的過程中變得完全不重要了，於是就可以說：「祂無自性，因為祂是許多種子聚集所成的一堆的現象，叫作第八識，所以祂沒有功能。」這樣，當人家質疑說：「請問師父啊！您有沒有證得第八識？」這個問題就變得不重要了，因為祂沒有功能嘛！你只要把染污種子一一修除就好了，好的種子加以增長就行了，第八識有沒有證得就無所謂、不重要了。這就是寫出那一句話的人居心所在，可是他們卻不懂佛菩提中的眞相：若沒有證得如來藏心體的所在而無法現觀祂的功能差別，就永遠無法發起般若實相智慧，更無法轉入內門進修佛菩提，成佛之道的修習將會永遠在外門修學，無法眞正的修學佛菩提道。

而這個第八識雖然有祂的功德自性，卻不是由四大積聚所生起的，祂自己的功德不與四大、五陰、十八界混淆，壁壘分明，不是色法、不是物質，體性猶如虛空一樣無形無色而能攝取四大，所以祂有自性；但是祂自己體性猶如虛空，所以祂可以離開色身而單獨存在，因此說祂同於虛空。可是如果誤會了，就會說：「虛空就是如來藏，你看經裡不是講嗎？如來藏同於虛空啊！」所以盧勝彥就講：「虛空就是佛。」這種虛空外道自從有佛教以來一直都有，沒有中斷過，今天的代表就是盧勝彥、達賴。其實這意思是說：祂如同虛空一樣，虛空既然無形無色，你怎麼能夠說祂有多大多小？只有屬於形色的法才能說它有大小、有方圓、有邊際。如果如同虛空一樣，已表示祂不是色法，怎能說祂有大小或邊際呢？也表示祂不是虛空，所以說祂**如同**虛空。

如來藏（自心如來）入母胎之後，攝取了四大，製造了這個色身，藉著這個色身五根，祂就可以有外六入，對外攝取六塵進來，藉外塵而在勝義根中不斷的變現內相分的六塵。可是祂對於外面的色法六塵雖然有所入，這六入卻不會積聚成一團、一堆、一座山，都不會積聚。而祂自己藉著外六入顯現了內相分的六塵，讓眾生的六識可以領受，而祂變現的內相分六塵成爲六識心的內六入以後，仍然沒有積聚，所以不會越來越多，你不必去弄很多的檔案來收存它。但是當你未來世有需要時，因緣熟了（你需要知道無量數劫前的某一世的某一件事情）時，祂就把相分顯現給你看，如同錄影帶、DVD一樣重新再放映出來，沒有失漏。假使一世一世這樣錄存起來，你想你需要多少光碟？但祂不用，祂都把你收存起來，當你未來世需要時，祂又幫你放映出來，你看了就知道：「啊！原來我過去世因爲造了某一件事情，所以有今天的果報。」那一件事情的來龍去脈是如何，你都可以了知，可是你說祂有積聚嗎？沒有！如果有積聚的話，可能你往世到現在，檔案光碟堆積起來，可能像須彌山那麼大的空間都還不夠用；但祂不需要，所以說六入無積。能證知這樣的一個自心如來，你已經能現前預見一個事實：將來遇見彌勒尊佛時，將會看見彌勒尊佛也有這個自心如來，那你才是眞的看見了彌勒尊佛。

「眼耳鼻舌身心已過，不在三界；三垢已離，順三脫門。」維摩詰菩薩是這樣見如來的：如來是超過眼耳鼻舌身心六識的境界。超過六識、六根的境界，意思是說眞實如來不在三界法中。從兩個層次來看，說有兩個境界不在三界法中：一個是**眞實**說不在三界法中，另一個是**方便**說不在三界法中。先來講方便說，譬如滅盡定，住在滅盡定中不與三界諸法相應，因爲滅盡定中只剩下意根，而意識已經不在，但這與睡著無夢時不一樣；睡著無夢時意識固然斷了，但是還在呼吸，也還有心跳，身體一切都正常在運行，可是滅盡定中呼吸、心跳都停止了，這跟三界法不一樣。而睡眠會有時在夢中，夢中有六塵境界，而六塵境界中都是三界中法；但是滅盡定中沒有夢，所以它不是三界中法；但是因爲色身還在，意根也還有遍行心所法中的三個心所法在繼續運作，所以它只是方便說爲出三界。另一個是眞實的出於三界法外，不在三界法中，那就是第八識自心如來的自住境界；祂的運作不像六識，不像識陰都在六塵中相應，所以祂不屬於三界法所攝。如果要加上個第三個不在三界中，那就是入無餘涅槃，連意根都斷盡，只剩第八識自心如來獨在，永遠不再示現於三界中。

三世一切佛成佛時都具足現觀這三者，所以如來的境界與二乘聖人的證境不同，如來是現前眼耳鼻舌身心、六根六塵六識並行運作中，以法性身無垢識作爲祂的所依、所住境界；所以自心如來爲度眾生而示現五陰身心六識時，自己的境界卻是超過六根六識的境界——眼耳鼻舌身心已過，所以不在三界中。一切菩薩應當如是見如來，這才是眞實如來。

如來已離貪瞋癡，沒有三垢污染，所以說三垢已離。順於三解脫門，也就是前面我們講過的三三昧門，就是空、無相、無願，或說空、無相、無作。三脫門，前面我們已經說過，我記得在《優婆塞戒經》裡面也有講過；二乘的三脫門以及大乘的三脫門有其異同之處，所以其中有異有同，說來話長，現在就不再重複。由此而看待如來，是見自心如來，所以不應當認爲如來有貪瞋癡等法。

「**具足三明，與無明等；**」如來具足三明，與阿羅漢證得的三明不同；阿羅漢也有三明，但是有侷限。俱解脫的阿羅漢加修三明以後，他的宿命明只能看到過去八萬大劫之內，不能超過八萬大劫，所以有侷限；但是諸佛如來沒有侷限，無量恆河沙數劫之前所曾經歷的事情都能了知。三明六通的大阿羅漢，他們有天眼明，但是也只能觀察未來最多八萬大劫之內的事，超過八萬大劫就無法了知了；可是有時佛爲某些菩薩授記，記他未來兩大阿僧祇劫以後成佛，佛號、佛國、弟子眾、正法、像法、住世的時間等等，是以阿僧祇劫來計算的，而阿羅漢最多只能看到未來八萬大劫時的事，所以他們的天眼明並不具足。

至於漏盡明，我們以前講過很多次了：三明六通大阿羅漢有漏盡明，是因爲二乘解脫道的無生智，使他可以窮究解脫分段生死的所有細節，稱爲漏盡明，不同於慧解脫阿羅漢；但分段生死的究竟了知只是佛菩提道究竟解脫中的局部，是從佛菩提道中抽出一小部分，專爲恐懼生死而求急證的聲聞羅漢們施設的，本質並非成佛之道的正解脫，所以名爲別解脫；爲證這種急速解脫生死輪迴的人而施設的戒法，就稱爲別解脫戒；南傳佛法聲聞人專求解脫而出家修行時，所受的出家戒就因此而稱爲別解脫戒；所以南傳佛法的二乘解脫道修行者，中國地區海峽兩岸的所有專修解脫道而不想求證大乘見道、排除禪宗證悟如來藏妙法的人，都屬於印順所說的**求急證解脫生死者**；印順所指的**急證精神的復活**，應當是說這些人，不該說是大乘禪宗裡的求悟者，因爲禪宗求悟者只求開悟而長久住世、利樂眾生，並不急求解脫生死。眞正的解脫、究竟的解脫、不可思議的解脫，則是成佛之道離二種死（分段死、變易死）的佛地解脫，是正解脫；必須歷經三大阿僧祇劫的精勤修行，修集一切種智、發起各種現觀的境界，並且要在三大阿僧祇劫中廣修大福德，作爲成佛的資糧；爲求證此種解脫而施設的戒法，才是正解脫戒，即是菩薩戒；即是文殊、普賢、觀音、勢至、維摩詰……等一切菩薩所受的菩薩戒。所以佛門大乘法中的所有修行者，都應以盡未來際的菩薩戒爲正解脫戒，以一生受的聲聞戒爲別解脫戒，才能究竟漏盡明。

二乘聖人對正解脫樂佛地的漏盡明是完全不懂的，也是完全沒有入門的；因爲他們只斷除分段生死的**現行**，還沒有斷除分段生死**種子**的**隨眠**，所以都還有餘習未盡；此外，他們的第八識心中還有種子變異流注的情形存在，這些種子必須經由成佛之道的阿僧祇劫修行以後變易爲清淨而無塵沙惑的究竟境界，種子剎那、剎那變異轉易的極微細生死才能斷盡；這種變易生死是他們所不知的。這就是說，煩惱障的習氣種子隨眠要如何斷盡？所知障中的塵沙惑隨眠要如何斷盡？他們都不懂，所以他們的漏盡明只有在分段生死的漏盡上面究竟了知。而變易生死的漏盡及分段生死相應的習氣種子隨眠，他們都無法了知而無能力斷除，所以他們的漏盡明有很大的侷限，不像諸佛究竟了知而得圓滿具足。由此三明而導致六通的差異，所以三明六通大阿羅漢的三明六通，都遠不及諸佛，原因正是在此；因此諸佛的三明，不同於二乘聖者的三明。

佛陀具足了三明以後，看待眾生所有的無明時，卻說是平等平等，因爲無明的究竟斷盡要依靠無明，假使沒有無明就沒有無明的究竟斷盡，這意思很少人瞭解到。譬如說，很多人厭惡五陰，因爲五陰遮蓋他，使他不能證得緣起性空的解脫道；可是緣起性空的解脫道，如果不是有五陰的存在，他能證得嗎？那是不可能的！因爲緣起性空是依五陰的暫時存有、十八界的暫時存有，才能有緣起性空可證，所以緣起性空是依附於蘊處界有而存在的；把蘊處界現前觀察了知虛妄，那就證得緣起性空了。可是他們自稱討厭五陰，其實是嘴上說著玩的，是心口不一的；因爲五陰裡面有個識陰，他們執著得不得了，每天不斷的向我們爭執說「離念靈知是常住不滅的法」，那正是執著識陰中的意識心，卻又說他們討厭五陰，豈非是心口不一？離念靈知正是標準的識陰意識心，他們連這最淺的道理都不懂而落入識陰中了；這樣每天諍辯說離念靈知意識心是常住法，卻還口口聲聲說他們討厭五陰，嚴重陷在無明中，又怎麼可能知道緣起性空是依五陰而有呢？當然更不可能懂得「明」其實是依於「無明」才有。

如果證得第八識自心如來，再來觀察你所轉依的自心如來，你會發覺其實明與無明都不關如來藏（自心如來）的事，都是你意識心自己的事，與祂無關。你有無明，所以你要斷無明，但是自心如來從來離六塵，所以祂沒有無明可說，你要叫祂斷什麼無明？當然，如果還沒有找到如來藏以前，就只能推說這是一個思想，無法正確的辯解；可是當你找到如來藏以後，會發覺事實上本來就已如此；因爲是我們意識心才會有無明，可是如來藏祂根本不在六塵中，哪裡有無明可說呢？既然沒有無明，就不需要開悟而發起明，因此也沒有明可得，也就沒有「無明盡」可說了，所以《心經》說「亦無無明盡」。明就是離開無明，明就是無無明。這樣解說，有沒有一點明與無明的正確印象產生了？

寺院中的法師們每天在做早課，誦《心經》時都說眞實心「無無明，亦無無明盡」，意思是眞心如來沒有無明可說，祂也沒有無明已盡的心相可說；明與無明都是意識自身的事，斷無明而成爲無明盡，也是意識離念靈知自身的事，都與眞心如來無關，眞心如來從來就無無明，所以也沒有無明盡可說；意識離念靈知心既有無明，當然就有無明可盡了，所以意識離念靈知心絕對不是眞心，眞心是從來都沒有無明及無明盡可說的。但是自以爲悟的凡夫們卻都把有無明而能斷無明的離念靈知意識錯認爲眞心，就出世當大師，要大家供養他們建立大道場，浪費了眾生的誠心、信心、資財。所以明與無明其實都是咱們意識自己的事，不關自心如來的事。自心如來眞心沒有無明可說，也沒有無明盡可說；所以開悟是你家的事，不是自心如來眞心的事。你可以開悟，但自心如來不管你開悟或不開悟；

祂也不求悟，因爲祂並沒有無明，何必要求悟而破無明、得明？有無明的是你，需要破無明的也是你，不是祂，事實上是如此。《心經》講得這麼明白，可是爲什麼沒有人要出來把《心經》的眞義講出來呢？很奇怪！

如果我們將來整理成書、印出去，人家又說：「這是蕭平實的創見，不是佛法。」等到法義辨正時，我們把《心經》那幾個字提出來：「無無明，亦無無明盡。」他們只好又口掛壁上，不敢再開口了。其實，如果是正確的開悟了，你會發覺：明與無明都是咱們意識自己的事，都不干祂眞心自心如來的事，祂自心如來才不管你明與無明。而你意識有無明的原因是因爲不知道祂的存在，所以無法觀察祂而領納祂的無量無邊自性與究竟解脫：不能現前觀察祂的無量自性，無法領受祂的眞如法性、本來涅槃的法性、本來解脫的法性，所以落入陰界入中而說有無明。而你意識證得眞心時就把無明打破了，乃至未來修到佛位而無明已盡，永無無明了，都是因爲你找到祂，所以你能進修而把無明斷盡了；找到祂以後，你知道原來實相就是祂，那就是打破了無明。可是你意識破了無明，有一分明了，明發起了，祂還是沒有明，也沒有無明，所以也無無明盡；因爲祂是你求悟的標的，悟得祂了就打破無明，所以是你打破無明而開悟的標的。你證得祂，無明就打破了；無法證得祂，對法界實相不知而存在著的無明就永遠沒有打破。可是你打破了無明，你發起了明，祂依舊沒有明也沒有無明，更無無明盡。

這像不像繞口令？是！很像啊！但事實上法界中的實相確實如此，因此明或無明都是從意識心來講的。但是大家不必因此就痛恨無明，因爲如果不是有這個無明，你就沒有辦法有明；因爲如果沒有無明，你就沒有開悟可說，就無法開悟了；因爲悟就是打破無明，而無明的打破則是由於親證了法界萬法源頭的自心如來。因此我們可以說：由於無明的存在，所以我們能夠開悟，能夠發起實相的智慧。但是明與無明，若單從理論上、言語上的說明來看，畢竟只是一個思想；你還得要去實證自心如來，然後就知道：原來自己是虛妄的，祂才是背後眞正的自己，而意識自己卻從來不知道祂，所以一直都有無明。當你從自心如來眞實常住的金剛法性（因爲祂不可壞）來看待自己，就會發覺原來自己是這麼的虛妄，不可依靠、不能久住，因此打破無始無明而獲得佛菩提道中初分解脫的功德受用。

可是你轉依自心如來以後，從自心如來的自住境界來看待無明或明，它們其實都是從自心如來輾轉生顯出來的；所以對自心如來而言，祂不會喜歡明，也不會討厭無明；對自心如來眞心而言，明與無明是完全平等的，因爲無明是從自心如來中輾轉生顯出來的，而明也是自心如來輾轉生顯出來的，卻是只給意識相應。這樣說，也許太抽象了，我們再解說一下：無明的先決條件是要有色界以下的五陰或者無色界的四陰，沒有五陰或四陰就沒有無明，一定是五陰與四陰的存在而不瞭解五陰、四陰（特別是識陰中的意識）的虛妄，所以有二乘法中的無明。因爲五陰、四陰的存在，卻不瞭解五陰、四陰從何所來、去何所至，所以說有大乘法所斷的無始無明。但人間五陰或無色界的四陰，都從眞心自心如來中出生，而無明是識陰中的意識所有，所以無明推究到最後其實仍是從自心如來而生的。這就是四阿含中 佛說十二因緣時，特地解說十因緣與十二因緣的先後次第而顯示互相關聯的原因所在。（編案：欲知其中妙義，請詳閱《阿含正義》中的舉證與開示。）

明又如何從自心如來出生呢？剛才我們說過：明就是開悟。開悟二乘菩提或者開悟大乘菩提，這是不同層次的明。但這個明是因爲有欲界、色界的五陰，有無色界的四陰，加上聲聞菩提中的一念無明我見、我執被打破或斷除了，或是佛菩提所攝的無始無明被打破、被斷盡了，所以稱爲明。所以大乘法中的明，是由五陰去實證自心如來之後才說之爲明，顯然明還是以自心如來爲因。既然明與無明都從自心如來而出生，而自心如來從來都不理會明或無明，所以祂對明與無明是平等的。你打破了無明，出生了明，你好高興喔！可是祂一點都沒有高興，但不是生氣而不高興：祂從來不會生氣，所以從來不會對任何事高興，祂無始劫來始終如是。所以當你證悟如來藏（第八識自心如來）以後，你就知道三明與無明其實也是等，因爲無明與宿命明、天眼明、漏盡明，都是輾轉依止於自心如來而有，都攝歸自心如來，所以三明與無明其實也是平等的，並沒有不平等可說。

「不一相不異相，不自相不他相，非無相非取相，不此岸、不彼岸、不中流，而化衆生。」諸佛如來沒有一相也沒有異相。諸佛如來如果是一相，那就不應該說十方世界有十方佛，應該釋迦佛就是阿彌陀佛、阿彌陀佛就是香積如來、香積如來就是不動佛，應該諸佛都同是一佛，就與一神教、一貫道的說法合流了。可是明明諸佛如來各有祂自己的無垢識，各有自己的法性身，也各有自己所化現的應身如來、化身如來……等法，因此不能夠說是一相。如果是一相，悉達多太子降生時就不該指天指地說「天上天下唯我獨尊」了，他應該說「天上天下大家共尊」了。既然唯我獨尊，當然不是同相，不是同一個心體。也就是說，是各人都獨自擁有一個如來藏，稱爲自心如來，所以不能夠說大家共有一個自心如來。當然就不可以像西藏密宗講的：「**成佛以後要與佛合而爲一**。」那不是被併吞了嗎？正好與一神教及一貫道的說法相符：將來成道時回歸主、將來成道時收歸老母娘——收圓。

我想諸位都不願意被併吞而消滅吧！不是因爲有我執而恐怕被消滅，而是法界中的實相本來就是各自唯我獨尊的；你可以加入團體，但是加入以後還是有自我中的究竟實體存在不滅，應當如此。由此可以判斷西藏密宗那個觀想成佛而與佛合併爲一，把自己想成子光而併入佛的母光中，確實很荒謬；他們觀想自己是子光，觀想佛的光是母光，然後自己子光要合併入佛光裡面，合爲一體，就是子光融入母光中，說這樣叫作成佛。這種說法應該只有一部分六、七歲的小孩子才會信，而多數的七歲小孩都不會信受，你如果跟小孩子講：「你合併到我身上來，你消失掉，成爲我的一部分而繼續存在，好不好？」他一定說：「媽媽！我不要！」雖然是你生的，以母子之親，他也會說不要。不信，你們諸位父親，跟你兒子談談看，看談不談得攏？一定談不攏！因爲各自都是唯我獨尊的，否則就變成可增可減而不是不增不減了。但是佛明明說眾生界不增不減，才會有《不增不減經》的佛說；《心經》也說眞心是不增不減、不生不滅的，有生滅性的法才能夠有增減，所以一切有情都是不增不減的。如果可以合併，合併到無量無數的恆河沙數的恆河沙數劫以後，是不是只剩下一個有情叫作佛？眾生界可就有增減了，眞心也可以增減了，那我們應該請張老師把佛龕裡的《心經》重寫，要把不增不減改爲**可增可減、必增必滅**。

所以，所有的有情及十方諸佛都不是一相，也就是說大家都各有唯我獨尊的自心如來，不能合併也不能分割。如果這樣講的話，也許有人就異想天開的想：「那麼也許某甲的自心如來長得漂亮，某丙的自心如來可能很醜，我是中道，不漂亮也不醜。」也不能這樣講，因爲同樣都無形無色時就沒有相可說，怎能說祂有不同的相呢？所以叫作不異相。也許某乙說：「明明有異相啊！因爲某甲已經修過一大無量數劫了，所以他的染污種子少；某丙現在都還沒有修行，剛從畜生道回到人間，所以他的染污種子很多；那我呢，我在中間，我修行了一段時間，可是又不如某甲；相對於某丙，種子又清淨多了，所以有異相。」言之成理，但其實沒道理，因爲不論某甲、某丙或某乙，他們三人的自心如來，同樣都是眞實性，也同樣是如如性、同樣是金剛性，所以說不異相。

爲什麼是眞實性？因爲祂是眞實存在的法，能夠收藏一切往世及今世所造的所有善惡業種，也能世世不斷出生五陰，也能自動的流注業種來接受人天之樂或三惡道之苦，昭昭不爽，所以祂有眞實性。爲什麼是如如性？因爲不論上天或下地獄，祂始終如如不動其心，絕對不會生起一念厭惡或貪愛，也絕對不會趣向或厭離，永遠如如不動，所以祂有如如性。爲什麼說祂是金剛性呢？因爲這個第八識沒有任何一法可以毀壞祂，不論什麼武器多麼厲害，不論誰的神通多厲害，都壞不了祂一分一毫，所以說祂有金剛性。當你證得這個自心如來，你才可以拍胸脯說：「我是眞正的金剛乘行者。」西藏密宗根本不是金剛法，而是生滅有爲法；

只要腦後給他一搥，他的金剛法就完全不見了；只有他們剩下的第八識才是金剛性，因為三界中沒有一法可以破壞祂，沒有任何人、任何佛可以毀壞任何一個有情的第八識，所以第八識有金剛性。可見西藏密宗自稱是金剛乘，全是妄語。如果要說金剛乘，我們正覺同修會才有資格，因為我們證得這個自心如來，現觀祂是金剛性、不壞性。任何有情，上自諸佛、下至地獄最卑賤的有情，所有有情的自心如來都同樣擁有這三種法相：真實性、如如性、金剛性。這些法相從遠古到未來無量世以後，都還是這樣，一切有情都是如此不異的，那你怎能說祂們互相之間會有異相呢？所以說無一相也無異相；要這樣看待如來，這才是真實如來，不是應化如來。應化如來不是真實如來，我們恭敬供養的如來並不是真實如來，是由他的自心如來（法性如來、真實如來）化現，讓我們可以親近、承事、供養、學法。所以第八識才是真實如來，我們看待如來時應當如是看待。

又說「不自相不他相」，自與他中間就是自我；換句話說，就是你、我、他。你我他都從哪裡來？都因為有五陰。如果不是五陰，怎麼能分別你我他呢？子女小時候最愛戀的是父母，可是父母與子女終究是各自獨立的個體，仍然有你我他的分別，所以長大以後家庭裡面有時會意見不合：「爸爸！你講的不對，媽媽講的才對，我個人則沒有意見。」三個人立場各自不同，就是有你我他。但是這你我他，如果不是因為五陰就不會有，就沒有自相他相可說了。不然的話，諸位想想看：如果離開色身也離開了覺知心的思想，你還能說誰是你、是我、是他呢？不可能啊！可是覺知心離念靈知，固然表面看來好像沒有你我他，其實還是有差別。譬如說三個人在打坐，有個人拿一根稻草在某甲臉上劃兩下，某甲反應很快，馬上一巴掌就拍了；某乙呢，你對他劃兩下，他不拍；劃三下也不拍，劃了第四下時他就拍了，顯然心行不同。可是某丙，不論你怎麼劃他的臉，他就是不會去拍，一直忍到底；這三人在靜坐中同樣是離念靈知啊！所以顯然還是有差別的。你要是不信，正在打坐時，用頂級沉香點燃起來，香得不得了，那三個人的反應也會不一樣，有的人會馬上張開眼：**什麼味道？這麼香？**馬上尋找。但是有人會坐到底，眼睛都不會張開，鼻子也不會抽搐一下；有的人則是延遲一些時間才尋找香的原因所在，有的人則是打妄想：**可能是佛來加持我**。心想各自不同，所以意識離念靈知顯然還是有你我他。

可是如來藏就不一樣，一大群人在打坐，你弄了最香的沉香燃起來，所有人的如來藏都不會生起一點點貪，連一念妄念貪都沒有；待會兒弄來最臭的東西，所有人的如來藏也都不會起一念的厭惡，祂們都一樣。而眾生意識離念靈知就不同了，在沒有語言生起的離念狀態下，眾生還是在分別：這是我自己，那個是他人。只是不用語言而作分別罷了！可是如來藏相見時從來不分別你我他。說如來藏相見，可能大家會聽得很奇怪，我如來藏什麼時候跟你相見了？對啊！如來藏在哪裡都不知道，怎麼會相見？那你若是想要懂得什麼是如來藏相見，就要等你破參明心了，自然會懂得禪師講的「家裡人相見」，就是我講的如來藏相見。

禪宗家裡人相見時都是奇奇怪怪的，渾似神經病一般，眞悟祖師們個個都活像神經病，其實就是在講這個不自相、不他相——如來藏相見。可是眾生不懂裝懂，於是就罵：「禪宗那些祖師都弄一些無頭公案，那是什麼禪？都是自由心證。」但問題是：自由心證卻是一點都不自由的，因爲都必須同樣以親證如來藏作爲唯一的證悟標的。那怎麼可以叫自由心證？所有人眞正悟了以後，同樣都是這個如來藏。所以眞悟的人進了禪師方丈室，把尼師檀往地上一丟，禪師就下座了！禪師一下座，那個進門來參訪的人反而坐上禪師的法座，禪師就過來伸手把他抓住，那個參訪的人就把禪師拉到法堂去相見。這些證悟者，個個活像個神經病人一般，又有點兒像以前黑白片默劇的「勞萊與哈台」一樣，一直在演默劇，都沒有講話。但這些都在顯示自心如來沒有自相、沒有他相：無自他相。

所以家裡人相見，就是要如來藏相見，我的如來藏要見你的如來藏。可是你說：「奇怪！你不是講如來藏離見聞覺知，要怎麼相見？」但我告訴你，就是這樣相見。不懂的人就說：「禪師們都在搞怪！」所以沒悟的禪師就學著眞悟的禪師開始搞怪起來，以前他不論怎麼說法，徒弟總是不信他；當他開始學著眞悟禪師而東施效顰起來，開始搞怪了，徒弟就說：「師父一定是開悟了！」這樣就是開悟了嗎？有一天眞正遇到個眞悟的禪師來了，當場就把他戳破了。所以禪師從來都沒有搞怪，搞怪的永遠都是悟錯的假禪師。禪門祖師這一些作略稱爲家裡人相見，著著處處都是打開天窗說亮話。這就是顯示自心如來無自相、無他相，應當如此看待諸佛如來，否則就不是眞悟的人。

「非無相、非取相」是講什麼？當眾生因緣成熟時，如來藏就把他的業種流注出來而去受報；既然祂能如此，你說祂無相嗎？假使眞的無相，爲什麼緣熟了祂就流注業種出來受報呢？也許有人說：「什麼種子？我從來都沒有感覺到。」沒有感覺到？爲什麼年輕時跟你老公眼睛一對上了就沒辦法把持了，就認定說：「我將來要嫁這個人，非君不嫁。」（男眾笑起來…）你們男眾也別笑，不是這樣嗎？一看見了就說：「我非此女不娶。」可是有的人說：「哪有？我是媒妁之言，我們沒有戀愛過。」可是你要小心喔！如果是這樣的話，眞的要小心，婚後不曉得哪一年遇到一個往世的老情人，而且雙方都已經成家了，結果只怕就把持不住了！眞的是一見鍾情，雙方都無法自我控制了！那不是種子流注嗎？因爲雙方在此世見面以前從來不曾相遇、不曾認識過。

也許這樣講，你還不信，我再舉個實例給你聽好了。有一個女眾出去外面辦事情時，遇見了一位比丘，雙方往世情愛的種子流注出來時，她沒辦法控制自己，老是想著他，回來以後還向張老師求救：「老師啊！你要救我。」最後張老師還是救不了她，她還是影響那位比丘還俗同居去了！你說種子的流注厲害不厲害？又不是她故意要去喜歡他，可是她就是把持不住；而且人家還是比丘，也不是長得很英俊，結果還是情人眼裡出西施，逼得那位比丘還俗跟她同居。因爲同修會不允許這樣子，所以她就只好離開同修會了。以前也曾有一位比丘從美國回來學法，也因爲這種緣故，不得不趕快回美而逃離「老虎」，不然就得要還俗、同居（編按：那老虎後來支持別人謗法，不久即暴斃了）；他就當機立斷而離開台灣，終止學業。但是這些種子是誰流注出來的？是如來藏。因爲如來藏感應到對方的如來藏，知道緣熟了，祂就流注出來貪愛對方的種子。這可厲害啊！那你說：祂能夠了別這些種子，到底是有相還是無相？所以從六塵範圍，對求悟的凡夫菩薩來說，要說明祂是無相的；但是對悟後進修的菩薩而言，就不可以說祂是純無相的；從種子的分別與流注來說，祂還是有相的。這叫作法無定法。

修學道種智的人正是從這裡理解：在世間法及六塵中祂是無相的，這是對未悟的凡夫及二乘聖人而說的；但是對於證悟的人來說，祂仍然是有一部分的有相。也許這樣講，你還是沒有辦法很清楚瞭解，不然再舉個例子好了！有個人往世造惡業，因爲他往世是殺害旁生者，這一世該得短命，過不了三十九歲，有人告訴他：「你過不了三十九歲。」他慌了手腳，到處求神問卜，每一尊神都告訴他只有三十九歲的壽命；又去卜卦，卜出來也是三十九歲，都說這一關過不去。到三十九歲那一年，果然眞的死了，無病無痛就死了。是他的意識、意根想死嗎？是他的意識、意根決定要死嗎？都不是啊！由誰來決定的？是他的如來藏。祂就知道分別：現在是死的時候到了，所以祂捨身時，他就走了。我以前的舊居有一位老鄰居，大概六十幾歲時，有一天半夜起來上廁所，覺得身體不舒服，就反身坐在馬桶上，雙手趴在水箱上面走了！好好的一個婦人，身體很健康，無病無痛的。那是誰知道她該走了？當然是她的如來藏。如來藏在六塵之外的運作其實都是有相的，很多六塵外的事相都是由祂在分別運作。因此，從凡夫與二乘人來說，你可以說祂無相；從三賢位的菩薩來說，可以說祂無相，因爲都是從祂在六塵中是否會分別而說的；但是諸地菩薩不會只說祂無相，所以說「非無相、非取相」。因此，不同層次的證量，會有不同層次的領會；面對不同層次的人來說法時，就會有不同的說法。

既然非無相，是不是祂就一定會取相？也不一定取相。當他這一世結婚之後，家庭很美滿，太太也很漂亮，可是遇到一個其貌不揚的女人，正是他往世的老情人；這一下呢，他把持不住，被情網所繫縛了！這當然是他的自心如來流注了往世的種子來相應，但流注出來以後，如來藏卻又不管他，讓他去搞婚外情、戀愛去，祂才不管他喜歡不喜歡，也不管他痛苦不痛苦，卻會分別因緣而把相應的種子流注出來；面對不相應的人時，卻又不會流注出來，你說祂有沒有取相？而祂流注出種子讓他去貪愛、痛苦時，祂又都不分別對方的美醜、苦樂，對六塵中的諸法根本沒有取相，所以祂「非無相、非取相」。

我剛才講的都是親自遇到的眞實事件，這都不是虛構的。並且你們將來修到一個層次之後，出來度眾生了，一定要記得：當如來藏把你那些種子現前時，一定要當機立斷，馬上斬掉；只要在第二刹那、第三刹那捨不得斬掉，就會延續下去，接下來你就沒有辦法把持了！千萬記住這一點，可別說將來明心了，後來遇到一個往世的老情人、好配偶；本來孤家寡人很好，遇到某人時又結婚去了。如果很年輕而且單身，家中又是個獨子，那沒辦法，本來就得奉命要延續香火；否則的話，其實單身來修童子行，還是很好的：都沒有誰會來佔用你的時間，你修學佛道及弘法的時間都非常充裕，也沒有人會向你作任何的遮障。

但是我們觀察如來時要這樣觀察，如來有時候會說：「這個人的法緣仍不具足，所以不度他。」但是如來的法身無垢識仍然會繼續運作，因爲現實上這個人是不該度的，度了對眾生不利；可是如來在另一方面用無垢識去度他，卻不讓他進入僧團中，讓僧團繼續保持清淨。那你說：到底佛的自心如來（無垢識）是有取相？還是不取相？你如果說取相也錯了，說不取相也錯了，所以既不取相也非無相。因此眞正的法永遠不在兩邊，究竟中道，才是眞實佛法。

若是把這個法拿去外面說，他們可能認爲這是你創造的，佛法中沒有這麼說；因爲這是他們聞所未聞的法，你要叫他們怎麼相信呢？所以你們到會外去，不要期待會遇見同參道友，你得要享受孤獨。享受孤獨到底好不好？世間最孤獨的是誰？是皇帝嘛！那麼皇帝享受他的孤獨時到底好不好？皇帝沒有人可以談心，連皇后都不行，因爲他的心思如果給皇后知道太多，也許皇后就聯合她的兒子把皇帝推翻掉。但是佛法中實證了，出去當孤家寡人時絕對不會被推翻掉，因爲你沒有皇后來推翻你，同修會外永遠都不會有這種人。

所以佛說「法無定法」，確實如此！因此說，法有許多不同的層次，不同的層次會導致無量無邊的法義差別；但是雖然有無量無邊差別的法義存在法界中，卻互相都無衝突。所以經由這樣的法界實相，佛說：「諸法法住法位，法爾如是。」

所以禪師說：「森羅萬象許崢嶸。」無妨大家的自心如來同樣都是眞如性，卻無妨大家的眞心含藏種子不同各如其面；無妨如此，而不妨礙一眞法界。如果是離念靈知，那就各人完全不相同了；假使某甲、某乙兩個人在一起，有人來說了一句話：「你們兩個人都不是修道的材料。」當時兩個人本來都保持著離念靈知的狀態，結果某甲聽了生氣起來：「你爲什麼罵我？看不起我！」某乙聽了說：「對不起！我再努力。」兩人處在離念靈知境界中，聽了同一句話以後的表現截然不同，顯然離念靈知都是有取相的，是在六塵中有取相；所以離念靈知顯然與自心如來不一樣，心性不同。自心如來永遠都是眞如法性，不會有這種不同的現象出現，兩人的自心如來同樣都是如如不動的。所以說，佛法證悟了以後會發覺到自心如來確實都是同一眞如法性，小至螞蟻、細菌的自心如來是如此，萬物之靈的人類乃至諸天天主也是如此。但不能說：因爲祂是眞如法性，所以祂就沒有取相。假使完全沒有取相，爲什麼往世的師徒在此世一見就會互相認定、不會再變？都不會被外人所轉，那原因在哪裡？顯然如來藏在六塵以外有祂的取相性，才能忠實的實行因果律。所以說法無定法，沒有定說，而沒有定說當中卻有它的定說。這是從不同的層次而說，所以說沒有定說；但是從相同層次的修證者來說，永遠都是一定的說法，是不可改變也無法改變的，因爲法界中的眞相本來就是如此的。

接下來說「**不此岸、不彼岸、不中流，而化衆生。**」這是與前面的**具足三明與無明等**，一直講到**非無相、非取相**，要這樣來度化眾生，意思有些類似。諸佛，大家不是說祂們都已經究竟了知彼岸、也到彼岸了嗎？爲什麼又說「不此岸、不彼岸、也不中流」？假使以二乘菩提來說：凡夫來修學解脫道，我見還沒有斷之前都是在生死此岸；斷了我見了，到了二果、三果都是還在中流：離開此岸，還在中流。只有阿羅漢是到彼岸了。

但這是二乘菩提所說的，如果從大乘菩提來說，我們會說：阿羅漢不到彼岸。因爲彼岸是無餘涅槃，但無餘涅槃是把五陰十八界滅掉，換句話說是把阿羅漢滅失了，阿羅漢自我消滅以後只剩下如來藏，不再受生於三界中，才是無餘涅槃彼岸。可是那時已經沒有阿羅漢存在了，阿羅漢的蘊處界都消滅了，剩下他的如來藏；而他的如來藏在哪裡？阿羅漢生前並沒有證得，他死了以後也沒有阿羅漢可以證得如來藏，所以他生前、死後都不知道無餘涅槃的彼岸在哪裡，那他怎麼可以說已到了彼岸？他只是不再出生於三界中而離開生死罷了，並沒有到彼岸。可是諸佛如來、諸菩薩並不一樣，因爲蘊處界都仍完好存在之時，已分明現前看見了自心如來：原來第八識在這裡，原來祂從來無生死，原來彼岸就是祂。那就是親到無餘涅槃的彼岸。菩薩們追隨諸佛看見如來藏無生死，而說已經到了涅槃彼岸，所以說「不此岸」；可是當他轉依如來藏，而說自己到了涅槃彼岸，在那個彼岸存在的當下又無妨同時在此岸：仍然有會生死的蘊處界存在著。明心了就是如此：啊！原來無餘涅槃裡面就是祂。那你就是到彼岸了，這叫作本來自性清淨涅槃；是本來就涅槃，不是死了才涅槃。可是當你現前看見自己是在涅槃彼岸時，你自己就在此岸看著「彼岸同時也在此岸中」，這正是腳踏兩條船。最棒的佛法就是可以腳踏兩條船：既在生死的此岸，也在涅槃的彼岸，兩岸是同時存在、併在一起的，所以「不此岸也不彼岸」。但是我們不此岸也不彼岸時，同時也在中流；因爲還沒有究竟成佛，思惑還沒有斷盡，煩惱障習氣種子的隨眠也還沒有斷盡，而所知障隨眠也還沒有斷盡，所以還在中流。換句話說，當你悟了以後，既在中流，也在此岸、也在彼岸。但諸佛不是這樣都在，而是都不在，因爲佛已經斷盡二障隨眠，沒有一絲一毫的遺餘了，所以不在有生有死的此岸。可是二障究竟斷盡之後，卻又世世應化五陰在人間不斷利樂眾生、永無窮盡，隨時以應化的身相在天界、十方世界的人間不斷利樂眾生，所以祂也不在彼岸。佛已經究竟斷盡二障，當然不可以說是還在中流，所以諸佛不此岸、不彼岸、也不中流，應當如是看待如來。如來正是「三明與無明等，不一相不異相，不此岸、不彼岸、不中流而化度眾生」，有智之人應當如此觀於如來。

「觀於寂滅，亦不永滅；」諸佛如來的境界才是究竟的寂滅境界，二乘聖者所證最究竟的寂滅境界只是滅盡定，可是滅盡定仍然還是在三界中，想要再進一步的寂滅就進入無餘涅槃中。但是無餘涅槃中，就是究竟寂滅嗎？有的人也許會說：「是，是究竟，因爲無餘涅槃中，連意根都不存在了，更不可能有六識，也沒有六塵，當然是究竟寂滅。」可是從菩薩來看，那都不是最究竟的寂滅，因爲在無餘涅槃當中，阿羅漢們的如來藏仍然有習氣種子存在，所以自心流注的現象還是存在，只是煩惱障的煩惱（見、思惑）不會現行了，所以永住於無餘涅槃中，但如來藏仍然有自心流注的現象繼續存在，所以仍然不是最究竟的寂滅。但是如來的無垢識已經沒有自心流注了，換句話說，祂的所有種子都不會再變異，變易生死已經滅盡，因此才是最究竟的寂滅。雖然是這樣的究竟寂滅，可是如來卻不會永遠住在無餘涅槃中，因爲十方如來由於受持因地所發十無盡願，以大悲願永不入無餘涅槃中，除非眾生全部成佛了，如來仍將不斷的有應身、化身在三界中度化有緣的眾生；因此雖然如來是究竟寂滅境界，但卻不永滅，不像二乘聖人捨壽後必定入無餘涅槃中，身心永滅，不再現前。

「不此不彼，不以此不以彼；」如來不對眾生作彼此的分別，因爲一切眾生的眞實法界中並沒有此與彼可說，如來早已轉依如是法界實相了。此與彼都是由於五陰在六塵上面作了別，才會有此與彼的差別；從自心如來來說，既不了別六塵中的任何一法，當然也就沒有此與彼的分別可說了。雖然自心如來在緣熟時會流注學人自己、或與此世初見的陌生人相應的種子出來，但祂其實不在六塵上作此彼的分別；祂只管在緣熟時流注種子，流注出來以後則是你家的事、他家的事，可是自心如來自家都沒事，所以祂這時算是幫你找麻煩的人。緣熟而相遇了，這一世沒辦法去處理它，越處理越亂時，他們兩個人的自心如來卻都沒事，都不會起煩惱，所以說自心如來沒有此、彼的分別。雖然他遇見了一個相應的人，雙方自心如來種子相招感了，種子就流注出來；可是流注出來以後，雙方的自心如來都沒有此彼的分別，就像鏡子一樣映照而不分別：胡人來了它就應現胡人的影像，漢人來了它就應現漢人的影像，可是鏡子自己不分別這是胡人、這是漢人，而是由領受影像的意識心自己去分別；自心如來正是這樣，所以沒有此、彼。

但在沒有此彼當中卻又不斷的運作，運作的結果是跟別人的自心如來相應，相應之後流注出來的種子卻是由兩個人的五陰去相應，就這樣糾纏不清。可是自心如來從來沒有說：「我是張三的自心如來，祂是李四的自心如來。」無始劫來祂都沒有這樣，從來不作這種認知，所以又說不以此、不以彼。祂也不去分別：「這兩個人的相應是我流注出來的種子。」另一個人的自心如來流注種子以後，祂也不分別，就只管流注出去相應，讓他們兩個人去糾纏不清，情愛就繼續發展而永無休止，未來世繼續糾纏在一起。有智慧的人就在這一世斬斷了，未來世只有情誼而沒有糾纏，可以成爲同修，互相扶持走完成佛之道，這才是菩薩。所以將來你們修到一個層次之後，度眾生時會漸漸發覺有些人過去世是你的什麼親眷或同修，你知道了，但不用說破。如果說破了，就會像二十幾年前一貫道的劉和睦一樣，把往世的許多妻子找來共住一屋。如果是女眾當點傳師，是否要把往世的許多丈夫找來共住？可就天下大亂了！如果要比照這樣的情形處理，爲什麼他不把以前每一世的父親、母親也都找來共住呢？爲什麼不一起供養呢？當然也應該全部找來供養。那麼人家供養一對父母，他要供養很多對父母；爲什麼單取老婆，不取以前的父母？所以菩薩道的行者一定都是眷屬無量的，因爲每一個人都有無量世，所以都有過去世的無量眷屬；但是不可以毀壞世間法來取證菩提，世間法仍然要維持著，往世的父母要由別人去供養，往世的妻子要由別人去照顧，你不必越俎代庖；你只能在道業上加以幫助，不許有違背世間倫理的事情產生，這就是菩薩行者應該有的態度。

接著說**「不可以智知，不可以識識，」**不可以智知，是說不可以想要用本覺智來了知祂自己；也是說自心如來的種種法，不能像佛學學術研究一樣想要用世間法的智慧來了知。但是想要認取眞實的佛法——法界實相的自心如來，也不可以用識陰的體性來認知與推測。我這個解釋跟諸方大師的解釋不太一樣，諸方大師都這麼講：「如來的境界沒有辦法用凡夫的智慧了知，也沒有辦法用意識去思惟瞭解。」如果眞的這樣，那你學佛法幹嘛？甭再學了！因爲既然智也不知，識也不知，那就是不可能證知的，就與印順老法師講的一樣了：涅槃是不可知、不可證的，佛也是不可知不可證的。那不就大錯特錯了嗎？既然不能以智知、不能以識識，那麼 佛陀來人間傳法作什麼？反正凡夫眾生再怎麼努力修行還是不能知、不能識，那麼祂就甭來了！來這一趟示現八相成道，顯然是多餘的。

「自心如來有本覺智，可是祂這個本覺智不知佛法。」我這樣說，外面那些大師們又要抗議了，因爲他們的想法都是：「我覺知心自己離念無念，而了知自己確實不起妄想，這就是智。」可是自心如來的本覺智不是講這個。自心如來有智慧，因爲祂有本覺，而本覺不是被出生以後才有；雖然祂離六塵上的分別，但是祂的本覺智能夠具足了知你在想什麼，這種在六塵外覺知的智慧本來就存在，所以馬鳴菩薩稱之爲**本覺**；證得如來藏這個本覺而發起的實相般若智慧即是本覺智，實證**本覺智**的人就是始覺位的菩薩，就是眞正的開悟聖者。自心如來若是完全無覺，那就跟石頭、木塊完全一樣了，怎能叫作心？而且還說祂是眞實心。既然是心，就一定有心的功能，不可能全無心的功能。既然是心，心就一定有了別性；了別即是識，所以自心如來稱爲第八**識**，又稱爲阿賴耶**識**、異熟**識**、無垢**識**。既然稱爲**識**，**識**就是了別的意思，所以**識**一定有了別性。既然祂是**識**，就一定有祂的覺知性，只是祂的覺知性不在六塵上分別。不在六塵上分別而有其他的了別性，所以祂其實還是有覺，而這個覺不在六塵中，不屬於識陰六識生滅性的妄知與妄覺，所以不是妄覺；馬鳴菩薩稱祂爲**本覺**，就是**眞覺**的意思。

《起信論》及《華嚴經》中都說，證得祂的本覺，有了般若總相智時就是獲得本覺智；祂既然有本覺，就表示祂不是完全無知無覺，當然就有某些智慧了，所以你想什麼，祂都知道。但不是教你用這個本覺智去了知第八識自己，而是要用你的意識心世間智慧去了知祂，以及了知諸佛如來的境界。當你了知祂了，就有實相般若智慧生起，這個智慧就是本覺智，才能轉入內門學佛。如果你想用第八識自己的本覺去了知實相、了知佛地的境界，那是不可能學佛的；因爲本覺所識別、了別的，都不是六塵中的法，而修學佛法一定在六塵中修學，當然是由意識來修學，不是由第八識用本覺智（三界六塵外的了別慧）來修學；所以才會說諸佛如來的境界不能用本覺智來了知，而是要用意識心的別境心所法來修行，最後到達佛地，仍然是由意識來了知佛地境界，因此說不以智而知，要以識而知。

可是又說「不可以識識」：第一個識，講的是識陰；第二個識，講的是了別。佛地的境界不可以用識陰的境界來認知，換句話說，佛地的境界不是識陰的境界，是超過識陰的境界。佛地當然仍然有識陰六識，但那時的六識已經不叫作識陰而只能稱爲識蘊了。陰是遮蓋的意思，可是佛地的六識沒有任何遮蓋，一切無明究竟斷盡，怎麼可能還有陰蓋呢？所以不能用識陰的境界來判斷佛地的境界，不是以識陰的境界有所作爲，否則始終都會落在識陰之中，將無法如實了知自心如來及諸佛如來的境界，所以說不可以識而識。若能以識陰六識來識知自心如來，那麼佛教早就可以解散，可以廣設佛學研究院，大家都來研究而不必學佛、參禪、修行，都改爲佛學學術研究就可以了！但是依據百年來的佛學學術研究成果來看，竟無一人是眞悟者，都是把聲聞法解脫道當作大乘成佛之道，都是把意識離念當作自心如來了。由此證明，以意識心來思惟、研究佛經，而想實證佛經中說的涅槃與實相等佛法，其實是一條死胡同，永遠逗不出一條活路來的。

「**無晦無明、無名無相**，」諸佛的境界沒有暗晦也沒有光明，沒有受想行識也沒有種種法相。阿含中常說「在生死漫漫長夜」，有時說「眾生常在暗夜中」，這就是晦。換句話說，對於菩提無所了知（不曾覺悟），所以永遠住在生死的漫漫長夜之中；可是諸佛的境界沒有這種黑暗可說，但諸佛的境界也沒有光明可說，因爲諸佛離諸取捨二邊，也離明暗二邊，所以不可能有暗夜及光明二邊可說。「名」相對於「色」而說名相，名的相就是受想行識的行相；因爲受想行識四法都沒有形色，不是物質，只能用名稱來表明祂們各自的不同，所以稱爲名。所以，「名」講的就是受想行識；名相的「相」講的是受想行識存在時的不同法相。但是諸佛不依受想行識以及祂們所顯現的法相境界作爲佛地境界，因此說無名也無相。光明，其實只是在因地才說光明，在佛地二障究竟斷盡時，假使入了無餘涅槃，根本就沒有晦與明可說。但是諸佛如來轉依究竟涅槃的境界時，其實也沒有晦與明可說，因爲都不依受想行識的境界作爲依止，所以說：無晦無明、無名無相。

「**無強無弱**、**非淨非穢**，」眾生的自心如來，其實沒有強弱可說，也沒有垢淨可說，只有祂把種子流注在五陰上面顯現出來時，才會有強弱與淨穢可說。強弱，譬如色身有強有弱，譬如說諸天天人也有強有弱；而名（受想行識）也有強有弱，強的人當國王，弱的人當他的子民。可是國王與子民的自心如來都沒有強弱差別，因爲永遠都是眞如法性，從來都不變異，絕無差異。而國王以及他的大臣們往往互相鉤心鬥角，國王要提防大臣隨時會把他推翻，大臣隨時在提防國王會殺害他。如果這個國王是個轉輪聖王，心是清淨的，他的臣子們心不清淨，他就得要常常爲他們說法，所以心有淨穢差別。可是轉輪聖王與他的不清淨臣子們，各人的自心如來其實都一樣，都沒有淨穢可說，從來離淨穢兩邊。識陰的表現是有污垢、清淨的差別，但是各人的自心如來都沒有垢淨之分，所以非淨非穢，我們看待如來也應當這樣看待：無強無弱、非淨非穢。

維摩詰居士又說「不在方不離方，」這個題目，你們應該在明心後不久就會注意到了。剛明心時想一想：這個如來藏到底有沒有所在？因為如來藏和我在一起，而我現在在娑婆，所以我的如來藏應該說是也在娑婆。這樣看來，好像在方，是不離方。可是問題來了，當你在娑婆世界念 阿彌陀佛，你的如來藏就在極樂世界中七寶池中變生了一朵蓮花在等著你，將來要作為你的依託，如來藏一直是與那朵蓮花相應的，卻又與你同時同處，那麼到底你的如來藏是在哪裡？是在這裡？還是在那裡？也許有人說：「我何妨腳踏兩條船？」但是腳踏兩條船時，也許你又跟一些共業有情的如來藏正共同在醞釀另一個新的世界，那麼到底你的如來藏是在哪裡？所以不能說如來藏在方，祂是沒有方所的。而且如來藏無形無色，你怎能說祂在方呢？「喔！既然不在方，那應該就是離方了。」可是如果離方的話，為什麼找如來藏時卻要叫你從自己身上找，不教你向外面、虛空去找？所以自心如來是不在方也不離方的，你離了方所就找不到祂了。可是你找到了祂，又不能夠說祂有方所，因為祂無形無色；無形無色的法猶如虛空，怎能說祂在哪裡？

有方所的一定是有物質或光影，才能說它在哪裡。沒有物質、沒有光影，你怎能說祂在哪裡呢？可是不在方的情形下，卻又有眞實性而出生了祂在三界中依託的五色根，所以你又不能夠說祂離方，所以還得要說不離方，應當如此以「不在方、不離方」來看待如來。

又說「**非有爲非無爲**，」我們前面講過有爲法，自心如來有無漏的有爲法，也有有漏的有爲法。有漏的有爲法，譬如意識心不斷的在動腦筋，想要獲得或離棄某些法，這就是有漏的有爲法；可是每一個人都還是有無漏的有爲法，顯現在各自的五陰中。無漏，是說它不會產生輪迴生死的因果。所以如來藏出生了眾生的五陰，這個五陰如果證悟了如來藏，然後爲眾生說法，這是不是有爲？（眾答：是）是啊！是有爲法。如果不是有爲法，怎能說法？無爲法是沒有作用的。可是爲眾生弘宗演教固然是有爲法，但是這個有爲法卻是無漏性的，不是爲了貪愛世間的種種法而爲眾生弘宗演教，也不是爲了貪愛世間種種法而去修行；所以當他自己在修行時也是無漏有爲法，爲眾生弘宗演教也是無漏有爲法，但這些無漏有爲法、有漏有爲法，全都從如來藏來。這樣看來，如來藏應該不全是無爲的，應該是也有有爲性，因爲祂爲眾生顯示了這些無漏的有爲法，可是這些無漏有爲法運作出來、顯示出來時，如來藏卻沒有一絲一毫的貪取或厭惡，所以你仍然不能說祂是純有為；所以祂既非無為也非有為，應當如是看待如來，否則就不免落入識陰當中，與識陰一同淪墮生死。

又說「無示無說，」沒有表示，也沒有任何言說。諸位常常聽到善知識說的一句話：「言思路絕」，說「言語不到」，那些善知識們常常講這一句話。但是如來藏，祂雖然言語不到、言思路絕，可是祂卻在言語不到處、言思路絕處分明顯現。可是善知識們都解釋錯了：「因為言思路絕、語言道斷，所以開悟是講不出來的，眞心是說不出來的。」總是這樣開示。但是我告訴你：「眞心眞的可以說得出來，開悟境界也眞的可以說得出來。」所以不能夠說：講不出來。如果他們來問我：「既然你說可以講得出來，那你為我講講看吧！」我就告訴他：「開悟是講不出來的！」（大眾笑⋯）實際上我已經講出來了，雖然一字不易，但我已經講出來了，而他還是會認為我在籠罩他，那我也眞的無可奈何！

如來藏，為什麼說祂無示無說、言語道斷？是因為祂從來不用語言文字為人解說，可是祂時時刻刻都分明顯現，時時刻刻為眾生說法，但是祂從來不用語言文字來向你表示：「張三啊！我在這裡啦！李四啊！我在這裡啦！」祂不會跟你表示，祂為你忙到「死」都不會向你邀功，不會表示說：「你總得謝我一句吧！」祂從來都不對你說話，這才叫作無示無說。但不是說證得祂以後講不出來，祂可以被證悟者以各種不同的方式講出來的，只是奉 佛告誡不許明說，所以只好用指桑罵槐的方式來說，聽得懂的人就開悟了。所以有許多禪師不管誰來都用罵，粗鄙話罵上一大堆，從來不開示佛法；有一天，徒弟抗議說：「師父！你怎麼老是罵我？」師父就繼續罵他，徒弟極力抗議時，師父還是罵：「你懂得什麼叫作罵？」喔！徒弟終於悟了。所以雖然是五陰在說話，如來藏從來沒有說話，但是如來藏已經很清楚的為眾生說法了，可是大師們不瞭解，就說：「你看，佛都講無示無說，是不可說的嘛！」其實都是可說的，只是不可以明說而已。但是如來藏從來不用言語表示，祂也不用任何語言來告訴你，祂也不會用任何肢體動作來告訴你說：「喂！來啦！來啦！趕快啦！我跳舞給你看，我在這裡。」祂不會，所以叫作無示無說。而祂的境界是語言道所到不了的，語言對祂是絲毫無用的，祂從來不落在語言諸法中，所以說「言語道斷」。

「不施不慳，不戒不犯，不忍不恚，不進不怠，不定不亂，不智不愚，不誠不欺，不來不去，不出不入，一切言語道斷。」在佛法中修行，常常有人誤會義理；但是佛法義理的誤會，本來就是有佛教以來的常態，畢竟佛法與外道的人天善法完全不同。如果佛法是很容易理解的，好比外道的人天善法一樣，那麼佛法就不成其為佛法了。所以大家對佛教的未來擔心，恐怕佛教會漸漸演變成為世俗化、膚淺化的佛教，這是正常的。但是擔心歸擔心，事實上我們卻不可能使佛法的弘傳離開世俗化的狀況，因爲世俗化本來是三界的常態，也是末法時的必然；所以佛法的弘傳常常會有的世俗化狀況，並不是末法時代的今天才這樣，而是自古以來就已經是這樣的。假使佛法世俗化的狀況一直都是很少數的人才有，假使多數的佛弟子都能正解大乘經典的眞義，那麼將會產生一個狀況：證悟的人永遠是多數，凡夫永遠是少數。諸位想想：五百個將軍統領十個或一百個士兵，這個道理能成立嗎？既然這個道理不能成立，那麼佛教界永遠是證悟的人少而凡夫很多，應該正是佛教界的常態。

假使證悟的人很多而凡夫很少，就會好像一個世俗家庭笑話一般了：人家說作對聯，各種對聯中不是有一句「春滿乾坤福滿門」嗎？結果有一位紈袴子弟附庸風雅的學別人作對聯，他就模仿說：「爹滿乾坤娘滿門。」如果一個家庭裡面有一大群的爹、娘，而只有一、兩個孩子，那算什麼呢？所以外面的大師們普遍誤會了佛法，把佛法講錯，讓你聽起來眞是好笑，有時不免噴飯；但是不要去指責他們，因爲錯悟者永遠都是多數人，證悟者永遠都是少數人；如果他們沒有誤導眾生去犯大妄語業，我們就不必責備他們，應該用比較寬容的心態來看待那些大師們；因爲不可能說所有的大師都悟了，卻只有一、兩個人是凡夫，這是不可能的事。所以我們應該給予比較大的寬容，但是對自己要要求嚴格一點，除非大法師們否定我們弘傳的大乘如來藏正法。假使有所悟，就要求品質好，然後將來各各都能承擔如來家業，這叫作寬以待人、嚴以律己。但是如果他們要繼續害別人大妄語，我們就得講話了，不單要救那些被他陷害成爲大妄語的學人，同時也要以公開破斥的手段來救他，讓他離開大妄語及誤導衆生的大惡業。除了那些害人大妄語的大師以外，我們寧可用比較寬容的心態來看待佛教界；所以將來如果你們看到有誰發行《維摩詰經》的錄音帶、錄影帶或書籍，當然知道他們一定會有許多錯誤，但不必太苛責，因爲那是正常的。如果他們每個人都不講錯，都講得很正確，那才算是異常，這一點先讓大家建立正確的觀念。

維摩詰居士又怎麼看待 世尊？他看 世尊是「**不施不慳、不戒不犯。**」明明世尊做了很多的法布施，從成佛以來一直在布施佛法，每到一個道場都要說法，有時眞的說到不厭其煩：人們會煩，祂不煩。同樣一部經，同一個地點，不同的人來請法，祂就要講幾十遍，所以阿含部裡面講五蘊空，往往是同一部經文在同一個地方，接連著講十幾遍。但是身爲 佛陀不可以厭煩，衆生來了，總是歡喜而不厭其煩的爲大家解說，希望更多的人斷三縛結、得解脫。這樣看來，明明 佛是不斷在布施佛法的，可是 維摩詰菩薩卻說：**我看 佛陀是沒有在布施的。**因爲布施是要意識心才能布施，如來藏又不為人說法，何曾布施佛法？假使有人極為困苦，佛也把身邊僅有的別人供養的財物轉送給他，那明明也是有布施，可是維摩詰菩薩卻說 佛陀從來沒有布施。這是因為布施都是由 佛陀應現在人間的五蘊來做的，佛的第八無垢識並不擁有這些財物；佛法及財物都是由 佛陀的色身、覺知心所擁有，所以 佛的第八識沒有擁有這一些，因此說 佛的自心如來從來沒有在做布施。

沒有布施，是否就是慳貪、守著不放？也不是，因為 佛也不斷的在布施。剛才明明講 佛不布施，為什麼又說 佛不斷在布施？這裡面有文章，既然不慳貪就是一直在布施。因此有時經典中說：佛無時無刻在做法施，法布施沒有停過一剎那。也許有人想：「哪有這回事！法布施一定是在說法時才有布施，怎可能沒有說法時也在布施佛法？」但是事實上，祂沒有說法時也是在說佛法，一直在布施。所以，有人風聞大禪師的名聲，因此去依止；依止了整整一年，每天進方丈室請安，希望禪師為他說佛法，可是今天進方丈室，禪師說：「那些稻田要去犁一犁哦！」明天進來：「犁好了沒？」「還沒。」「還沒有，再去犁呀！」後天進來：「犁好了。」「犁好了，把那些泥土弄平再放水。」每天都是談這些事，沒有一句佛法。這樣整整一年，他忍不住了，就向禪師抗議：「我自去夏以來，如今已是再夏。」從去年夏天來，現在又到夏天了，「從來不聞和尚說法。」真的沒說法嗎？有呀！他每天進來時禪師都爲他說法，所以禪師就罵：「你這個人稗販如來，污辱禪師；你每天進來，我何嘗沒有跟你說法！」是啊！其實每天進來時都爲他說法，只是他都從世俗人所看的方面來聽，就說禪師沒有爲他說法。

其實禪師是每天爲他說法的，只是他聽不懂。如來也是如此，如來的法身看來從來沒有在做佛法布施，但其實每天都在做佛法布施，所以說祂不慳，沒有絲毫保留。如果從凡夫或二乘聖人的智慧來看，佛陀是只在上座口說時才算是在說法布施，而他們所見的如來只是釋迦牟尼佛的五蘊。其實眞佛確實就是自性如來，但維摩詰居士隨順凡夫及二聖乘人的立場時，就說佛的本際無垢識確實從來離語言文字，言語道斷，所以從來不說法，所以沒有法布施；但是如果從證悟菩薩的所見來觀察，其實佛的本際無垢識又是無時無刻不在說法的，所以說祂不施也不慳。有與非有也是這個道理，若從世間法看來都是落在兩邊中的一邊，但佛法就是永遠不在兩邊，這個就是佛的本際——無垢識。

維摩詰菩薩又說：**我觀如來不戒也不犯**。戒，一般而言都是取相爲戒。可是菩薩明心以後，從此不取佛戒、不取相戒、不非戒取戒。不非戒取戒，就是不受外道戒，一般的學佛人是可以接受的；可是身爲開悟的佛弟子竟然連佛戒也不取，這不是很奇怪嗎？但其實不奇怪，因爲凡是受戒、持戒，都是由五陰來受來持，但是受戒、持戒是對誰來持戒？對一切有情。一切有情有五陰身心可以讓人侵犯，所以菩薩要持戒，目的是不犯一切有情。但如果從你的如來藏來對待眾生的如來藏，或者從你的如來藏來對待眾生的五陰，那就沒有戒可持，你持戒就變成沒功德了；因爲你的如來藏不會犯眾生，你的如來藏也犯不到眾生的如來藏，而你的如來藏也犯不到眾生的五陰，那有什麼戒可持呢？你說：「我用我的如來藏打你一巴掌。」不能打，因爲如來藏是心，無形無色，你一定得要用手才能打人一巴掌，如來藏打不了別人一巴掌。所以轉依如來藏的菩薩就是不取佛戒了，佛戒是對凡夫位的菩薩、或聲聞弟子施設的，不是對如來藏施設的。

那你說：「我持不傷害眾生戒。」你持什麼不殺戒？如來藏是從來不持戒的，眾生的如來藏也從來不會受到傷害，所以菩薩悟後不持佛戒。我們傳菩薩戒，是傳給你的五陰，不是傳給你的如來藏。一切戒相並不拘限你的如來藏，只拘限你的五陰。你的如來藏縱使能打人，你說：「我打你的如來藏。」你打得到祂嗎？祂無形無色，你怎能打到祂呢？所以你打不到眾生的如來藏。假使你的如來藏能打人，也只能打到他的五陰，不能打到他的如來藏，所以祂也沒有受傷害。因此從如來藏的立場來看待戒法，其實沒有戒可持，也沒有戒可犯，不論是外道的非戒取戒，或者佛施設的佛戒，不持戒的意思都是一樣的；凡夫時的如來藏已經如此，何況佛地的如來藏，當然沒有戒可說，所以菩薩悟後不取相戒、不取佛戒。所以經中才會說「佛不持戒」，這個佛不持戒是指本際佛，從佛地下到最卑賤有情的如來藏都一樣，都不持戒。既然都不持戒，當然就是「不戒」了。

可是不持戒就是犯戒嗎？也不犯戒。因爲只有持戒的人才會犯戒，不持戒的人怎能犯戒？戒律中說：「**有犯名菩薩，無犯名外道。**」如來藏從來都不犯戒，那麼，看來如來藏就是外道囉？（大眾默然無答…）怎麼不敢認定是外道？我告訴你：如來藏眞的是外道，因爲祂從來不住在佛法中。佛教修行人才叫作內道，要修證內法如來藏，才能實證內明之學；可是內法的如來藏又不修這個內道，祂從來不曾修行、也不會修行。你們明心許多年的人觀察看看：**有誰的如來藏修過佛法？**都沒有修過嘛！既然如來藏從來沒有修過內明之學，當然是外道；從來不受佛戒，所以祂無戒可犯。但祂又是一切內明之學所證悟的標的，又從來不貪緣六塵外法而生貪瞋與無明，常住內法之中，所以祂同時又是內道；所以你看，把事相上的法拿來理上也講得通。

在事相上常常有外道評論：「**你們佛教法師持戒都不清淨。**」我們就問他：「你受佛戒了沒有？」「沒有。」「**你連佛戒都不敢受了，連持戒都不敢，那你就沒有資格批評人家的持戒、犯戒。**」所以說我們不管出家、在家，我們若是偶爾犯戒，正是眞實菩薩；他們從來不犯戒，因爲不曾受持佛戒所以無戒可犯，當然就是外道。但從實際理地來看，外道跟我們一樣，因爲他們的如來藏也是外道，從來都不學內明之學；而我們的如來藏也是外道，也是從來不修內明之學，所以同樣都是無道人，也都不持佛戒。正因爲如來藏不持戒，所以不會犯戒；犯戒的都是五陰，如來藏從來不持戒，怎可能犯戒？所以不持戒的一定不會犯戒，有受戒以後才可能犯戒。維摩詰菩薩的意思是說：「佛的如來藏無垢識從來不受戒，怎麼可能犯戒呢？所以我看如來是不持戒也不犯戒。」不單佛地如此，因地時也是如此；你們可以現前觀察你的如來藏，從來沒有持過戒，也從來沒有犯過戒。這就是你的自性如來，證悟的菩薩觀佛時應當如是觀。

又說「不忍也不恚」，請問：「生忍，也就是對眾生的種種不良心性能安忍，那是誰在安忍？」（眾答：五陰）是五陰嘛！如來藏從來不安忍這個。我們學佛人參禪而求證如來藏，終於證得，證得以後會產生兩個現象：一種人是能安忍，一種人是不能安忍。不能安忍的，他後來就會毀謗，把如來藏阿賴耶識誣謗說不是如來藏。能安忍的人說這確實是如來藏，因此智慧就開始生起，那就是大乘的無生之忍。不管是不忍或能忍，請問：是誰在不忍？誰在安忍？也是你的五陰。如來藏從來不管這些事情，因爲祂什麼都不必管，所以祂很自在。眾生每天煩煩惱惱、苦苦痛痛，祂都不苦痛也沒有煩惱，所以祂什麼都不必安忍，只有我們的五陰十八界才需要安忍。不懂的人就會想：「不能安忍，那當然就是脾氣很大，每天犯瞋。」所以有的善知識就解釋說：「我們修行佛法要用化解的，不要在心裡面忍耐；忍久了，會忍出問題來。雖然不要用強忍的，可是也不可以生氣。」結果該怎麼辦？忍久了以後終於忍不住了，後來終於還是氣炸了。所以他們都是以意識心在解釋佛法，問題就很嚴重了。但其實懂得修行的菩薩，根本不用去忍，所以就不必犯瞋。凡夫大師們用意識心爲中心，忍久了不想繼續忍，就得犯瞋；常常犯瞋，脾氣越來越大，然後自己再來想一堆理由，說服自己不要起瞋，都不離意識境界；這就是當代大師們所教的忍辱法，跟著學的人，結果是每天被人家欺負時心裡面很氣，然後又告訴自己不可以氣，學佛學到後來就成爲一臉怪模樣。所以有時外面那些學佛人，老人家一看就說：「你學佛是不是？」「是呀！」爲什麼老人家一看就知道？因爲他們往往是一臉怪模樣。

但是佛法不是這樣學的，佛法是在講理——法界實相的理。理是指實際理地的如來藏，祂從來不忍一切法。不忍一切法，所以就不必滿肚子火氣，因此根本就不用起瞋，所以祂不曾犯戒。菩薩證得這個如來藏以後：「嗯！不錯！無妨我照樣忍，也照樣大發脾氣。」可是人家說：「你不是悟了？怎麼發脾氣？你不是有修行、有實證的人？怎麼還會發脾氣？」菩薩反應回去：「誰說修行人不許發脾氣？」「你修行就是要修掉脾氣，怎麼還發脾氣？」你說：「我發脾氣的時候，我也有不發脾氣的：我是非氣亦非不氣。」這世俗人弄不清楚了：「這是什麼道理啊！」二乘人也不懂，所以聽到菩薩說：「我亦瞋亦不瞋，瞋中有不瞋的，不瞋中有瞋的。」就弄不清楚了，該怎麼辦？這就是佛法的妙處；菩薩就因如此現觀，漸漸的轉依不忍不恚的如來藏，所以每發一次脾氣就減少一些脾氣，所以心性就越來越好了。

因此說，凡是需要忍的心，都是會起瞋的心，在諸法中、在事相中都必須要壓制自己，或者是用種種世俗想法去疏導自己而可以安忍下來的，永遠都是會起瞋的心，因爲都是意識心。可是如來藏從來不用忍，不論是什麼法都不用忍，上了欲界天好快活、好快活，意識能忍於快活而突然想起來：「我是學佛的人，怎麼在欲界天享受快活？」那就得要忍：「我不能享受太多。」看人家唱歌跳舞很歡喜，他想：「我不能看太多，不能聽太多。」他就要修忍。到後來忍不住了說：「拜託！你們別唱歌跳舞了，好不好？」氣起來了：「因爲我要修道啊！你們卻一直引誘我。」可是他沒想到的是：既然要修道，爲什麼要生到欲界天去？正因爲他要忍，所以他看到別人享樂時就會生氣。可是當他在欲界天，因爲人家唱歌跳舞打擾他修道而生氣時，他身中卻還有個不生氣的、還有個從來都不忍的；正因爲祂不必忍，不必忍就不需生氣了。所以如果他一怒之下幹了惡業、下了地獄，到那邊忍、忍、忍，好痛苦的一直忍耐，但他的如來藏照樣是不忍；所以下了地獄以後一面忍、一面生氣的還是他的意識，他的如來藏從來不必忍，現在也不必忍，所以都不用生氣，一切有情的自性如來莫非如是，所以如來藏不忍、不恚。

假使以後有人告訴你：「《維摩詰經》講：不忍也不恚。我修成了。」你就給他一巴掌，他氣起來罵你：「你爲什麼打我？好痛欸！」你就問他：「你爲什麼氣？你剛剛不是講『不忍也不恚』嗎？爲什麼犯瞋恚了？」他就不敢講話了，然後你就告訴他：「其實你無妨照樣大發脾氣，我也接受你發脾氣。可是在你發脾氣之前，我有一點先要告訴你：當你發脾氣時，你還有另一個不發脾氣的。」他一聽，還是不敢發脾氣了。聽到你這麼講，還怎麼發脾氣呢？因爲你講的這個法太妙了，他希望能弄懂，哪有時間跟你發脾氣？就算想發也不敢發了。這樣學了會不會用？以後遇到有人這麼跟你講：「中道就是不忍也不恚。」你就給他一巴掌，然後就告訴他這個道理；如果他是個理性的人，你這一巴掌就能度他了。如果進了同修會來，老是參不出來，你就叫他回憶一下：「當初我不是給你一巴掌嗎？我那一巴掌是什麼道理，你去參吧！」菩薩就這樣時時刻刻都在度人。這不是二乘法能做得到的，所以聽聞了不忍也不恚；諸位就學到這個妙招，以後遇到好朋友，當他跟你講「不忍也不恚」，你就給他一巴掌，就能度他。菩薩見佛就是這樣見的，這個道理並不深，只要你已經證得如來藏了就不深。

又說「不進不怠」。自性如來不是只有不忍不恚，也是不進不怠，祂絕對不會落到兩邊去。精進與懈怠是相對待的法，一個是善法，一個是惡法。然而精進是誰在精進？（眾答：五陰）當然仍是五陰，五陰很精進。可是三界中的事物一定都是一體兩面，沒有單只一面的，你把一個杯子拿起來，一定也有正面跟背面，你看到了正面，看不到的那一面就叫背面，所有物都有正面與背面。也許有人想：「如果很薄，就沒有背面了。」很薄，什麼最薄？紙最薄了，但不論你怎樣看，紙都是有兩面，你不能夠說它沒有兩面。同樣的道理，三界中法都有兩面：只要是會喜歡的心，就一定有時會生起厭惡；會與善法相應的心，一定也會有時與惡法相應，這是無法避免的。如果善知識教導的法是教你：每天都不要生氣。那一個每天不要生氣的心一定會生氣。如果他教你：「你每天努力精進，那個努力精進而都不打妄想的覺知心就是眞心。」可是這個所謂的眞心一定會懈怠，凡是會精進的就會懈怠，因爲那都是三界中法，不離兩邊，不可能單住於一邊。

所以，要離開兩邊的法，必須是能住於三界法之外的，才可能離開兩邊；所以眞正要離精進與懈怠兩邊的心，只有三界外法，就是如來藏。而意識覺知心永遠都在三界中（不論是有念靈知或是離念靈知），都無法在三界外存在，這樣的心一定落到兩邊；不管祂如何精進，終究會懈怠。我弘法的最早期，十年前或十一年前，我們有一位師兄是從道家轉過來的，他在道家怎麼修行？他是要修不睡覺，永遠保持覺醒；所以每天不睡覺，一直做工作。他做什麼營業呢？自助餐。他維持整整半年都沒有睡覺，到後來還是沒辦法，累到不行時，躺下去一覺到天亮，破功了！他認爲那是一個功夫，希望知覺性常住而不暫斷，就可以出三界外，結果還是維持不了。想一想：半年都不睡覺，這樣精進，有幾個人做得到？也許有人說：「有呀！我們佛教裡面好多人不倒單。」可是不倒單是修定的法，也是聲聞人所修的；而那些人不倒單，是坐在那邊睡覺，並不是一直清醒而住在定中的，只是坐著睡覺而已。既然同樣是睡覺，何必一定要坐著睡？不如躺下來睡，效果還好一點，有了精神再來用功，何必苦撐坐在那邊，睡也睡不好，然後第二天繼續打坐時又一直打瞌睡，何苦來哉！

那樣精進的心都是意識心，意識心可以很精進，但一定也會懈怠。可是如來藏從來不精進，如來藏沒有精進過；你在佛法上很努力，你在布施上很努力，賺錢更努力，可是如來藏都沒有努力過，所以祂沒有精進。但是沒有精進，祂就懈怠了嗎？沒有！祂從來不曾懈怠；你需要什麼種子，祂就趕快供應給你，從來沒有懈怠過；甚至於有時你沒有想到的種子，祂也供應給你：譬如有人本來是窮光蛋一個，結果事業一做，財源廣進，他沒有想過要賺大錢，人家還是要他賺，非賺不行。送到家，給你賺；你並沒有想辦法要弄出這個種子，你也沒有跟如來藏要求，祂就主動給你。有的人小時候繼承了億萬家財，可是因爲那不是該他的，所以如來藏就把它弄掉，沒幾年就敗光了！到捨報時他不想要的種子，如來藏也把它弄出來，因爲他該去畜生道受報了，如來藏把種子流注出來就讓他去當畜生。這如來藏，你說祂有懈怠過嗎？從來沒有啊！祂分內該做的事，都沒有停止過；所以雖然說不精進，也不懈怠。

「不進不怠」另一個層面又是講什麼？因爲在世間法中，祂是不會精進的；可是你在世間法中需要什麼種子，祂就趕快供應給你，從來沒有跟你耽誤過，所以祂也是很精進的；但祂的精進不只是在六塵法上的供應。所以不能因爲祂在世間法的貪著或清淨上不精進，就說祂懈怠，所以祂是不懈怠的。那你如果哪一天找到如來藏了，現前觀察祂果然都沒有懈怠，一直在幫助你完成所有世間法，也一直在幫助你完成世、出世間法的修證，那你就跟祂讚歎：「你眞的很精進！」祂會不會跟你答謝？不會！因爲對祂來講，既沒有精進可說，也沒有懈怠可說，祂的體性法爾如是。一般人都會想：「我這段時間眞的很精進，可是這幾天不曉得爲什麼心情不好，一直懈怠。」而如來藏從來都不會像這樣子，從來不覺得祂自己精進，也不覺得祂自己懈怠，祂永遠不在這上面領會，祂與精進不相應，也與懈怠不相應，所以祂才是眞實的不進不怠。

「不定不亂」。以前馬大師悟前不是都在精進打坐嗎？那是修定啊！他以爲打坐修定就是修證佛道，誤以爲成佛就是這樣修得的。有一天懷讓禪師來了，拿了一塊磚頭在他面前磨——禪師眞有方便。馬大師想：「奇怪，是什麼聲音？」一看，原來有個出家人在他眼前磨磚頭。他就問：「請問你磨磚頭做什麼？」懷讓禪師說：「我要磨成明鏡。」他心裡面想：豈有此理。就問：「磚頭怎麼可能磨成明鏡？」他這一問，懷讓大師當然就有話了：「磚頭磨不成鏡子，你打坐就能坐成佛嗎？」是啊！打坐能成佛嗎？這是個好問題。怪的是今天佛教界仍然還有許多人繼續在打坐要求成佛，我覺得很納悶：他們曾經每個週日都在講六祖的《壇經》，可是六祖《壇經》明明告訴他們：盤腿打坐不能修成佛法智慧。可是經講完了，下午禪坐會還是打坐，還是在求一念不生、不起妄想。眞奇怪！這眞是佛門怪病。

馬祖就因爲懷讓大師的方便，才知道原來打坐求靜、一念不生、不起妄想，其實不能成佛，後來才懂得追求證悟如來藏本心。還有一位禪師也是一樣，他度一個徒弟，徒弟本來也是打坐要求成佛。可是他的定再怎麼好，師父始終都不認同，後來有一天問師父：「師父啊！我這麼努力修定，我想修到這裡大概就沒有可以再進步的地方，可是爲什麼師父你都不肯？」他師父說：「因爲你那個定有出有入，不是佛教眞實禪定，所以我不認同。」他覺得奇怪：「竟然有不出不入的定，那是什麼定？」師父就給他一棒！當然一開始他弄不懂：爲什麼我問不出不入的定，就給我一棒？後來悟了才知道：原來這才是眞實佛教禪定。因爲世間的定無論修得再怎麼好，一定都是有出有入的；欲界定、未到定、初禪、二禪、三禪、四禪、四空定、無想定、滅盡定，哪一個定沒有出入？這些定都有出入。可是諸佛常在定，沒有出入時，請問：「世尊的定是什麼定？」就是如來藏這個法界大定。定，就是制心一處，不攀緣。請問：「你如來藏攀緣過六塵嗎？如來藏起過什麼妄想煩惱嗎？」沒有啊！既然都沒有，那就是定。意識覺知心入了定以後，一定會再出定。假使他入定一年都不出定，你拿了引磬在他耳邊猛力敲，敲上半天以後，他也會出定。可是你拿了引磬再怎麼敲，如來藏就是不出定，祂永遠在定中，祂絕對不會出定，所以你不能夠說祂有入定、有出定。但又因爲定是制心一處，而祂從來都不制心一處；祂既不起煩惱，也不起妄想，可是祂又不制心一處所以不住在定中，當你需要什麼種子祂就給你，你應該有什麼果報祂就給你，不必你去指揮祂，所以祂顯然也不在定中；在定中要怎麼做這些事情？所以祂不斷繼續在做這些事情，當然不在定中。可是你如果說祂不在定中，祂又從來沒有起過一念妄想，所以說祂也不出定。這樣，不入定，不出定，是法界的實相，是名法界大定；所以經中說「大龍常在定」，大龍就是講諸佛。維摩詰菩薩看待如來就是這樣看待的：既不定，也不亂。因爲從來沒有起過一念妄想。

可是在無垢識沒有妄想之中，如來又無妨用意識觀察思惟眾生往世的因緣，無妨用意識心透過語言文字爲眾生說法，那到底是有定、還是無定？看來好像不在定中，可是祂也不亂，這就是眞實如來。如果從世間定來講，如來也是常在定，因爲如來的意識心不打坐時永遠住在初禪中，初禪的等持位並不障礙任何一法，但那是意識住定、有定；而眞實如來（法身如來）不定也不亂。一切菩薩看待如來當作是觀，如果不這樣觀，而用意識心的定境來看如來，就稱爲邪觀。

「**不智不愚**，」這一句可難倒了一切大師們，因爲他們一向都主張說：我們學佛就是要求智慧。既然是求智慧，當然就要越來越有智慧，怎麼又說**不智**呢？有的人就解釋：「不智，就是說我們一念不生時，什麼智慧都起不來。」你就反問他：「那你當時不等於白癡嗎？」是白癡！明明學佛法就是要智慧。可是問題又來了，每天早上也課誦《心經》：「無智亦無得。」那不是變成白癡一個？既然無智亦無得即是白癡，爲什麼又叫作眞實心的《心經》？又說它是般若？般若明明是智慧，因爲六百卷《大般若經》濃縮成爲《金剛經》，《金剛經》再濃縮就是《心經》；所以般若是講心，不是講緣起性空、一切法空，你濃縮到最後而說是心，由證得這個眞心而發起智慧。既然學佛是要學智慧，可是維摩詰菩薩卻說「如來不智亦不愚」，既然要效法如來，那該怎麼辦？於是每天打坐，不要生起任何智慧，所以就每天在那邊修枯木禪。人家修枯木禪是把禪定的證量拿來作爲成佛的助道之用，不是修證標的，而是幫忙成佛的工具；他卻是要把那個一念不生不起智慧的定境，當作是所修的標的。

這時就很矛盾了：一方面努力學佛是要求智慧，一方面又要叫自己不要生起智慧，互相衝突，茫無所止。那乾脆別學佛了，因爲這樣學下去，精神一定會出問題，否則精神病院中爲什麼有許多的「學佛人」？一定會啊！既然要起智慧，又不要讓他起智慧，那不是思想錯亂的想法嗎？所以大師們若講此經而講到「不智不愚」時，糟糕了！不知道該怎麼辦；所以他們註解《心經、維摩詰經》時，只能在科判上面用心，對經義的眞實義，就不敢像我們這樣做很詳細的說明。因此說，凡是有智慧的心都是意識心；當你找到如來藏時，發覺祂的中道性，觀察到祂有無量無邊的種子流注不絕猶如瀑流，所以你的意識因此開始生起了很多的智慧，是大阿羅漢們所不懂的，可是你的如來藏照樣是沒有佛法智慧。

現在學佛人就是犯了一個大毛病：鑽到牛角尖裡面，鑽不出來，死在牛角尖裡；只有靠你從牛角外面幫他拉，他們才能出得來；因爲鑽到牛角尖以後就沒辦法轉身，鑽到最窄的地方一定轉不了身，就永遠出不來了。這就好像南洋有些人抓魚，他們把玻璃瓶丟到淺海中，那魚爲了食物而游進去，卻游不出來了，因爲那個瓶子跟魚身大小相當，牠那個鰭動不了，尾巴越動就越往裡面推，退不出來。現在的大師們也都像魚一般鑽在水瓶中，除非諸位哪天好心去把他們拉出來，否則他們自己一定出不來。**他們都想要把沒有智慧的心變爲有智慧的心，然後又想要把有智慧的心再變爲沒有智慧的心**，所以才會說：**禪的修行就是從正常到不正常，然後再從不正常而回到正常；要在不正常中待上十天半個月，然後再回到正常，這樣就是開悟了**。既然這樣，神經病患若被治好了，都該叫作開悟聖者（大眾笑…）對啊！因爲他們都是從眞正的正常人變成眞正的不正常，後來又都回到眞正的正常了，所以凡是精神病發作，後來治好的人都是開悟聖人。但這只是大法師的邪思謬想罷了！說穿了，他連禪宗的開悟是什麼道理、禪宗開悟的明心是明什麼心的道理都不懂，卻還在每年舉辦禪七、指導參禪及印證別人開悟呢！

可是大法師的說法眞的沒道理啊！所以他們的盲點就出在這裡：要把妄心變爲眞心。他們說：「**有智慧的就是眞心，能放下一切的覺知心就是眞心。**」然後看到經典說要「不智」，所以又要把智慧丟掉，又回到世俗平常人的狀況，變成沒有智慧的平常人，說這樣就是證悟的人了。那不是閒著無聊找自己的麻煩嗎？像這樣修行，跟耶和華閒著無聊去弄泥巴，揑出個亞當，再弄個夏娃，把自己靈分給他們，然後再引誘、陷害他們，再判他們的罪，打入地獄永不超生；那不是閒著無聊對自己幹惡事嗎？可是佛教界現在很多大師就像這個樣子，都是閒著無聊找事做，所以就想要把諸位攝受來，教你很多佛法讓你有「智慧」，然後再教你入定一念不生而把智慧丟掉，說有智慧就不對；然後再出定而生起世俗法的「智慧」，說這樣就是開悟。像這樣的修行是要幹啥？這不是閒著無聊找自己的麻煩嗎？

這就是說，佛法的基本知見，他們都還沒有建立起來。本來眾生的心就是有眞有妄，經裡面不斷的說明：心有八識，前七識是妄心，第八識心體是眞心。他們也常常在講解《八識規矩頌》，既然這樣，顯然只有最後心、最終心才是眞心，《頌》中也很詳細的說明了意識及第八識如來藏的體性。當自己認爲悟了，要把所悟的心拿來跟經論講的意識心的體性做一個比對，比對之後就會知道這也是意識心，就知道是悟錯了。可是當代那些自稱開悟的大法師們，竟然都沒有能力依經論來自我檢查，到底智慧在哪裡呢？既然《八識規矩頌》講另外有個恆而不審的眞實心，異於了了靈知的意識心，說是能出生意識的眞心，恆住而不壞、不斷，那何不依《頌》就用這個有聰明智慧的意識心去找那個**恆而不審**的眞實心？這對已明心的諸位來講，聽起來是很簡單的道理，可是當代所有大法師們竟然都弄不懂。說起來眞是可憐，大法師們尚且如此，跟隨學法的徒眾們就更不免如此了。所以說，有智慧的心一定會有愚癡的時候，凡是愚癡於法的心將來也會是有智慧的心，但是自性如來第八識從來不落在這兩邊。

眾生受三皈依戒，受持五戒、聲聞戒乃至菩薩戒以後，精勤修學大乘佛法的目的無非就是要求般若智慧，可是求智慧是求什麼智慧？是要求不智不愚的智慧。當他們還沒有證得不智不愚的實相心之前，就叫作愚癡；乃至成爲阿羅漢了，在大乘法中仍然被稱爲愚人；雖然已非凡夫，仍是愚人，因爲他們愚於法界實相。所以學佛人（特別是在大乘法中），必須先建立的觀念就是「心有眞、妄之分」。凡是會滅的、每夜都會中斷的、會在六塵中運作的、與六塵相應的、與煩惱相應的心，都屬於妄心，因爲都可以滅，也是夜夜暫斷的。從來不於六塵中生起煩惱的心，也是不曾中斷過的心，才能說祂是眞實心，只有祂才能離兩邊。當菩薩證得實相心第八識以後，開始出生般若智慧了，可是所生的智慧仍然是妄心意識所有，不是眞心如來藏所有。當你去禪三精進共修後，找到如來藏時：「啊！原來是這個。」然後《心經》自然就通了，通了般若當然好歡喜：「原來般若經文講的就是祂喔！」開始有實相智慧了，很歡喜。可是你智慧一直出現，很歡喜時，祂照樣沒有智慧，照樣不會歡喜。因爲祂依舊沒有智慧，依舊沒有歡喜；你意識覺知心才能歡喜，才能有智慧。

如果自認爲開悟明心了，覺得很有智慧，很歡喜，而所明的眞心也會跟著有歡喜、有智慧——求悟的心與所悟的心是同一個心，那是無法經得起正覺同修會依理證及教證來檢驗的；當心中很痛苦而不能接受時，他們就得住進榮總長青樓了。可是你們聽了很歡喜：「以前沒有聽人講過這樣的法，今天蕭老師講出來，法也是果然如此。」問題是你們聽了會高興的法，讓自稱開悟的大法師們聽了，他們都會愁眉深鎖，晚上睡不著覺。因爲怎麼想都想不通：「明明悟了，我應該歡喜；爲什麼說我悟了以後，眞心不可以跟著我一起歡喜？爲什麼我的眞心跟著我歡喜，我就無法通過檢驗？」他們都想不通的，因爲他們始終要把妄心意識割成兩半：一半是有念靈知，會跟語言文字相應、會歡喜的叫作妄心；另一半是離念而不起語言文字的，只是靜靜的旁觀著有念的、會歡喜的覺知心，祂不是妄心，祂是眞心。可是這仍然是意識，離念靈知與有念靈知同樣都是意識，那個旁觀有念靈知的離念靈知，其實只是意識的證自證分罷了。他們認爲離念靈知是眞心，而有念靈知是妄心；可是這兩個同樣是意識，是把意識切割成兩半，說：有念靈知心是妄心，是有智慧的心；離念靈知因此就跟著有智慧，所以有念靈知歡喜時，離念靈知也可以跟著歡喜。

可是如果依據佛經及理證而言，不論你悟了或悟錯了，或是都沒有悟，眞心第八識從來不會歡喜，也不會有智慧。當那些人一方面要自己有智慧，一方面又要依經文而把自己壓成沒智慧，當然會很矛盾，最後就是精神錯亂。如果學佛學到後來要住進精神病院去（那裡面有一半人自稱是學佛者，家人也都說他們學佛學到變成精神病），能怪佛法嗎？他們其實不是在學佛法，而是在學大師法、密教法，可是都怪到佛教頭上來：「你看！學佛學到變精神病了！不如不學。」眞是冤枉！其實都是跟著假名大師或是跟著西藏密宗的外道們學法，才造成精神錯亂的；但那些假名大師說的禪與悟，以及那些藏密的法王、喇嘛、上師的法，其實都不是眞正的佛法；前者是誤會後的假佛法，後者則根本就是外道法，卻都怪罪到佛教正法頭上來，你說冤不冤呢？所以凡是能擁有智慧的心，就會有愚癡的時候；愚癡與智慧是一體的兩面，是同時存在的，不會說只有智慧而沒有愚癡，除非你已經成佛了。只有本來就離智慧的心，才會是本來沒有愚癡的心，而法界中就只有一個眞心是如此的，就是第八識自心如來——如來藏。

所以學佛的過程中，從因地菩薩位開始，找到如來藏而能安忍了，就有一分智慧生起。可是那時觀察看看：「我已經有法界實相般若智慧了，爲什麼我還不是佛？顯然我還有很多法是不懂的，不懂就是愚癡。」意識悟了以後還是有很多愚癡，然後一直努力修行，修到佛地了才能夠稱爲完全沒有愚癡了；而有愚癡與有智慧的意識心，是能證的心；所證的心卻是出生了意識心的第八識如來藏，祂自己從來不在愚癡與智慧兩邊之中。可是成佛之後看見很多人不斷的在親證菩提，所以佛心歡喜，佛心歡喜時眾生並不知道佛在歡喜什麼；可是佛心歡喜時，佛的無垢識也沒有歡喜。

一般聽到這個說法時就會想：諸佛應該是無情吧！十幾年前佛教中有一些名人一直在討論說：佛到底是有情？還是無情？今天，你們悟了，對這個問題自然會覺得好笑：佛爲什麼會是無情？其實佛是特大號的有情，佛絕對是比我們更有情，所以永遠不捨任何一個眾生。一般人的想法：成佛了就可以享清福了，只要坐在上面讓人家供養就好了，何必那麼辛苦呢？可是諸佛都很辛苦，早上爲眾生說法，中午去托缽，托缽回來，下午也許波斯匿王或什麼王又來請法；到晚上總該可以休息了吧？不！欲界諸天天人、色界天的天人又來了；這些天人來了，有時一個又一個請法，一直問到天快亮之時，人間的佛陀就是這麼辛苦。爲什麼要那麼辛苦？因爲佛是最最有情的人。如果不是有情，爲什麼捨壽時預見將來會被獅子身中蟲壞掉正法，祂又掉下兩行清淚呢？祂的意識心沒有動轉，但因爲慈悲末法眾生所以就掉了眼淚。這樣的大慈大悲，到底是有情還是無情？所以以前那些佛教界名人眞愚癡，怎麼有人會主張說佛是無情？

可是當他們聽了我的說法而出來講：「我知道了，蕭老師你的意思是說佛是有情。」那我就告訴他：「你錯了！佛是無情。因爲眞實佛是自性如來、是無垢識，無垢識從來不傷心、從來不快樂，你怎能說祂是有情？」「你剛才不是說佛是有情嗎？」我說：「我說有情，對啊！我說無情，也對啊！就只是你錯了啊！」因爲從眞實佛第八識來說，佛是無情的，因爲祂不對六塵起心動念；若從第六意識來說，佛則是有情的，因爲祂不離六塵中的見聞覺知，能了知種種世間法、佛法。所以凡是會與智慧相應的，一定會有愚癡的時候；但是你們自己的自性如來從來不與智慧相應，所以就永遠不會有愚癡的時候。因此，如果想要證得不智不愚的境界就要證如來藏才能離兩邊，因爲離念靈知永遠都會與智慧、愚癡相應。

如果有個好朋友拜託你：「求求你！告訴我：這個不智不愚的境界怎麼證？」這還眞的是個大問題，那你就告訴他：「不智不愚的境界就這麼證！」轉身就走了。不必講太多，因爲你講多了也沒用；你講得越多，他將來悟入時就越恨你，因爲你明講了就害他智慧無法生起；寧可現在少講，讓他現在恨你；等他將來悟了，智慧源源而生，就會感激你。所以就告訴他：「不智不愚就是這麼證！」你就走人了。這樣度眾生最輕鬆，也不會有後遺症。修學佛法就怕鑽入牛角尖去，以前還有大法師說：「老鼠入牛角，最好了，絕對不會丟了。」其實不對！因爲老鼠入牛角，是世俗人講的，不是佛法。俗話說：「老鼠入牛角，穩嗒嗒。」老鼠入牛角，只有死路一條，是捕鼠人的歡喜，老鼠歡喜什呢？眞實的佛法卻到處是活路，因此禪師才會說生緣處處，從來不說老鼠入牛角。可是生緣處處，有個大前提：所熏習的知見是正確的。假使般若知見熏習錯了，一天到晚都想要把妄心變成眞心，不承認心有眞妄二心的差別，那他就會永遠落在妄心中，不可能起心動念去尋找眞心。當他不起心動念找眞心，就永遠用妄心去修行：妄想把妄心變成眞心，妄想把與智愚相應的心變成不與智愚相應的心。這樣子，就與大乘菩提的證悟永遠絕緣。所以意識心在因地永遠是有智有愚，眞實心則是從因地開始就無智亦無愚。

接著說「不誠不欺，」誠實與欺詐都是意識心的事，眞心如來藏從來不誠也不欺。這經裡每一句話，你們都可以拿出來度眾生。假使有人說他開悟了，你就問他：「你開悟的眞心是不是很誠懇、誠實？」他一定會跟你說：「是！」因爲他們的開悟都是離念靈知，一定會說：「我很誠實，我絕不騙你，我用眞心跟你保證。」以前有人競選總統時就是這樣說：「我會以眞心爲台灣做事。」他當時有這麼一句口號。問題是眞心恆而不審，祂會懂得愛台灣嗎？所以說他當時眞的太有自信了。他當初還寫出一本書來，我們編譯組也許還在書櫃檔案裡。他說：「我眞心爲台灣做事。」意思是說，他那沒有虛僞的、誠懇的覺知心就是眞心。但是他這個沒有虛僞的心一定有時會跟虛僞相應。當初我對部分同修們說：「他寫了這本書，是認爲自己也開悟了，所以他想要用這個眞實心來愛台灣、來爲台灣做事。」後來他也證明眞的是這樣想。假使未來有一天他懂得懺悔，然後再度來找我，我會告訴他：「你說你眞心愛台灣，你要用眞心爲台灣做事。但我告訴你，你的眞心不可能愛台灣的，你的眞心也不可能爲台灣做事的，你的眞心從來都不曾愛過台灣。」他也許會問：「既然我眞心不能愛台灣，你說這個是妄心，那你如果要爲台灣做事，用什麼心做事？」我就告訴他：「我用眞心爲台灣做事！」眞的啊！我如果爲台灣做事，眞的都是用眞心來做。「那你是哪個眞心？」我說：「我這個眞心叫阿賴耶識，不是你那個眞心，你那個眞心是意識妄心。我用眞心爲台灣做事，爲佛教做事，但我的眞心從來不愛台灣、不愛佛教；如是愛台灣、愛佛教，才是眞的愛。」

他如果繼續落在離念靈知中，再怎麼想也是想不通的，無法想像這到底是什麼智慧境界。所以會以誠懇心來愛台灣，以誠懇的心來爲眾生做事；但這個心將來也會欺騙台灣、會欺騙眾生，所以後來勸募了好多錢去大陸以後，錢到哪裡去了？如今才會有人到法院告他。因爲意識有時也會欺騙眾生，凡是有誠懇的心，就有可能會欺騙眾生；只有無始劫以來不曾誠懇的心，才不會欺騙眾生，因爲祂是能出生第六意識的第八識法身如來。我們就是轉依這個不誠懇的心，所以從來不會欺騙眾生。因此如果人家問：「你是不是很誠懇爲佛教做事？」我說：「我不誠懇爲佛教做事。」「可是你明明每天很努力在爲佛教做事，怎麼不誠懇？」我說：「正因爲不誠懇才能誠懇，如果誠懇了就會欺騙。這樣才是佛法。」你們證得如來藏之後再來看看：如來藏是否不誠也不欺？不落在誠懇一邊，也不落在欺詐一邊？轉依成功了就能如此，轉依若不成功，還是會在意識上面用心：「我今天是不是可以去弄個假戒牒，買件袈裟穿起來，到市場裡去，見了人就口中唸著『阿彌陀佛』，人家就會把錢供養我了。」市場中很多這種假比丘、假比丘尼，本質就是欺詐，都是由意識妄心造作的。可是這個會欺詐的心，將來有一天反悔了，他也會很誠懇的公開懺悔以後正式出家受聲聞戒、菩薩戒，眞正修學佛道。可是等他有一天悟了以後，才知道：我當初的誠懇錯了，我當初的欺詐也是錯了。原來眞實心是不誠懇也不欺詐的。維摩詰菩薩正是以這種道理來見如來的。

「不來不去，」很多人都會說不來不去，不來與不去已經變成名言了！印順老法師生前也常常這樣講，也寫在書中而說「八不中道」，其中之一就是不來也不去。可是他的不來也不去是什麼？都是意識心，要叫意識心不來也不去。問題是：意識心能否不來也不去？意識心來來去去，每天不曉得多少回，無法計算。突然間燈熄了，眼識就一直張望，眼識與意識不就來了嗎？燈又亮了，就離開了，沒事了，全都去了。突然間一個聲音，耳識又猛的一直在聽，意識就不停的作判斷：「哪裡來的？哪裡來的？又來了。喔！沒事、沒事，原來是什麼東西掉了，也沒壞，沒事。」又回到聽經教上面來。意識就這樣跟著前五識來了去、來了又去啊！工作一個早上，中午很累，打個盹，六個識都去了，因爲睡著而暫時斷了；等到老闆來喊：「起床了！該辦事了！」於是六識又來了。意識等六識心，每天這樣來來去去多少回，無法計算。可是他們硬要說：「那個離念靈知沒有來去。」我們就提出來請問：「你的離念靈知晚上睡著了，哪裡去了？」明明去了，去了就無法提出辯解，只好說：「我也解釋不來。」可是又要堅持離念靈知是不來亦不去的眞心，不肯放捨。所以他們很痛恨我，因爲我把他們的說法戳破了，沒辦法自圓其說了。後來河北省有個上平居士很聰明的說：「離念靈知沒有消失，祂只是睡著了，所以明天早上祂醒來，又出來了；祂沒有消失，祂只是睡著。」但問題是：睡著，就是離念靈知斷了才叫作睡著，只剩下意根，才叫作睡著了！**不在的、已經斷滅**的覺知心怎麼可以說是睡著了？只有仍然存在的意根而無意識存在，才能使身體停止動作而全然放鬆休息時才能說是睡著，意識哪有睡著？意識只有斷或者不斷可說，等意識再來了就說是醒來。所以凡是會有來去的法，譬如現在意識來在色塵中，等一下突然有個聲音很大，又來在聲塵中，來來去去。可是在意識來去不斷的過程中，你有一個心從來沒有來過、去過；因爲不管六塵如何巨大的變動，祂都不來也不去，祂對六塵的變動永遠相應不理，才是不來也不去的實相眞心。

但一般人跟著我說「相應不理」卻是不對的，因爲他們認知的是意識，是意識沒有相應到才相應不理的，一旦相應時一定都會有面對而理會的。譬如某人說：「我不理你了！」他不理你，你就一直罵他，他雖照樣不理會你，可是臉色卻越來越青，請問：「他到底理你了沒有？」（眾答：理了）理了嘛！可是如來藏，你怎麼罵祂，祂臉色都不會變青，永遠不動心。可是你罵祂的時候，祂有沒有接觸聲音？有啊！聲聲入耳，你罵祂罵得口沫橫飛再加以手比足畫，臉色鐵青，祂都看見；可是祂看見了其實沒看見，祂聽見了其實沒聽見，祂一直是見而不見、聞而不聞，所以祂從來不生氣，祂永遠都如此。你晚上睡著了，不再領受而離開六塵，祂照樣在接納外六塵，祂繼續在供應你內六塵，祂沒有停過；可是祂跟六塵不相應，都不了知；而祂一直在，你怎能說祂有去？祂從來沒有去，才能叫作如來。因爲如來就是如去，如去就是如來，如來就等於如去。不然你想想看：如來——

好像來了；到底有沒有來？（眾答：沒有來）沒有來。如去是好像去了，有沒有去？（眾答：沒有去）沒有去。自心如來從來如此，不是修行以後才如此，所以祂當然是不來也不去。既是永遠不來也不去，那當然要叫作自心如來。因爲凡是眾生所知的心永遠都是有來去的，有來去就不能叫作如去，因爲祂去了；有來去就不能叫如來，因爲祂來了。但是自心如來第八識從來沒有離開過，怎能說祂有去？祂一直在這裡，怎能說祂有來？所以不來也不去，才是眞實如來，應當如此見佛。

「不出不入，」我們看那些大法師們，他們努力修禪，一心想要離念，所以每天正襟危坐，動也不敢動；腿再怎麼痛，都不理它，心想：「那是色身別人在痛，不是我覺知心在痛。」其實很痛，就騙自己：那是別人在痛。所以不理他。然後信以爲眞的說：「那是別人在痛，不管他。」這樣把心與身分開來看：色身不是我，色身在痛是他的事與我無關。所以他就忍住，怎麼痛都能忍住；因爲心不痛，是腳痛；腳不是我，腳不是心，所以與我無關，就這樣安住了。問題來了：他繼續不停靜坐，一切聲音來了都不管它，說這樣叫作入定。可是縱然可以靜坐一整天都離六塵，所以他沒有出定，可是總要出定吃飯吧！出定吃飯時有沒有入了五塵？（眾答：入了）入了。如果他眞的不入五塵，連飯都不會嚼、嚥都不會嚥，怎能不入五塵而吃飯？入了五塵，不就是入了嗎？吃飽了，散散步以後又入二禪等至，又離開五塵，不就出五塵了嗎？那就是有出有入。有的人很努力不倒單熬夜，熬到半夜實在沒辦法了，放身睡一覺吧！好，睡一覺，離念靈知心不見了，這不就是出了嗎？等到四點半打板時又醒來了，又入了五塵了，意識一天到晚都在出入。可是如來藏沒有所謂出入，即使你睡著無夢了，意識都不在了，祂照樣接觸外面六塵，繼續在變生內相分的六塵給你；只是你意識斷了，不去領納而已，祂卻一直都沒有停過；就像你家的時鐘，你睡著了，它照樣在走；就像太陽、地球轉動一樣，你睡著了，它們還在轉動；不是因爲你醒來了，它才天亮；不管你醒不醒過來，天照樣亮；如來藏也是像這樣，一直不斷運作而不曾停止的永遠繼續存在著，所以祂沒有出入可說。凡是有出有入的，都是在六塵境界中，眞實法於一切境界都無所入，因爲祂是無境界法。也許有人想：「你不是說祂一直在接觸外面六塵嗎？那明明是有境界，爲什麼無境界？」請問你：「你能不能去問鏡子說：『鏡子，你有沒有境界？』」就像鏡子一樣，佛來了，眞心如來藏就映現佛的影像給你；現場有明、有暗，它也如實映現給你，可是如來藏鏡子對內塵影像不相應。如來藏就像這樣，所以就像鏡子恆時接觸外六塵，可是祂不與外六塵相應而起貪厭的心行。不相應的意思是說不在那上面作了別，所以我們才說祂叫作相應不理。祂永遠與六塵相應，不斷的攝受進來，但是祂不理會六塵，祂只管領受外六塵而變現內相分六塵給你，從來不理會內、外六塵。所以眞正能相應不理的，只有祂；意識心都沒辦法做到相應不理，所以世間人說：「我就來個相應不理。」其實世間法中沒有相應不理的法，相應了就一定會理，只看怎麼理而已。

「一切言語道斷。」所有言語道，沒有辦法來到自心如來這個境界中；來到自心如來的境界時，一切言語之道都全部斷滅了！言語之道可以發展成文學，但是言語之道進不了實相境界；言語之道是實相顯示出來種種境界中的一種，但是進不了實相境界。可是很多人不懂般若，誤以爲參禪就是求離妄想雜念煩惱，因此就教導徒眾們：「每天好好打坐不能斷，一座是兩個鐘頭，每天最少要坐一座；能連續六百座不中斷，你就是開悟了，因爲這樣就可以一念不生。」等我們開始破斥說：「這樣的一念不生離念靈知，不是常住法。」於是元音老人的徒眾們就不得不解釋說：「我們這個離念靈知其實一直都在的，你在打妄想，前念過去了，後念還沒生起來的中間，不是也有離念靈知嗎？」喔！原來他們的開悟是看見前念已過、後念未起的中間是離念的；那麼等一下後念生起了，是不是就中斷了？他們又解釋說：「沒有中斷，只是因爲你有念而忽略它仍然存在，所以在有念之時的離念靈知還是照樣存在著。」聽起來好像有道理，可是又有問題來了，這個離念靈知會不會與語言相應？（眾答：會）一定會！因爲不管你怎麼離念，有人當面罵一句「忘八蛋」，他生氣起來：「你怎麼罵我忘八蛋？」「你不是離念靈知既是實相境界，應該是言語道已經中斷的境界，怎麼會與語言相應？」「喔！這個也跟語言相應？」只好不開口、不回答。

所以他們乾脆說：「實相境界是不可說的，因爲言語道斷啦！」不能用言語說出來，看來好像很有道理。所以在我們出來弘法以前，有些大法師們說：「開悟的境界是講不出來的，講出來的就不是開悟了。所以開悟是不可說的，說開悟的人就是沒有開悟，師父我從來沒有說過『我有開悟』。」這樣變相顯示他開悟了。但是經上講的言語道斷不是他這個道理，而是說實相心的境界，是語言之道不能相應的境界（言語的種種法都與祂不相應，言語的種種法來到祂的境界中時全部都斷滅了）。可是他們不曉得，就想要把能與語言相應的覺知心修行，改住在沒有言語的境界中，說那個境界叫作言語到不了的境界，就說是開悟了。問題是：在定中說言語到不了，可是離念靈知心住在一念不生境界中，有人對他講了一句話，離念靈知心還是聽得懂，這就是與言語相應了，這怎能說是「一切言語道斷」？

所以在禪門的修行過程當中，歷代一直都有這種大師不斷誤導學人，不曾中斷過；古時如此，現在也如此。但是眞實法，祂是本來就已言語道斷的，不是修行以後才言語道斷。當他在定中一念不生時，你在旁邊對他咬耳朵：「你這個一念不生還是跟言語相應的，所以我在你耳朵旁罵你：忘八蛋、無恥。你就安不住了，你只好出定來跟我對罵了，你就會大小眼來瞪我了。」也許他一直忍、一直忍，忍到臉都變紅了，頸部動脈一直跳：「砰！砰！砰！」故意不理你，裝作沒事人。可是你看他動脈劇烈的跳，呼吸變急促了，你就告訴他：「你看！你說現在是離念靈知、言語道斷，可是我現在講的話，你都反應出來了，你的臉已經紅了，血液衝上來了，動脈劇烈的跳動，呼吸已經急促了，所以你這個離念靈知心是跟言語相應的，不是眞的言語道斷。」他當時很氣，可是氣過幾天以後，他會想：「我這個好朋友某甲，在那天打坐時這麼跟我說；我如今想一想，還是有一點點道理。」雖然口中還不肯承認，但心中覺得你說的有一點點道理，這表示他有進步了。

然後你再怎麼向他解說都沒有用，他永遠只承認「有一點點道理」，那你要再怎麼辦呢？你要再找別人再向他談，因爲你一個人是談不動他的，必須要兩個人再跟他談：「嗯！這某乙講的，也有一點點道理。」某丙再來講，也是一點點道理，永遠都一點點。可是講上很多年，五、六十個人都同樣向他講過以後，他終於認爲：「嗯！大家說的都有道理，原來是我錯了。」很多人都是這樣的，一個人勸他勸不動，很多人勸他很多年以後就勸動了，這個叫眾口鑠金。明明是一塊黃銅，如果是只有一個人說那是黃金，他不會相信的；但是若有一萬個人說是黃金，他就會誤信了。後來等到有智慧的人告訴他：「這個是黃銅。」他一定不信。同理，眾生都是被大師邪教導以後才把妄心相信作眞心，後來有一天終於出了一個有智慧的人告訴他：「這個是黃銅妄心，不是眞金眞心。」但是他不會接受：「人家都說那是黃金、是眞心，為什麼只有你說是妄心、是黃銅，你特別跟人家不一樣，沒道理！」他反而要責罵你。等到你把證據都排列出來：你看！黃金的延展性是多少度，你這個黃銅的延展度不如它；黃金不會生鏽，你這個黃銅會生鏽。這些道理一一鋪陳出來，他還是不肯全部相信，只說你有一點點道理。一直到很多人終於認知到：嗯！這個延展性不如黃金，也會生鏽，果然是黃銅。等到很多人都相信這個是黃銅而不是黃金的時候，他會是最後一個相信的人，這就是後知後覺的愚癡眾生。所以你們不要期望說：這個正法將來會普遍的被所有人都接受。不可能的，除非是在正法時期。想要多數人接受，那要等很多、很多年；可能你現在正年輕，到那時已經垂垂老矣，他們才會接受，這就是眾生。所以佛法很難修證，諸位能夠聽進去，這就不容易了。但是還沒有親證前，你還要想辦法進一步去親證祂，然後你回頭再來讀《維摩詰經》，你將會說：「哎呀！維摩詰菩薩講得太親切了，說得太好了！我準備要為凡夫們講的，他都幫我講出來了，太棒了！而我還沒有想到要為凡夫們講的，他也幫我講了。」那時就是你學佛學得很快樂的時候，不會再像以前一樣越學越痛苦。如果你想要越學越快樂，你就要好好努力，把親證如來藏作爲你的第一個目標，你就會學得很快樂。

今天開講前，先說一點題外話。我昨天晚上大概差不多十二點鐘時，聽了我們讀書會的錄音，發覺大家的品質眞的很不錯。有幾個重點是我在《阿含正義》那個序文裡面以及內文裡面寫的，他們已經能夠提出來讓大家瞭解；所以可見所證法如果是眞實的，一定不是只有我一個人能瞭解印順法師的錯誤，也能夠讓許多人證悟以後漸漸也能瞭解。現在想問問諸位一個問題：「二十世紀中國佛教界最偉大的是什麼人？」（有人回答：蕭導師。導師說：我不在內，我們同修會的人都不算在裡面。）二十世紀佛教界最偉大的人是誰？（有人回答：印順）對嘛！是印順。諸位想想看：以一個沒有見道的凡夫（爲什麼說他沒見道？因爲連我見都沒斷，堅持意識是常住的，而法界的實相他也沒有證得，所以不論二乘道或者大乘道，他都沒證到），這樣一個凡夫寫了四十一本書，結果我們卻要動用了這麼多開悟的人來評論他，你說他夠不夠偉大？眞的太偉大了！可是不評論他又不行，因爲他的著作影響太深遠了。昭慧法師算是對我們的說法有一點點回應了，雖然是逃避性的回應：她說我們假使發表論文，一定要在公認的、很有名的佛教學術論壇發表才算數。

當然我們的論文，他們都不可能會發表，因爲已經在私底下有志一同的聯合抵制了，怎可能發表？那麼我就回應說：假使有人捏造虛假的事實，誣說她邪淫、破法、殺人、放火等等，故意在聯合報、中國時報、自由報、新生報，到處刊登，依她的說法都不該算是對她毀謗，只有在官方的中央日報刊登時才算毀謗。我們有這麼講，她好像是回應我們，說：「對印順的評論，如果不是很有份量的人，就一概不予評論、不予回應，以免上駟對下駟（如：蕭平實者流）。」意思大約是如此。但是她說上駟與下駟，意思是說她程度是很高的，而我們是很低的，所以如果她回應我，她在身分上就吃虧了。但問題是：她是一個既沒有斷我見，對大乘的見道證如來藏也是做不到的人，她能跟誰談上駟與下駟呢？即使諸位禪三剛破參回來，對她來講都已算是上駟了，而她還是下駟，應該如此才對。一個凡夫跟人家證道的人倒說上駟與下駟，不嫌太囂張了嗎？今天這個話，假使有人慢慢的傳過去，再看她怎麼講。這樣好像是在演連續劇，就有一點意思了，可以再期待後面的發展。但是我們針對這個上駟與下駟之說，考慮有兩個做法，先公佈，沒關係！我們以後慢慢再做，讓她期待：第一、要請她回到佛教界來，她躲在佛學學術的象牙塔中，就表示她不是佛教中的僧寶，應該脫下袈裟還俗；她如果承認是佛教的僧寶，應該回到佛教界來談，不應該老是躲在學術界象牙塔中逃避。否則穿那一件袈裟就沒意義了，那是在欺騙世人：明明本質已經不是僧寶了，還穿著僧寶袈裟。第二、我們考慮把以前她主動寫來的信，以及我對她的回信，照相製版印在書裡面；因爲是她先寫信來找我，又不是我去攀緣她；後來也是她想要見我，我置之不理，不想見她，因爲見面的時節因緣還沒有到。那麼這樣，到底誰是上駟？誰是下駟？就讓大家來判斷，由佛教界來公評，這樣就很清楚了。（編案：後來由於昭慧繼續說謊而決定刊登在電子報中，詳見第33、34期。昭慧因此向地檢署提出了濫告，告平實導師公然侮辱及侵害著作權。但公然侮辱罪不成立，已獲不起訴處分，這已證明她是一再說謊的慣犯；侵害著作權部分則加以起訴，但她的信件是否合乎著作權法的規定而值得保護？現由地方法院審理中。俟全部法律過程完成後，將會如同以往無遮無隱的慣例而向佛教界公佈週知。）

台灣、大陸佛教界一直有人想要寫些文章破斥我們弘揚的如來藏妙法，其中也有教授、也有一些小法師，我們判斷企圖心最大的應該是昭慧；但是二、三年前，她一定已經放棄了，因爲沒有辦法挑毛病。既沒有證如來藏，又沒有斷我見的她，哪有智慧來挑我們的毛病？所以他們會繼續反對，但是反對到我走了以後，他們才可能會信受；我沒有走以前，他們絕對不會信，這就是娑婆世界學佛眾生的劣根性。但這是無可避免的，所以大家還是要在法上繼續努力、繼續用功。

「非福田非不福田，非應供養非不應供養，」福田，如《優婆塞戒經》

說：因爲是田，因爲種者有福，所以稱爲福田。田有三種：貧窮的，不能回報恩德給我們的眾生叫作貧窮田；曾經有恩於我們的，我們在他身上種福田，那叫作報恩田；如果他有功德在身，我們在他身上種福田，就是功德田。我們以前講過，佛既是報恩田，也是功德田；法是功德田，但也是貧窮田；僧是功德田，也是貧窮田。有的僧寶就只是貧窮田，不能說他是功德田，因爲他沒有功德在身，譬如未斷我見又未證悟的凡夫僧。至於西藏密宗的喇嘛，既無功德而且是持惡戒者，根本不是僧寶。有的僧寶既是貧窮田也是報恩田、功德田，因爲他能幫助眾生證悟，而他自己也是證悟而有智慧功德在身，這就是田的意思。爲什麼種福田會有後世的廣大福德呢？因爲是田。如果不是田，就不可能種了以後會有後世廣大福德。

所種福田若想要能得最廣大的後世福德，要有三個條件：第一、田殊勝，是說這個福田本身是最殊勝的，譬如十方諸佛是最勝田。第二、是物勝或者財勝，若所施的財物是殊勝的，將來回收的福德也是最廣大的。第三、施主勝，如果施主本身也有功德在身，那他種了福田，比沒有功德在身的一般人種福田，所得的福德更大。如果證悟以後，成爲殊勝的施主，又以勝妙的財物來供養最勝妙的福田，譬如說供佛：假使遇到應身佛在世，只要供上一次就不得了；是因爲施主勝、財勝加上田勝，具足三種勝法，來世的果報是不可思議的。這個叫作種勝福田。所以種福田能得未來世的殊勝果報，是因爲有三個原因：有施者，有財物，而且有受者，受者即是田。這樣具足三種勝法的供養，就是最勝妙的種福田。

維摩詰菩薩說，他見 釋迦如來是如何見、如何看待的。他說：「**佛非福田、非不福田，非應供養、非不應供養。**」應供養，簡稱爲應供。爲什麼說 佛陀不是福田、也不能說不是福田？因爲從 釋迦佛的眞實佛自心如來而說，沒有福田可說。眞實佛是 佛陀的第八識無垢識，無垢識無形無色，也不領納大眾的供養，如何能夠說祂是福田呢？在《優婆塞戒經》也講過福田的播種，要有一個條件才能成就布施或者供養，不曉得諸位還記不記得？ 佛說「布施是業」，爲什麼是業呢？因爲具足身口意。布施的成就要具足身口意，那個布施才能成就；若沒有具足身口意，那個布施便不成就。譬如說，西藏密宗觀想：我供養上師一千萬元美金。他觀想出一千萬元美金供養了上師，等觀想完成了，明天去找上師：「上師！我昨天供養你一千萬元美金，你收到了沒有？」上師說：「你胡扯！我根本沒看見一千萬元美金。」這意思是說：有意、無口、無身。有意而無口、無身就不算數，業不能成就。他必須有意，然後口中說：「這一千萬元美金供養你。」還要有身體捧出一千萬元美金來。不可以模仿禪宗祖師那樣捧出來卻是一無所有，口中卻說：「我以一千萬元美金供養您。」他是學密的，又不是學禪的，禪門機鋒全無作用。所以《優婆塞戒經》裡面說：布施供養要具足身口意。

但問題來了，佛的第八識才是眞實法身，其餘都是屬於可生滅的，都是應化的；你供養了應身佛，但是祂的無垢識沒有收到；你供養一缽最精美的食物，甘美細緻、入口即化、色香俱全，可是應身佛吃了，法身佛並沒吃到。你這樣供福田，祂到底有沒有福田受了你的供養呢？答案是沒有，所以佛非福田。那你就因此而說佛不是福田嗎？也不盡然，明明兩千五百年前你遇到了，供上一缽飲食，佛陀受了、也吃了，所以你今天可以證悟明心，因此你也不能夠說祂不是福田；因爲眞實如來的　釋迦佛法身還有應化身在人間，這一缽飯菜吃了，佛的覺知心、色身也領受了色香味，所以仍然是福田。由於雙具二者，所以說非福田、非不福田。

應供，是阿羅漢的名號之一，但是諸佛也同名應供；諸佛都可以稱爲應供，但是應供不一定能稱爲佛，因爲他們沒有實相智慧，只是阿羅漢。可是爲什麼維摩詰居士說　佛不應供養？因爲諸佛法身不需要任何人供養，又不像中陰身若不供養就會氣力微弱。佛的無垢識永不壞滅、衰弱，不需要任何人供養；包括諸位的如來藏法身也不需要任何人供養，所以佛的眞實法身是不需要供養的，所以說非應供養。不論是誰想要供養法身佛都供養不到、供養不著，因爲祂無形無色。可是如果因此而說諸佛眞的是不應供養的話，那又錯了！因爲諸佛還有應化身在三界中示現，既有應化身就能受供。連聲聞道的阿羅漢都是人天應供，何況是究竟成佛的佛地應化身？所以當然也不可以說不應供養。

「非取非捨，非有相非無相，同眞際、等法性；」佛在人間有取還是無取呢？假使說有取也有過失，說無取也有過失。假使說無取，可是明明《金剛經》就講：一時……，著衣持鉢，入舍衛大城乞食……，飯食訖，收衣鉢；洗足已，敷座而坐。這樣子，到底祂有沒有取？明明 佛入舍衛大城托鉢，吃了飯菜，色身有取飲食，佛的覺知心也取了色聲香味觸法，總不能說 佛吃飯的時候像瞎子，舌頭也沒味道，鼻子也都沒有嗅著，舌頭也沒有觸覺，總不能這麼講。如果沒有六塵，你將不會吃飯，都不知道怎麼吃，把石頭嚼爛了吞下去都還不知道呢。可是佛不是這樣子，都很清楚啊！佛沒有因爲吃過一鉢飯就變成一個啞巴，顯然吃飯是很正常吃下去了，那祂到底有沒有取六塵？有沒有取那一鉢飯？當然是有取啊！譬如說，有很多人在兩千五百年前就已經在佛前親自供養過了。但是在當場向 佛提出法義的請問，佛聽你問了一個問題以後，請問：祂有沒有取？（眾答：有取）當然是有取啊！如果是不取，就表示：你說什麼，佛都不知道。就好比你對著一塊木頭講話一樣，木頭對你無取，無取就是完全不知。既然 佛了知你的意思了，當然是有取，因爲了知就是取。既然應化身有這些取：取六塵、取飯菜、取語意，我們就不該說祂一切皆捨，所以說非捨。可是你說：佛眞的有取嗎？也不盡然，佛還同時有個非取的，所以眾生供養了飯菜，法身佛並沒有取飯菜，因爲飯菜是應化身取的，可是如來法身沒有取；既然無取，當然就該說祂非取。如果單說非取，那又會出現問題；單說非捨，也會出現問題，所以一定是雙具非取與非捨。

如來爲什麼要示現降神母胎？假使如來不是示現降神於母胎，就沒有身相可以讓眾生親近，沒有身相時就無法在人間弘揚佛法；必須示現有身相在人間遊行度眾，所以不能說如來無相。假使凡說如來時都說如來無相，那就有落於一邊的過失，因爲如來假使無相，眾生如何能親近祂學法呢？所以如來一定要有色相在人間，一定要有心相在人間，眾生才能奉事如來恭敬學法。但如果因此而說如來有相，那也不對，因爲有相的如來是感應眾生的得度因緣而示現在人間，如來的法身自體並沒有任何的形相存在，無形無色猶如虛空不可說祂有所在，但因爲與如來應化身同在一處，所以方便說祂在如來身中；實際上祂無形無色，如何能說祂有相、有方所呢？既然諸佛如來在人間示現時，同樣都有八識心王，七識容許有心相，色身容許有身相，可是無垢識無形無色，永遠是無相的；這樣合併如來的無垢識、七識心與色身來看，當然要說如來非有相、非無相。

如來既然在人間有應化身，我們是否可以說如來的應化身是虛妄法？不行！因爲二乘道與大乘道是截然不同的。從二乘的聲聞道來說，五蘊、十八界絕對是生滅法，因爲他們必定要把它滅除而進入無餘涅槃中。可是從大乘法——從諸菩薩、諸如來而說，蘊處界是依如來藏而有，蘊處界轉依於如來藏、收攝歸納於如來藏中；而如來藏永不入滅，並且修學菩薩道以後，永遠不入無餘涅槃中。這樣看來，顯然大乘道中的蘊處界是每一世都應該有的應身，其實都是如來藏身，不能說它全都是虛妄法，因爲悟後已經把它攝歸如來藏，屬於如來藏的一部分了。所以證悟後看到每一個人都說是見到如來藏，因爲看到你就看到如來藏，不只是看到你，而你是虛妄的，卻是每一世都會有的，所以你本身就是如來藏，無一法而非如來藏。

破參明心後現前所觀正是如此，眞正破參的人對這一點都不會有異議。如來也是一樣的道理，如來的應身，是在人間應現了十八界，其實也就是如來的法身的一部分；所以如來的色身，如來的七識心，我們都說它是等同眞際。因爲如來不斷的與眾生感應而不停的在十方世界應現祂的色身，所以經中才會說「如來身無盡」，就是講這個道理。因爲如來成佛之後，仍然不忘初地時所發十無盡願，所以永不入無餘涅槃界中，於十方世界繼續示現應化身，因此如來八識心王和合示現應化身，這時的如來應化身與八識心王其實就是眞際，與眞實本際並沒有差別。又說：如來所說一切法、所現一切法、所顯佛地眞如，其實都是法性，乃至如來應化的色身也屬於法性之一。爲什麼稱爲法性？法是說如來藏，性是講如來藏的功德，所以法性講的就是如來藏的功德性。如來藏有眞實自性，眞實不虛的出生了萬法，所有眾生所知的一切法都是直接、間接或展轉從如來藏中出生的，所以一切法的功德性其實就是如來藏的功德性：**諸法的法性都是如來藏性**。也許有人聽了不太認同：**明明在阿含中常常說「諸法緣起性空、無常、無我」，怎麼可以說諸法是如來藏性**？因爲如來藏是不生不滅的，而蘊處界及蘊處界展轉所生的萬法，固然都是緣起性空，但這個緣起性空不正是依於蘊處界而有的嗎？十二因緣法不正是依於蘊處界而有的嗎？四聖諦、八正道、三十七道品，不都依於蘊處界而有的嗎？而蘊處界又從哪裡來？從如來藏來！蘊處界以及緣起性空這些法存在的當下，並不是由蘊處界自己來緣起性空，是由如來藏來使蘊處界緣起性空，這才是阿含佛法的根本。

但是有人聽了，也許又生起疑惑：爲什麼如來藏使蘊處界緣起性空？這個問題就值得探究了。譬如說，小孩子最喜歡唱的歌是：「**只要我長大**。」他希望趕快長大以後可以唱歌、喝酒、抽菸、享受人生，沒有人能管得著他；但眼前就是長不大，得要等二十年；那是誰讓他長大？這就是個問題。長大以後他希望：我永遠保持在三十歲就好，不老也不少，正好也有錢，家庭也圓滿，希望永遠保持這樣。可是不行，開始漸漸變老了；老了又希望不要死，色身不要壞掉：「再怎麼壞，我都勉強要用它。」偏偏還是得要死，那又是誰讓他老、讓他死？從生老死的過程，就是緣起性空的標準顯現；但這個蘊處界的生老死緣起性空的顯現，是誰讓它顯現？正是如來藏，不是蘊處界自己願意緣起性空的生老病死。

不信的話，你去問那些一天到晚在講緣起性空論的大法師們：「你喜不喜歡緣起性空？」他說：「我喜歡啊！因爲這是眞的佛法。」你就給他一巴掌：「如果你眞的喜歡，現在就應該趕快上吊，實現緣起性空。爲什麼你還不上吊，還要在口中說喜歡緣起性空？心口不一。並且還想對我發脾氣？」如果他有心探究，就問他：「請問：緣起性空是怎麼來的，依什麼而有緣起性空？」他假使恍然大悟：原來是因爲蘊處界所以緣起性空。你就請問他：「蘊處界會有緣起的狀況而歸於滅，其性是無常故空，是你蘊處界自己願意無常故空的嗎？」他如果聰明，就不敢答話，因爲他很清楚知道自己不願老、不願死，可是又不得不老、不得不死；所以這蘊處界的緣起性空，顯然是由出生蘊處界的如來藏在漸漸讓它老死而性空。

緣起性空其實正是蘊處界的法性，可是蘊處界的緣起性空法性，追根究柢仍然還是如來藏的法性，所以說無一法而非如來藏；因此一切法都是如來藏性，所以蘊處界與如來藏的體性也是平等、平等。因此說，諸佛如來在五濁惡世顯現了蘊處界，他們的蘊處界也是**等法性**、也是**同眞際**；因爲諸佛如來蘊處界存在的當下就已經顯現無餘涅槃的眞際，並不需要等到捨報了才示現無餘涅槃的眞際，所以諸佛如來色身、五陰十八界存在的當下就已經**同眞際**、**等法性**了。眞際就是如來藏獨住的無餘涅槃境界，在菩薩位說本來自性清淨涅槃，所以一切生滅法等同眞實法性，這樣才是如來，所以 維摩詰菩薩說：同眞際、等法性。

「**不可稱**、**不可量**，**過諸稱量**；」「稱」是衡量某物的重量，拿天平或秤子來秤它有多重。如來色身當然可以秤重，但色身不是眞實如來，無垢識才是眞實如來，然而 佛的無垢識無形無色，當然沒有重量可以稱，那要如何稱祂的重量呢？空氣能不能秤？空氣也可以秤，譬如氣壓的計算。因爲空氣仍是物質，是地水火風裡的第四個，也是物質；只不過它是輕的物質而已，但還是可以秤重，所以空氣有重量。不必用質量計，也可以證實空氣有重量。我這一世學佛前，有一次跟人家去金山鄉看一塊地皮，回台北時車上有司機、有大老闆、還有一位醫師，醫師應該算是高級知識分子了，最少也要大學畢業。路上我問他：「你認爲空氣有沒有重量？」「空氣哪有重量？若有重量，我們豈不是早被壓死了？」我說：「有！」

他說：「你怎麼證明？」我說：「這很容易。」我就交代司機：「你等一下轉彎時，速度不要放太慢，直接就轉過去。然後請你們注意：冷氣出風口的風有沒有轉向？」到時候大家注意，一轉過去，出風口出來的風向偏了，果然有重量，是離心力的緣故。那你說空氣到底有沒有重量？有啊！不需要用到質量計就可以證明了。雖然空氣都還可以秤，可是諸佛的如來藏法身（且不說諸佛的法身，只說諸位的如來藏就好了），無形無色，連空氣都說不上，你要怎麼秤祂？祂完全沒有重量。所以如果要戲論的話，就問：「三界中最輕的是什麼？」那就是如來藏。但是如果要問：「三界中最重的法是什麼？」還是如來藏，因爲山河大地最重，可是山河大地從哪裡來的？從共業有情的如來藏共同變現出來的，那也是如來藏的一部分，你說祂重不重？所以，從今以後如來藏還可以加一個「非重非不重」。可是當如來藏離開祂所變現的諸法，說祂單獨自身時，無形無色，根本沒有重量可以讓你稱，因爲祂無形無色，根本不可能上秤，所以你不能稱祂。

量，一定是物質。量，有幾種量？譬如說，長度、寬度、厚度，這才能量。可是如來藏，你要怎麼量祂呢？祂如果持大身，最大身是四禪天上面的色究竟天人，對一般眾生而言最大身就是四禪天，四禪天的天王一萬六千由旬，一由旬大約二十華里，大約十公里，一萬六千由旬等於十六萬公里高，到底有多高？祂持大身時可以持到這麼大。可是如果持小身呢？譬如細菌或病毒；造惡業而往生為有機性的、會變種的濾過性病毒時，到底要怎麼量祂？要說祂大？還是說祂小？要怎麼量祂？都不能量，所以說：如來藏不可稱、也不可量。眾生位就已經如此了，佛的無垢識當然也是如此，所以說如來超過種種稱與量的境界，不能用重量、長短、方圓或者體積大小來稱量祂，一切如來的真實際都是如此。

「非大非小，非見、非聞，非覺、非知，離眾結縛；」既然不可稱、不可量，當然不能說祂有大小；如果是惡業深重，從地獄出來當餓鬼，餓鬼當完了（那是無量劫的地獄身及無量劫的餓鬼身），因為是惡業很重，所以剛才來到畜生道時，連狗、貓都當不了，要落到細菌中去了，變成那麼小；可是無量恆河沙數的阿僧祇劫以後，他終於成佛了，他感得的色究竟天身遠超過四禪天的天主大身，那時又可以那麼大；大小並無定限，所以說非大非小。乃至他像《梵網經》講的顯現法界身，就是諸佛如來的自受用法身（自受用法身只有佛地才能看見），無量無邊的廣大，坐於蓮華藏世界海之上，那真是無法想像，你說到底是大還是小呢？所以如來藏真的不能說有大、有小。

又說第八識如來藏離見聞覺知：當你證悟了，你可以現前檢查你的如來藏既是瞎子、也是聾子、又是啞巴，祂也沒有痛覺；你說什麼法，祂也不加了知，活似個白癡；可是祂在別的方面比你伶俐，祂就是這麼厲害。正因爲祂離見聞覺知，所以祂對三界中一切可愛法都不會貪著，對三界中一切可厭惡法也不會討厭，所以祂不需要投入某一個境界中去貪著或厭惡而想要逃離，所以祂沒有任何結使，沒有任何繫縛，因此說祂離眾結縛，維摩詰菩薩就是這樣看待如來。

「等諸智，同眾生，於諸法無分別；」 第八識如來藏就是諸佛的眞實法身，是與種種智慧平等的。智慧，可分爲三乘菩提的智慧；可是三乘菩提智都是意識心所有，都是在六塵中存在的。如來藏離六塵見聞覺知，所以祂不了知一切智慧。但是三乘菩提智乃至世間法一切世間智慧，雖然都由意識所領納擁有，而意識卻只是在如來藏的表層生滅與運作而已；推究到最後，或是現前去觀察，都是如此。意識還是要依如來藏才能運作，依如來藏才能有智慧，也是依如來藏才能夠修行成佛。但意識依如來藏而修行，祂所證悟的智慧是以對如來藏種種法的證知，作爲智慧的內容，所以意識的智慧及智慧的內容都是從如來藏來的。一切菩薩證悟後所有的智慧，當然也是與如來藏平等的，不能說有差別。但是若單說無差別，卻又不對，因爲如來藏從來不理會智慧或無明；智慧與無明都與如來藏無關，都是意識相應、意識所有，可是意識所擁有的三乘智慧或者對法界的無明，卻都是依如來藏的證與不證而說有智慧或有無明，連意識都是由如來藏出生而屬於如來藏所有的，所以意識及其所有的智慧，其實仍然是與如來藏平等的；假使離了如來藏，意識就沒有智慧與無明可說了，全都依如來藏而有，所以如來藏等諸智。

如來法身，或者說眾生的因地法身如來藏，其實就是眾生。眾生者，眾法不斷出生，所以名爲眾生。這看來似乎是新的定義，但其實不新，而是在佛法中眾生的定義本來就如此，只是沒有用我現在講的這一句話來說而已。爲什麼眾生不叫作眾死？就是因爲眾生身中一向有法不斷出生，所以才叫作眾生。因此凡是躺下來不能絲毫活動的就不是眾生，而是屍體，因爲他的呼吸、心跳都停了。既然有眾生，而一切眾生的一切法都由如來藏中出生，依附於如來藏而運作；親證這個事實以後，從如來藏來看待眾生所有一切法，其實眾生所有一切法及眾生，都屬於各自的如來藏所有；只是眾生虛妄分別執著，反過來把如來藏據爲己有，所以增上慧學中說**眾生恆內執如來藏爲我**，就是這個道理。

由此看來，其實如來藏就是眾生，眾生就是如來藏。如果眞的證悟了：如來藏就是菩薩，菩薩就是如來藏。如果了知法身了，法身即是如來藏，如來藏名爲法身。成佛了，如來藏名爲佛，佛就是如來藏，但是這些仍然都是有情。所以眾生其實就是如來藏，諸佛其實就是如來藏，諸佛的本際與諸佛的應化身不一不異，而應化身與眾生一樣都有蘊處界及覺知諸法的功能，因此說如來同於眾生。但是爲了度化眾生的方便，當然就必須將祂立名爲如來藏；若不將第八識建立一個名稱，要如何爲眾生解說及弘法呢？也許有人不同意我這個說法，譬如哪一天你養了一隻狗，給你兩個好名字：第一個名字，叫牠眾生，以後就叫：「眾生！過來！」牠就過來了。或者用第二個名字，就叫牠「如來藏」，你叫牠：「如來藏！」牠就過來，都是好名字。假使選了如來藏作牠的名字，當你帶了這一條狗出去，你就叫：「如來藏！過來！過來！」牠聽到就知道是叫牠；但如來藏三字其實不是牠，只是一個名稱。能這樣爲狗命名，那是非常殊勝的。可是你如果還沒有破參，你想：這到底有什麼殊勝？你想不通，那就只能爲牠命名爲眾生，那就等同眾生了。

因此說，其實諸佛眞際同於眾生，與諸智平等無二，這才是眞實佛。可是祂於諸法無分別，祂不在世間法上去做分別，而是在另一個層次中不斷的度化眾生，所以有時你因緣成熟了，夢見某一佛告訴你往昔世的種種因緣，然後交代你要做些事情，那時的化身佛是從哪裡來的？還是從佛的法身來。也許你這一世參禪很困苦，摸不著邊，最後衝破了種種困境以後證悟了，佛會告訴你：這一世爲什麼會這麼多的困頓，往世的因緣是如何。也不必再告訴你該做什麼，你就知道要做什麼事情，自己就清楚了。但是那個化身佛仍是由某一佛的無垢識直接變現來的，而無垢識不在平常的六塵中與眾生相應，所以說**於諸法無分別**。

就正是這一句「於諸法無分別」，就是這一句「非見、非聞、非覺、非知」，讓那一些自以爲悟的大師們非常煩惱，因爲大家有志一同的說：離念靈知就是眞如佛性，就是眞實法身。現在冒出個蕭平實舉出經文說：「於諸法無分別、非見聞覺知。」就把他們害慘了，他們就每天非得要打坐不行，聲音來了也不敢聽，身體癢了也不能去抓，因爲不可以起分別；然後腿痛了也不能放腿，也不可以換腿或下座，要當作不知道痛；就這樣在那邊無分別，一個個好似白癡一般。可是再怎麼樣熬，再怎麼樣忍，終究還是有見聞覺知，因爲眼睛閉著時也有青黃赤白，人從眼前走過就有個黑影，引磬未敲時還是有腿痛的觸覺，敲了以後就有人在旁邊說話、走來走去，都有見聞。初學者才坐上一支香，腿功不好就痛啊！可是又不許動，就在那邊等引磬響，都是有覺啊！自從「學佛」以後覺知心很痛苦，快快樂樂的日子不過，跑到寺裡打坐熬腿；可是佛經中說非見聞覺知，但不管怎麼打坐，自認爲無分別的離念靈知卻明明都有見聞覺知而能分別六塵，那該怎麼辦？學得很苦惱，卻又自認爲開悟了，出口狂言說是證悟的聖者，大力主張離念靈知心就是眞如佛性。

後來出來個蕭平實說「法離見聞覺知」，又有經文作根據，又說離見聞覺知的眞心如來藏是可以實證的，大師們只好啞口無言：心中悱悱，口中默默。只好如此。所以「離見聞覺知，於諸法無分別」，這兩點用來驗證諸方大師，可以說是一定準確的，因爲他們都落在意識心中，都無法合乎這個條件。所以眞實佛法應當是：見聞覺知的意識覺知心及離見聞覺知的如來藏兩個法同時存在，不是單取一法，否則就是有缺陷，成爲不圓滿的法，就不是佛菩提。所以我們《念佛三昧修學次第》中有一部分講到觀像念佛，那時已經有大法師派人來說，希望我們不要出版。因爲我們還沒整理出來，人家大師已經把錄音帶都聽過了！他們想：這書一印出來流通，就會顯示我大法師沒有開悟，以後就越來越難混了。因爲書中的觀像念佛法門　佛陀說：大精進菩薩好不容易出家了，他帶了一幅佛的畫像，就在樹上掛起來，坐在那邊觀像念佛。他怎麼觀呢？他想：猶如諸佛畫像非見、非聞、非覺、非知，佛亦如是非見、非聞、非覺、非知。思惟到這裡，他就悟了。

可是那些大師們很討厭這一句經文，所以從來都不講這句經文，因爲他們都弄不懂：爲什麼諸佛猶如畫像非見聞覺知，法也非見聞覺知，這樣觀察佛像也可以開悟？他們心裡怎麼想都想不通。但是今天你證得如來藏以後，你再觀察看看，是不是這樣：佛像掛在那邊，你看諸佛本際猶如這一張佛的畫像一樣，非見、非聞、非覺、非知，法亦如是非見聞覺知。大精進菩薩就這樣悟了，你禪三時悟了回來，如今體驗的如來藏是不是正好就這樣？當然正好是這樣。所以眞實法、眞實如來於六塵中無所分別，但祂卻是同眾生、等諸智，維摩詰菩薩就是這樣看待釋迦世尊。假使你能這樣看待諸佛如來，你才可以說你眞的開悟了。

「**一切無失，無濁無惱，無作無起，無生無滅，無畏無憂，無喜無厭無著；**」好多個「無」。趙州有一個「無」字公案，後來大慧宗杲也叫人家看著「無」字；因爲很多人都太伶俐了，缺乏禪宗的體驗，所以要叫他們死下心來，不要再去認那個意識，要使他們遠離對公案的思惟知解而直接體驗出來，要讓他們有體驗的機會才不會失去功德受用。可是大慧宗杲當年也是捏得很緊，所以有的人去請法，他只教看個「無」字：心中就只是看個「無」，不管遇到什麼，心中都是「無」。有個人就這樣修，有一天忽然間「無——！」好大一聲唸了出來時，終於悟了。你說他體驗好不好？這個體驗是好啊！像這樣體驗得來的，管保不會退失。

同樣的，眞實法的實證，其實是越簡單、越單純就越好，想要求悟就是要單純。看話頭，其實也就是讓大家死掉攀緣心，只管看去；看到後來，突然一念相應，撞見了，一把抓住再也放不掉了，絕對不會退失。會退失的都是體驗不夠，給他得的太容易了，所以會退失。所以說五濁眾生眞的該罵，往往是賤骨頭；你越刁難他，他的品質越好，越不會退失；你越刁難，考得越深，考到他眞的走投無路了，最後終於弄清楚了，你再想怎麼打死他，也不會退掉。可是你如果弄很多神頭鬼臉去幫他開悟，悟得太容易了，他體驗不夠，智慧出不來，就退失掉了。退失的最大原因是：「哪有那麼簡單？什麼這個就是！」眾生就是這樣，假使你哪一天用十噸大卡車，載了整整一卡車黃金去送給他，他一定會罵你：「你這個一定是假黃金！」一定罵你是假的，他絕對不相信：「哪有可能一卡車黃金送給我，一定是假的。」可是你如果說：「你每天來我這裡打工，我一天給你一公斤黃金。」他很辛苦打工到深夜拿了回去，磨啊！剉啊！試金石就拿來磨，銼刀也拿來剉剉看：「唉唷！還眞的是黃金。」然後每天給他一公斤，十年下來，十噸大卡車的黃金都有了，他就一定會相信那一大卡車載的眞是黃金。

但是你如果說：「我反正沒兒子，這孩子比我兒子還要親，是我世上唯一的親人。」好了！一卡車黃金給他，他不會接受，他一定懷疑：「你騙我！」你又沒有生命再等他十年每天給一公斤，只好在幾天之中把每一塊黃金取來檢驗，只有這個辦法了！這就是我們禪三時用的辦法，我先把一卡車黃金給你，然後再由你一公斤、一公斤來檢驗，看是不是全都眞的。因爲我沒有很多時間，我們爲佛教的永續久傳、爲正法要做的事情太多了，需要很多開悟的人來做。所以現在想一想，大慧那個無字公案，雖然是很難悟，但其實也不妨是一個好體驗；從這個參無字而參出來的，參到後來有一天脫口而出：「無——！」這下子可就不會退了；因爲他參了十幾年，就參一個無；很不容易終於參出來了，你叫他丟掉，他還丟不掉呢：「我十幾年才參出來的，怎麼可以丟掉？」但因為我趕著要用人，時間不夠，只好採用現在禪三的速成法了。

假使我是二十來歲就出來弘法，就會用這一招，一個個都讓他十幾年才破參，保證都不會退。但問題是我五十歲出頭了才出來弘法，如今六十幾歲了，沒有那麼多時間，就只好用填鴨式的速成法。若是我需要的人才，縱使他不急著悟入，我也要硬塞給他。以前我還曾經親自送上門去，結果是沒有一個人要。所以你說：這世界的眾生該不該罵是「賤骨頭」呢？但是「無」，參公案的那個無字話頭跟這裡講的很多個無又不完全一樣，那個無字話頭又稱為趙州關。人家問老趙州：「狗子有無佛性？」老趙州說：「有！」人家就想：狗子也有佛性？明天覺得奇怪，又來問：「狗子有無佛性？」「無！」「昨天有，今天無，請問到底是有是無？」你如果今天來問，我會跟你答：「有！」你若不信，明天再來問，我又跟你說：「無！」後天再來問又說：「有！」我一直跟你變來變去，那你如果要參「有」也可以，凡事都參有，這樣參也有悟處。

禪師得了這個總持以後，他一支竹棍、一條竹篦，既可以當探竿影草，也可以當金剛寶劍；隨便他怎麼用，揮灑自如，都有為人處，也都有他的道理，那都不是無頭公案。假使你願意參「有」也可以，就一直看個「有」的話頭；等到你悟了，你就知道：啊！原來「有」的悟處是這樣，都一樣。但那已經是好幾年後的事了。所以「有」與「無」都不在有與無上面，那你說：「我就把有、無都丟掉。」那你又錯了。因爲那已經是思惟所得的了，不是「於諸法無分別」的眞實心了。

維摩詰居士接著說：「一切無失。」請問：佛法是有所得法，還是無所得法？有所得法都是世間法，那不是佛法。我出來度人，一批一批退轉的人都是求有所得，第一批如此，第二批如此，第三批還是如此，都是求有所得。但是有所得法，就一定會有所失，就不是眞實法。第一批退失的人，是希望悟了以後會有種種境界出現；我們幫他悟了如來藏，離見聞覺知無得也無失，他們不能接受，所以退入月溪法師的有境界法去了：喜歡禪定的境界，落入離念靈知心中。第二批人也一樣，仍然退失了，因爲他們希望悟後能夠有神異境界。第三批人也一樣，雖然口中說是無所得，其實心中還是希望有所得；因爲他們希望：我一旦開悟了，身體不小心被刀子割了，我叫它不痛就會不痛，叫它不流血就能夠不流血。所以還是求有所得法。

可是眞實法無得亦無失，證悟佛法般若了，你得到了什麼？都沒有得到，因爲你證悟就是找到你本來存在的如來藏。可是如來藏不是我給你的，而是你本來就有的，那怎能說是有所得呢？你只是知道自己的如來藏所在而已，所以才叫作開悟，不是叫作開得；所以實際上只是悟而已，並沒有得。見性，是不是本來沒有佛性而現在有了？當然不是，你的佛性是本來就在，有情的佛性都是本來就在，只是因爲現在悟了，所以你看見了而已。這也很容易證明，譬如你已經看見佛性了，你就同時也可以從別人身上看見別人的佛性，可是別人並沒有看見他們自己的佛性；也就是說，他們自己的佛性很分明顯現著，他們自己卻沒有看見，那麼很顯然，你自己見性之前也是同他們一樣的：自己的佛性本來就一直顯現著，但是自己以前卻看不見。既然是本來就在，本來就顯現、也一直在運作的，你怎能夠說你有所得？所以你見性了還是無所得，是看到你原本就存在，原本就顯現、運作著的佛性。而我只是幫助你看見，如同證悟一樣，我並沒有送給你佛性，而是你的佛性本來就在；所以說，證悟了既無所得，沒有悟時也是無所失。

證悟了，有智慧生起，是不是有所得？有啊！得到智慧了。所以悟了以後般若諸經讀懂了，也可以隨分爲人解說。但是悟了有智慧，是你意識心自己擁有智慧，對如來藏而言沒有得什麼智慧，祂也不需要去得智慧。你證知祂的目的是想要得智慧，你得到的智慧是你瞭解祂、知道祂了，但是祂自己不需要得智慧；所以你得智慧、發起智慧了，祂仍然是無得。既然從來沒有得，能失掉什麼？一定是得過才會失，所以無得亦無失。假使一個人生來就沒有手，他可以說：「我從來沒有手握鉛筆、手握毛筆。」假使移植了一隻手給他，才能說是有所得，是本無今有的。他也可以這麼說：「我從來沒有用我的手把毛筆丟失了。」因爲他從來沒有握過，只有有手的人才可以說：「我本來拿著一支筆，結果不小心丟了。」如果從來就沒有手，何來執筆丟筆？同樣的道理，智慧，是在六塵中顯現運作的，離了六塵就沒有智慧顯現與運作。可是意識在六塵中運作，發覺到如來藏的所在，看到佛性，所以智慧生起了，那都是處在六塵中的事。但是如來藏不在六塵中起心動念，無始劫來離見聞覺知，所以與智慧不相應；你悟了有智慧，祂仍然沒有悟、沒有得智慧，因爲祂不需要悟，祂是你證悟的標的。既然這樣，祂也沒有得過智慧，哪裡會有智慧失去？所以也無失。一定有得過才會有失去，你本來就沒有一千萬美金，你就不可以說：「我失掉了一千萬美金。」如來藏本來就沒有得過智慧，祂怎會失掉智慧？如來藏在三界萬法中從來無得，不論多痛苦的法、多快樂的法，祂都無得，無得就無失，所以說一切無失。

「**無濁無惱**，」如來藏，從來是本性清淨，不作任何分別的，因爲祂離見聞覺知，所以不分別，不分別就無取捨。無分別無取捨，怎麼會是污垢的心呢？所以祂無濁。無分別、無取捨，當然不會生起煩惱，會生起煩惱的心都是有分別性的覺知心。會痛苦的心都是會快樂的心，如果沒有快樂就不會有痛苦。可是有人聽了這句話又將誤會，從此以後，凡是快樂的境界，他都不想要了：「這是快樂的，我不要；這是好吃的，我也不要吃。」結果他還沒有離開快樂就已經在痛苦了，他想要抵抗那個好吃的，想要抵抗快樂。如來藏是不與快樂的境界相應而從來無苦，不是把快樂排除、抵抗快樂。所以凡是會有煩惱的心，一定都是會了知、會分別的心，才會有煩惱。然而如來藏離見聞覺知，怎能分別？既不作分別，怎麼會有煩惱？而且祂從來不得一切法，怎麼會生起煩惱？因爲從來不曾失去一法。

也許有人想：那麼這一世的色身對祂來講應該是有得。可是祂仍然沒有得。因爲這個色身之所以有得，是你覺知心與意根的事：我這一世來投胎而得到這個色身了。可是如來藏並不認爲祂有得到這個色身：雖然是祂所出生的，祂不認爲祂有得到。所以有人很痛苦而隨時想要自殺，或把它弄壞，祂也沒有意見。既然都不會有意見，一點煩惱都不會生起，所以祂也是無惱的：無濁也無惱。有濁有惱是因爲對這個色身有了執著：這個色身很好用，我怎麼可以讓它壞了？怎麼可以讓它故障？所以一旦故障了，就趕快去找醫生。如果算命師斷了說：「只能再活三年。」不得了了！每天憂愁痛苦，這就是有惱，有惱就是心性污濁。可是如來藏都無所謂，如果有人下決定說：「我活夠了。」因爲很有錢，日子很快樂，卻覺得沒意義，他想：「我世間該享受的都有了、都夠了。」他也會故意冒險，變相自殺。世間也有這種人，就不會想要用完好無缺的有暇色身來學佛。他覺得活膩了，當他決定冒險時，如來藏也都不會有任何意見，連皺個眉頭都不會，那你說：祂對色身及妄識怎麼可能有執著呢？所以祂沒有執著，沒有執著就不會有煩惱。所以當有人決定自殺，不論是快快樂樂或哭哭啼啼自殺時，祂都不會跟著哭哭啼啼或快快樂樂；如果有人被債務逼急了，沒辦法，不得不自殺，當那個人哭哭啼啼時，祂如來藏卻是不哭也不啼，一點煩惱都沒有，所以說祂眞的無濁亦無惱。

「**無作無起**，」確實如此，因為凡是有為有作，都是色陰與覺知心在作，都是意根在那邊主宰，所以明明是在打坐，突然間起了一個念：「**明天要去爬山。**」接著就想：「**等一下回家路上**⋯⋯」他還沒離開寺院，已經在想：「**等一下回家路上，要去買個裝備，登山才方便。**」你看他種種煩惱生起了，所以他的心就落在有為有作裡面；可是當他正在起心動念有為有作，乃至已經上路要去買裝備時，如來藏仍然是無作亦無起。祂無作亦無起，好像和你無關；可是你如果沒有祂，你想要起也不行、想要作也不行；都因為有祂不斷在支援你，不斷在幫助你，只要你所喜樂，祂都願意幫助你，但祂自己無作亦無起，因為祂不會像你的覺知心想要這個、厭惡那個，所以是無作性；祂也不會起心動念來勸告你：「**這件事情做了，**

有後遺症。」祂都沒意見，不管什麼天大的後遺症，祂都不管，完全配合你，從來都沒有任何意見，所以祂的心性就是無作亦無起。

眾生一直都有無量生滅，大的生滅譬如我所：你造了一個房子，今天這裡壞了，明天那裡壞了。維持到一千年後，古蹟還是維持不了，壞了只好重建，這是外我所的部分。身體，也是不斷生滅著；想想六十年前，我在鄉下，那時候鄉下窮，孩子都是穿開襠褲，父母親農忙，沒有時間幫你換褲子，所以就幫你穿開襠褲。現在沒有孩子再流鼻涕、穿開襠褲了，因爲現在小孩子都有父母在身邊照顧著，但以前的孩子就像放羊一樣。小時的記憶猶新，現在卻已到花甲之年，你能說是沒有生滅嗎？眞的是有生滅。如果講微細一點，新陳代謝是十年一換，十年之後全身細胞都完全換新了，這也是生滅。如果講大一點的生滅，今天出生，五十年後、八十年後死了，也是一個生滅，沒有不生滅的。如果講到心，生滅就更多了，還沒有醒過來就已經有很多生滅了；因爲一下子夢見這個，一下子夢見那個，夢了很多，等到醒了才發覺到原來只是一場又一場的夢。

一般凡夫都這樣，不會有警覺。一天之中，這覺知心到底有多少個生滅？可就算不完了。然而這還只是念頭的生滅，都是內我所；如果是要講意識種子的流注生滅，那眞是沒辦法算，超級電腦也算不來，一直在生滅著。這些生滅都從哪裡來的？都從如來藏來，沒有一法不是從如來藏來；所有的生滅法都依如來藏而有，生也是依如來藏生，死也是依如來藏死。但是如來藏使諸法不斷生滅、永無終止的情況下，如來藏自體卻是從來都沒有生、也沒有滅過。爲什麼如來藏是無生的？也許有人心中有懷疑：「你憑什麼說如來藏不生？」就像二〇〇三年初，他們退轉的人說：「同修會悟的這個心是阿賴耶識，還是有生、有滅。」問題是他們既然主張有生，就要證明祂何時生，卻是永遠證明不出來。所以我們簡單一句話問他們：「請問祂何時生、何時滅？」沒有一個人答得出來，因爲他們無法證明祂有生；假使他們能把佛請來，佛也無法爲他們證明阿賴耶識心體有生滅。

但是我們從理上也可以證明祂無生，當你還沒有證得阿賴耶識，就可以證明祂無生了，因爲我早就說過了：無明是無始以來就存在的。但是無明種子，是存在什麼地方？是在虛空嗎？不是！是在阿賴耶識中，無明一向眠藏在阿賴耶識心中，不是眠藏在其他任何一法中；既然眠藏在阿賴耶識中的無明是無始就有，阿賴耶識當然也是無始就有；既然是無始就有，就表示祂從來都沒有生過。既然祂沒有出生過，怎能說祂會滅？有生的法才會有滅，而如來藏就正好是這樣。

佛又說：「這個阿賴耶識名爲如來藏，與七識同在一起。」而無明是無始的，無明又是眠藏於阿賴耶識中，阿賴耶識又名爲如來藏，所以阿賴耶識如來藏無生無滅，是無始本有；正因爲祂無始本有，無生無滅，才能有諸法的生滅；正因爲祂無生無滅，才能有諸法的緣起性空。這就是唯識學者一直在討論的一個原則：「**假必依實**。」一切假有的法必定依於眞實法才能存在，假法必定要依於眞實法才能生滅。而這個假必依實，本來是眞實理，卻被印順派的法師居士們全盤否定，所以當我們提出法義辨正時，他們才會有開不得口、不能回應法義辨正的痛苦，所以他們否定「假必依實」的眞理，其實是自掘墳墓、埋葬自己。

「**無生無滅，無畏無憂，無喜無厭無著**；」無生無滅、無得無失，就不會有畏懼憂愁，不論是大人或兒童，凡是有畏懼、有憂愁，都是因爲有得失。台灣的佛教界及佛學學術界，爲什麼要聯合抵制我們？正是因爲他們患得患失：本來風風光光、轟轟烈烈，可以攀緣佛教界各大山頭，取得自己想要的世間利益；各大山頭每一個月都有好幾千萬或幾億元的進帳，可是後來一直在走下坡；他們認爲都是被蕭平實害慘了。這種說法也許不無可能，因爲他們的名聞利養損減，不會單單是因爲我們宣說正法而導致的。但是多少會有影響：佛法一定會口耳相傳，尤其現在電話很容易撥，甚至在路上都可以用手機找人通話：「某某大山頭的法有問題！他們落在意識境界中。」有智慧的人於是開始探討：「既然都是意識常見法，那我護持那些小法師們就夠了，在我家旁邊的精舍隨便找一位凡夫僧去種福田也可以，因為同樣都是凡夫，我何必要跑那麼遠的路途到他們大山頭去護持？」就不再崇拜名師了，也不再崇拜學術研究者了，因為同樣都是未悟的凡夫。所以大山頭及追求名利的學術界少數人士就開始抵制正覺，認為：正覺同修會眞的是障礙我們發展的重大因素。但他們為什麼要聯合抵制？因為覺得有所失了。

有得有失就會有憂愁，是意識境界；但是如來藏從來不憂愁，因為祂從來都無得失。當他們很憂愁的時候，每晚在那邊苦思要怎麼樣解決護持款不斷下降，所導致的快速擴張時資源不足的問題時，他們都很憂愁；可是當他們每一個人正在憂愁時，他們每人的如來藏都不憂愁；憂愁是他們意識心的事，他們的如來藏都不會憂愁。他們也許有人會當場提出建議：「我們可以登門去踢館，把正覺同修會踢倒！這問題就消失了。」但是討論了半天還是不敢去，因為不知道去了以後該怎麼談，沒有辦法對話：「我們悟的是覺知心、離念靈知、意識，正覺都知道我們的底細；他們悟的是第八識，我們都不知道那是什麼。我們知己而不知彼，面對知己又知彼的正覺，要怎麼談？」談到後來當然是不同意登門踢館。雖然一直有愚癡人建議：「登門興師問罪，把正覺問倒。」可是沒有人敢出頭，敢出頭的都是初生之犢，或是不懂佛法的藏密喇嘛或上師，如同小牛剛出生時不知道獅子厲害，就敢出頭來頂撞獅子；遇到獅子現在肚子飽飽的，不想吃牠，牠還以為自己很厲害哩！那些大山頭何嘗不想把正覺獅子撞倒，可就是不敢；成年之犢的大山頭都不敢來，初生之犢來了，我們就懶得理牠了。

可是當他們私底下苦思不得其解，想要來踢館又畏懼而不敢出頭時，他們的如來藏可都是永遠如如不動、無畏亦無憂：不曾起過一念的憂愁，也不曾起過一念的畏懼。你們證悟了如來藏的人一聽就懂，事實上是如此，而且正因爲這些體性（從無得無失、無濁無惱到無畏無憂），所以祂無喜、無厭也無執著。凡是世間法的有，你都把它套上個無字，拿來講如來藏都對。有喜有樂、有憂有愁、有苦有惱、有染有淨，全都是三界中的有，你把它轉成無，就都跟如來藏相符。所以因爲無得無失，離見聞覺知，當然祂無喜無厭，也無執著。所以假使哪一天有誰對蕭平實很氣憤，氣不過而自焚抗議時，他自己的如來藏仍然不會起瞋或抗議；他的覺知心在抗議正覺，而他的如來藏絕對不會抗議，因爲祂從來沒有執著。也許你說：「有啊！有執著啊！我現在想入無餘涅槃，祂就不讓我入；我要捨身，祂不肯自動捨身，那祂顯然有執著。」我還是告訴你：「沒有！」因爲祂只是依著業種直接運作，不是執著的緣故；你還不到捨身的時候，祂不會主動去捨身，因爲你的業種是在十五年後、三十五年後，乃至年輕人要到七、八十年後才應該捨身，祂只是依業種而執行，不是祂有意志來決定生死，所以祂眞的沒有執著。

「無已有，無當有，無今有，不可以一切言說分別顯示。」已有，那就是已生的，才叫作已有；可是如來藏不是已生的法，祂是無始來就有，是本有，所以不能夠說祂已有。已有，是說以前沒有，而現在已經出生的，叫作已有。當有，是說現在還不存在，未來會出生，才能叫作當有；可是如來藏本來就有，所以沒有當有。今有，是說很早以前他出生了，如今還存在，叫作今有；但如來藏是本有的法，不曾有出生之時，所以不可能說祂以前出生而現在仍然存在。如來藏沒有三世可說，因爲無始劫以來都不曾死滅過，所以沒有前世的死，當然就沒有今世出生而如今存在的事可說；祂是無始劫以來一直存在而不曾有生滅的法，怎能夠說祂已有、當有、今有呢？而這個如來藏，不可以一切言說分別顯示，這是對還沒有悟的人說的。沒有悟或悟錯的人，怎麼善辯都說不出來這些道理來；假使你眞的悟了，不但一切言說分別可以顯示，不言說分別也可以顯示出來，所以眞實證悟者講的這一段話是對一般人說的。可是一般人聽了就拿來用：「你看，如來藏不可以言說分別顯示啊！所以你已經講出來的都不對了，那如何能說是眞實如來藏？」我就告訴他：「『你講出來就錯了』，這也是如來藏。」（眾笑…）法應當如此，所以如此來看待如來藏才是正確的。因此 維摩詰菩薩說：「世尊！如來身就是像這樣，應該如是觀。像我所說的這樣來看待如來身，才是眞正的見如來，這樣的見如來才是正觀。如果有人用別的方法、別的知見來看待如來，說他來見如來，那都是邪觀，不是正觀。」

【爾時舍利弗問維摩詰：「汝於何沒而來生此？」維摩詰言：「汝所得法有沒、生乎？」舍利弗言：「無沒、生也！」「若諸法無沒生相，云何問言『汝於何沒、而來生此？』於意云何？譬如幻師幻作男女，寧沒、生耶？」舍利弗言：「無沒生也。」「汝豈不聞佛說諸法如幻相乎？」答曰：「如是。」「若一切法如幻相者，云何問言『汝於何沒而來生此？』舍利弗！沒者爲虛誑法敗壞之相，生者爲虛誑法相續之相；菩薩雖沒，不盡善本；雖生，不長諸惡。」】

講記：因爲這一品談的是見如來品，既然是見如來品，前面 維摩詰大菩薩也講了那麼多了，現在舍利弗尊者突然從事相上來問，是因爲他好奇這樣一位大菩薩，究竟是從哪裡來的？但沒想到這一問，問壞了！所以他又挨罵。舍利弗尊者問 維摩詰菩薩說：「請問你是在什麼地方捨報而消失了，然後來生到娑婆世界中？」但是剛剛還在論議的是如何見眞實佛，他卻突然間穿插這麼一個問題來，等於是打岔一樣，當然要招來 維摩詰菩薩的反問：「你說我是有**沒**、有**生**嗎？請問你所得的法是有**沒**、有**生**的嗎？」菩薩就是這樣有事有理的，如果願意從事相上來答他，就從事相答；不願意就從理上講，都有答處，但也都會顯露出對方的過失來，所以阿羅漢就開不得口。這一問，舍利弗尊者不得不從他所修證的法上來說，結果就是沒有沒、也沒有生。因爲不單是大乘法如此，二乘法從本質來看，它也是無沒亦無生。想想看：他這一世是最後身，這個色身捨報以後也就不再來人間，不再有生就是無生，他所證得的法其實也是無生；但他的無生是滅了以後無生，從此以後不再有生，三界中再也找不到他了，不會再出生後而有死沒，所以他也說他無沒、生：沒有沒、也沒有生。

維摩詰菩薩就向他說：「如果諸法都沒有沒相、生相，你爲什麼問我說：『你在什麼地方捨報沒了，而來生到娑婆世界？』你的意思是怎麼樣認爲呢？譬如說一個魔術師幻化出男人、女人，他所幻化的男人、女人，難道是有消滅了、有出生嗎？」大家想一想：魔術師突然變個男人出來，又把他滅了；又變出個女人出來，再把她滅了；這樣變來變去，到底他變化的男人、女人是有死亡、有出生嗎？是有消滅、有重新出生嗎？當然不該說有，因爲都是幻化的。幻化的都是假人，不是眞人，怎能說那些幻人有沒、有生呢？所以舍利弗尊者只好答覆說：「沒有沒、也沒有生。」維摩詰菩薩早就料到他必須這麼答覆，不這麼答不行，所以就反問他：「你難道沒有聽過佛陀說：諸法都如幻化嗎？」舍利弗尊者只好答說：「對啊！

我聽佛說過諸法如幻相。」這時候 維摩詰菩薩就說：「假使一切法都如幻相的話，爲什麼你還問我說：『我從什麼地方沒了而來生此？』舍利弗啊！有沒的就是虛誑法，也是敗壞之相；有生的也是虛誑法，但它不是敗壞，而是相續相。菩薩雖然表面上看來有捨報、有死亡，但是菩薩不會像你們二乘人把善法根本都滅盡而不再出生法；菩薩仍然會使善法繼續增長而受生於人間，所以菩薩雖然看來是有出生，但是也永遠不生長諸種惡法，一切惡法都不會再生起了。」

這是二乘人無法想像的，因爲二乘人是斷滅一切諸法而成爲不生，二乘人是把我見、我執斷盡，因此對三界一切善法、惡法都不取著；捨報後甚至把自己五陰、十八界全部滅盡，沒有一法留存，這樣成爲無餘涅槃，以實證無餘涅槃而說爲無生。這樣的無生也被六祖惠能大師斥責過了，因爲這樣的無生是一般學佛人所以爲的無生：死了不再來三界中出生，永遠不再示現於三界中，所以叫作無生。但是六祖就斥責說：這樣叫作將滅止生。將滅止生是說用消滅的法把諸法滅盡，不再於三界中出生任何一法；諸法不再出生了，所以叫作無生。但他的無生是將滅止生，用消滅的方法來停止再出生善惡法。可是菩薩所證的法是本來無生，所以永遠不滅，所證是第八識本來無生之法；不是將滅止生(不是將蘊處界滅盡而停止了後世的蘊處界再出生)，不是將第八識所生的蘊處界滅盡而不再出生；一是修證第八識法，另一則是修證蘊處界法，這是非常大的差異。

「沒者爲虛誑法敗壞之相，生者爲虛誑法相續之相；」菩薩所證是本來無生，是在眞實法第八識心上用功；二乘人是將滅止生，是在虛誑的蘊處界上用功，所以他們都是在虛誑法上用功。虛誑法就是五陰的一一陰，六入的一一入，十二處的一一處，十八界的一一界，這些都是虛誑法；因爲蘊、入、處、界全部都是三界中的有爲法，也都是生滅法；既然都是三界中的生滅現象法，都是有爲法，當然是虛誑法。二乘聖人把蘊處界入都滅盡了，滅盡之後消失了，稱之爲沒；所以沒就是虛誑法的敗壞相：把虛誑法敗壞了，讓它不再重新出生，未來世不會再有虛誑法的蘊處界出生，所以沒就是虛誑法敗壞之相。無生不是凡夫眾生所喜愛的，所有悟錯了禪宗的大師們都喜愛有生之法的離念靈知，希望意識心繼續生於三界中常住不滅；但阿羅漢、辟支佛則是喜歡無生，不想再出生於三界中。

由於眾生喜歡生，所以才叫作眾生；凡是人家媳婦生了孩子，一定來恭喜，沒有來斥責的。沒有人出生了以後被斥責說：「你這麼笨！怎麼又來投胎了？」都是：「恭喜啊！弄璋了（弄瓦了）！」然後就包了紅包來，大家都來恭喜。可是也許哪一天有四地的菩薩或五、六、七地的菩薩來出生爲嬰兒，他已遠離胎昧了，當人家來恭喜他：「你滿月了，恭喜你！」他說：「你們都別恭喜我，我是因爲你們才來受苦的，沒什麼好恭喜的。」因為生本來就不是他所要的，他來人間純粹是因為眾生需要，所以他來受生；不然他在色究竟天中多麼快樂，每天都是法樂無窮的跟著報身佛學法，何必來這裡受苦？就好比說，老闆去到非洲最窮困的地方，缺水缺電的，在那邊弄了一個事業單位，派你去，你一定皺眉頭；因為三天才能洗一次澡，又往往聽不到家鄉話，見不到親人。四地以上菩薩來人間時是沒有胎昧而很清楚任務的，就像被指派去非洲的你一樣的清楚自己是來受苦的。

三地滿心以下都有胎昧，入了胎就忘光光，下輩子從頭再來；所以你向他恭喜，那三地再來的嬰兒高高興興的接受你的恭喜，雖然他不知道你在恭喜什麼，這就是胎昧所障；所以生其實不是好的法，可是世間人喜歡生，因此如果生個兒子、女兒，就大家來恭喜，然後年輕夫妻倆說：「我作爸爸了，我作媽媽了。」他們的父母親說：「我作爺爺了，我作奶奶了。」都是喜歡生。可是他們都沒想到生其實就是苦的根本，也沒想到生是從死亡來的；假使不是生，就沒有五陰熾盛之苦，也就沒有其餘七苦，所以這一切苦都從生而來，都從死而來。但是眾生喜歡生，所以叫作眾生；如果你說大家都是眾死，人家一定罵你。沒有人願意聽到眾死這個名詞，只有聖人才會喜歡你稱他為眾死；因為如果人間所有人都死光光了，不會再投胎了，表示大家都解脫了，剩下的就只是其餘五道了；所以如果人類能叫作眾死，有一天如果能這麼稱呼一切有情，阿羅漢們聽了一定很歡喜；可是諸佛與諸菩薩都不會歡喜，因爲那些眾死都是沒有智慧的人，雖然可以稱之爲聖，卻仍然是愚，都不知法界實相。

二乘聖人都是在虛誑法敗壞相上面用功努力，而眾生是在虛誑法的相續相上面繼續熏習，努力不停的世世輪迴出生，這就是眾生。所以假使有生，那就是虛誑法的敗壞之相，因爲都不離蘊處界。可是阿羅漢雖然無生，他們的無生卻是虛誑法的敗壞之相，意思是他把蘊處界全部滅盡而進入無餘涅槃中，所以虛誑法的蘊處界全部滅盡了、敗壞盡了。但是蘊處界滅盡以後就沒有任何一件善法可以再出生了，因爲無餘涅槃中沒有任何一法存在，連蘊處界的任何一蘊、一處、一界都不存在了，當然不可能再有任何善法繼續存在；那就是滅盡一切善本，一切種智等法就不可能成就，所以決定性的阿羅漢永遠無法成佛。但是菩薩表面上看來是有沒，因爲與眾生一樣來人天中受生，所以也有蘊處界繼續生、沒；菩薩，不管他是幾地乃至等覺來到人間，都與眾生同樣要吃喝拉撒，但他是已斷我見、我執，並且都是已親證實相的人；所以上一世菩薩沒了，卻是不滅盡善本，繼續乘願再來人間受生，繼續利樂有情，所以說：菩薩雖沒，不盡善本。

上一世沒了而不樂於滅盡善本，當然是要再有生：重新於三界中出生。可是雖然出生了，菩薩卻是本性善良，因爲他已經無量世努力在斷煩惱了，所以雖然生在末法惡世中，仍然不會隨著世俗人去造惡業，所以不長諸惡。慧解脫阿羅漢如果發了菩薩的受生願，重新再來出生於人間時還是會忘失的，不知道自己上一輩子是阿羅漢。假使他福德不夠，遇到邪師而被邪教導了，又會開始增長我見、我執；譬如說他遇到一位鼎鼎有名的大師教導他隨順念、隨順覺、隨順知，他就落在念、覺、知上面而不肯捨棄意識的知覺與無念境界，他的我見必然又會開始增長。因爲信受他的大師父，我見增長了，就無法再成爲阿羅漢；必須重新遇到善知識，或者重新讀到正確的經典或註解，正確了知我見的內涵，只要一斷我見，他又是阿羅漢了：師父仍然是凡夫，徒弟倒成爲聖人了。如果不是如此，他可能又要輪迴很多世以後才能再成爲阿羅漢，所以他們畏懼被胎昧所障，不敢發願再來人間受生、利樂眾生。菩薩不然，多世多劫以來能斷我執而不斷，所以他繼續來人間受生，不斷利樂有情，因此雖然有惡緣而仍然不被牽引，因此「雖生，不長諸惡」。

【是時佛告舍利弗：「有國名妙喜，佛號無動，是維摩詰於彼國沒、而來生此。」舍利弗言：「未曾有也！世尊！是人乃能捨清淨土，而來樂此多怒害處。」維摩詰

語舍利弗「於意云何？日光出時與冥合乎？」答曰：「不也！日光出時則無衆冥。」維摩詰言：「夫日何故行閻浮提？」答曰：「欲以明照，爲之除冥。」維摩詰言：「菩薩如是，雖生不淨佛土，爲化衆生故，不與愚闇而共合也，但滅衆生煩惱闇耳。」】

講記：舍利弗這時又聽了一場維摩詰菩薩無上大法，還加上訓示。所以菩薩在場，阿羅漢很難混日子；因爲他們未證如來藏，所以不知道法界的實相，就沒有實相般若智慧，當然沒有開口的餘地。舍利弗本來只是仰慕他，所以請問：「大士於何沒，而來生此？」沒想到換來一頓訓示兼開示。當維摩詰居士講完了，佛就爲舍利弗指示（這個指示也是在顯示：佛陀眞的是佛，沒有一個人的來處、去處能瞞得了佛）：「有一個佛國叫作妙喜國，那裡的佛陀名號稱爲無動，」也就是不動如來，「這位維摩詰菩薩是在妙喜國捨報後生到我們娑婆世界來的。」

妙喜，這兩個字有沒有覺得有一點耳熟？妙喜就是大慧宗杲的另一個名號，他出家時叫作宗杲，宗杲的意思也是非常好，但他的剃度師父在法上度不了他，因爲知道不是凡夫的自己所能度化的，就建議他另外去尋找明師。但是後來有個大慧的名號，是皇帝賜給他的（由一個凡夫賜給他一個聖位名號，這就是世間）。後來爲什麼又有妙喜名號？那已經是晚年的事了，大慧宗杲晚年時皇帝再賜給他一個名號，那已經是宋孝宗了，已經不是宋高宗時的事情了。然而妙喜二字的出處，其實是從《維摩詰經》來的。

這時佛把維摩詰大士的來處指出來，說他是從妙喜佛土的無動佛那裡來的。舍利弗尊者想：「菩薩眞的不可思議。」所以他就說：「這種事情我以前沒聽過，也沒遇見過。世尊啊！這個人竟然能夠捨棄不動佛的妙喜國清淨佛土，來生到這個眾生心性不佳、瞋心很重，又常常互相殘害的污濁之地，這個人眞是不可思議。」維摩詰菩薩就向舍利弗尊者說：「你的看法怎麼樣呢？當日光出現的時候還會跟黑暗合在一起嗎？」舍利弗尊者說：「不會啊！日光如果出來了，就不會再有種種的黑暗了。」維摩詰菩薩又說：「請問這個日頭是什麼緣故運行於閻浮提中？」舍利弗尊者答覆說：「太陽是想要用光明來照耀閻浮提，爲閻浮提除掉黑暗。」維摩詰菩薩就說：「菩薩就像是這樣，雖然出生於不淨佛土中，都是爲了度化眾生的緣故，但是菩薩來到黑暗世界時並不與眾生的無明黑暗共和合，菩薩來這裡的目的只是爲了要消滅眾生的煩惱黑暗而已。」

菩薩來人間時不怕辛苦，都是爲了滅除眾生的黑暗；諸地菩薩、三賢位菩薩如此，乃至諸佛亦復如是。所以諸位悟後發願要世世在娑婆利樂有情，既然發了這個願，那你這一世悟了以後出來度眾生，就得要安分一點，不要想：「我出來度眾生是把法給眾生，眾生應該要供養我。」那你就錯了！假使度眾生的過程中被眾生辱罵，被眾生抵制，也不要生氣，因爲這是你的任務，也是你自己發的願，所以你不可以向我抱怨說：「老師！我是這一世才剛發願度眾生，爲什麼這一世就要被糟蹋？沒道理！」但是我告訴你：「你上輩子也發過願，你忘了嗎？既然你上輩子發過願，這一世又發願，那麼這一世再發願時可要有心理準備：下一輩子被眾生無理辱罵，你把法送給他們，還被罵邪魔外道，也得要接受，不可以生氣。這一世你出來度眾時當然也不可以生氣，因爲你上一輩子發過願了。」你也許說：「哪有？我上輩子哪有發願？你憑什麼這麼講。」那很簡單：如果沒發這個願，你這一世能開悟嗎？你絕對悟不了，菩薩的大法沒這麼簡單證得的。所以一切菩薩到人間來，都要經歷投胎、出胎、成長、學習、參禪的痛苦，除非你已經過了三地而到四地，否則每一世來人間受生度眾時都要這樣經歷一遍，都很痛苦；但是你很辛苦之後得法了，然後把法送給眾生，眾生還毀謗你，可是你沒有生氣的權利，因爲我很早就告訴你們了：眾生本來如是。娑婆世界的眾生本來就這樣，否則的話，你在這裡度眾生一天怎能勝過極樂世界一百年呢？當然有原因的嘛！

另一個原因說：你沒有權利責怪眾生「恩將仇報」。因爲娑婆的世界本來就是愚癡無明，所以才會稱爲黑暗。既然他們本來處於黑暗中，你把正法要傳給他，當然他不能瞭解；當所有大師都說這個黑色是白色的時候，只有你一個人說那個白色才是白色，多數的無智眾生當然不相信你，所以你不能怪他們不信，因為他們已被邪教導了，都被愚癡無明所籠罩。既然如此，想一想：你來娑婆的目的是為了消除眾生的黑暗無明，那當然你要跟他們奮鬥，要慈悲的、歡喜的、開心的跟他們奮鬥，他們則是用生氣、抵制、辱罵來跟你奮鬥；這就是你要做的事，這不是一般人能做的，只有你能做，所以你才能稱為乘願再來的胎昧菩薩，不然你就要成為自了漢而不再來了。所以菩薩眞不好當，可是千萬不要對我說是腳底發涼了，還是要保持那個願心熱烈而不退，否則你是無法成佛的。既然你重新再來人間的前提就是為了消滅眾生的煩惱闇，而這裡的眾生普遍的有煩惱闇、愚癡，所以你要以耐心、慈悲心來對待眾生，不可以要求這裡的眾生心性都像極樂世界的人那麼良好。

可是極樂世界不同於這裡，那邊心性還不夠好的眾生都還關在大蓮花裡面，可是這裡全部都放在外面，（大眾笑…）所以你眞的不能要求眾生。你如果要求這裡的眾生都像淨土世界的眾生，那你就不夠資格出來度眾生，只能稱為凡夫菩薩，這個前提要認清楚。你來到這個人間的目的是為了消滅眾生的愚癡黑暗，既然有黑暗，當然他們懷疑你、抵制你、辱罵你，都是正常的，所以你沒有權利對眾生起瞋惱心。所以以後如果再有人在網路上或者寫信來罵的話，你都要歡喜接受，然後設法為他說明正法與邪法的分際，而你沒有生氣的權利。這是我一向的觀念，所以我出來弘法以來被罵很多了，現在都覺得很習慣，現在只是想能不能幫他們消滅黑暗，改正過失而迴入正法中證悟實相。目前有一些成績，可是成績很差，到現在只不過鈎到你們兩千個人而已，成績很差；所以我還要努力再寫啊、寫啊、寫啊！因為這一本書他不相應，那就換另一本書，也許他就相應，事實上是這樣。

順便作個新書預告，《優婆塞戒經》整理出來了，把它叫作講記。本來作成七輯，可是七輯太大本，每一輯都要三百六十幾頁，加上後面的書本預告，總共就變四百頁，太厚了，而且也不夠成本，連序文等等加起來四百頁，人家往書架上一看：「這麼大一本，讀到什麼時候？」沒興趣了！而我們也不夠成本，無法持久發行，所以我就再把它分成八冊，每一冊都像《楞伽經詳解》那麼厚，但字數比《楞伽經詳解》多。把字擠一擠，成為總共八冊，年底要出版第一輯了；八冊就是後年的九月才會出完，這裡順便作預告。但是為什麼還要再出這些經論的註解？因為有一派人不斷在註解經典與論典，但是都用密宗應成派中觀的意識見解來註解，把經典、論典的意旨全面的扭曲，這是我很早就預料到的，所以我們必須要趕快做，書要出得比他們快、比他們多，而且要把正確的意旨註解出來，才不會再讓學佛人被他們錯誤的註解全面誤導，這就是我們不斷出書的緣故。

出書的目的是要消滅眾生的無明黑暗，無明黑暗滅除了，正法的勢力就會越來越強、越來越鞏固。這一部《維摩詰經》我們講了多久了？一年多了，是去年十一月九日開講的，眞的有一年多了，也該圓滿了。我們每週講兩個鐘頭，這樣到底是講久了、還是講短了？我不知道。但是《起信論講記》已經產生很大的作用，因爲 馬鳴菩薩的論裡面，把法義寫得太深妙了，以前大眾讀不懂，所以有人因此而謗爲僞論；現在我們講記整理出來，大家讀懂了，才知道這部論非但不是僞論，而且是非常深妙的論。可是《維摩詰經》講解了，我前幾天把以前錄的一、兩片帶子拿來聽一聽，我想應該會有進一步護持正法、弘揚正法的深妙意義，所以我們這樣繼續做，一定會使了義正法、究竟正法越來越鞏固。但是要講完所有經典，時間要很長久，是因爲娑婆眾生的心本來就是黑暗的，你用強光去照他，得要照很久才有用；照到他哪一天覺得光線爲什麼這麼強？突然醒來，他就離開黑暗了，所以我們要用強光照耀很久。如果五十燭光照一年照不醒，一年後改爲一百燭光再照，每一年加上一百燭光，一直加上去照，看他什麼時候醒來。可是很不容易，諸位都要有這個心理準備。

《維摩詰經》的解脫境界確實不可思議，不可思議的原因以及這個境界，到這個年代已經無人能理解了，好在現在我們又準備把它整理註解出來，讓 佛及維摩詰大士的眞實義能夠詳細的宣揚出來，這也是由於你們大眾共同護持才能成就。如果不是你們每週來聽講，我難道把這部經對著虛空、對著錄影鏡頭講嗎？正因爲有人願意聽，我才講；若沒有人願意聽，我就沒有意願講了，所以你們就是我講經的緣起。身爲緣起者，要知道這個功德很大，所以千萬千萬記住：不可妄自菲薄。也許三劫後、十劫後你的如夢觀成就時，可能你那時有一天打坐，今天聽經的影像又出現了：「喔！原來我幾劫前是跟著蕭平實學這個法，是《維摩詰經講記》印出來流通的緣起者，所以今天終於可以修到這個地步而即將入地了。」那時候你就會知道，今天你覺得聽經這件事情似乎沒什麼，每一世聽經當場的你都會覺得沒什麼，永遠都會覺得往世的某些事情才眞的有多麼重要；就像這一世我在弘法時覺得沒什麼，但是我看見往世的事情時，我說：「喔！原來是那個原因才有今天。」所以每一世聽經學法時確實是眞的有什麼，所以千萬不要看輕你當下的學法過程與因緣；這個事情在你未來世修道完成一個階段的過程後，終究會顯現出它的重要性，所以這是一個好緣起。接下來下一段又有好的示現出來，顯現維摩詰居士的境界是多麼不可思議：

【是時大眾渴仰，欲見妙喜世界無動如來，及其菩薩、聲聞之眾；佛知一切

衆會所念，告維摩詰言：「善男子！爲此衆會，現妙喜國無動如來及諸菩薩聲聞之衆，衆皆欲見。」於是維摩詰心念：「吾當不起于座，接妙喜國鐵圍山川溪谷江河大海泉源須彌諸山、及日月星宿天龍鬼神梵天等宮，并諸菩薩聲聞之衆、城邑聚落男女大小，乃至無動如來及菩提樹諸妙蓮華能於十方作佛事者、三道寶階從閻浮提至忉利天，以此寶階諸天來下，悉爲禮敬無動如來、聽受經法；閻浮提人亦登其階，上昇忉利見彼諸天、妙喜世界成就如是無量功德；上至阿迦膩吒天，下至水際；以右手斷取如陶家輪，入此世界，猶持華鬘示一切衆。」作是念已，入於三昧現神通力，以其右手斷取妙喜世界，置於此土；彼得神通菩薩及聲聞衆并餘天人俱發聲言：「唯然！世尊！誰取我去？願見救護。」無動佛言：「非我所爲，是維摩詰神力所作。」其餘未得神通者，不覺不知己之所往。妙喜世界雖入此土而不增減，於是世界亦不迫隘，如本無異。】

講記：這時候大眾聽完佛的說明，以及舍利弗尊者與維摩詰居士的對答以後，都很希望能夠親見妙喜世界的不動如來，也希望看見妙喜國的菩薩眾和聲聞眾，可是大家不敢開口。佛知道了就告訴維摩詰，因爲這是他應該示現不可思議境界相的時候了，所以佛說：「善男子啊！你就爲這些聚會的大眾們，顯現妙喜國不動如來及妙喜國的菩薩與聲聞眾，大眾們都想要親見。」這一句話是間接的顯示佛法有大、小乘的不同，不是只有娑婆世界如此，而是妙喜國也有大、小乘的差別。很多人堅持說：「阿含解脫道就是成佛之道。」那就是南傳佛法印順派的那些法師們（印順法的本質是聲聞佛法），他們認爲：佛法沒有大、小乘的分別，假使要說是有大、小乘的分別，差異所在就只是小乘人捨報會入無餘涅槃，但是如果阿羅漢發願不入無餘涅槃，世世在人間度化眾生成阿羅漢，那他就是菩薩；他生生世世再來人間，所證所傳仍然都是解脫道。因此，以前現代禪李老師對印順法師的成佛之道也曾提出質疑，但是印順法師很簡單一句話就把他摺倒了：從李老師文章的辨正來看，原來諸佛所證及大乘菩薩所悟的還是阿羅漢所證的四果，這樣還會有什麼不同？李老師就死在印順這一句話上，沒辦法答覆了。

這就是說，他們都一樣是把聲聞法的解脫道當作是佛菩提道，因爲他們不瞭解佛菩提所證的內涵與二乘菩提所證的內涵有何差異，所以被印順法師一句話就推翻掉了。但是印順的說法不能作爲定讞，所以我們把佛菩提道的次第連同解脫道次第的分位加以表列，很清楚的說明了大乘菩薩的所證與二乘人的所證有異、有同，因此印順法師九十幾歲時雖仍耳聰目明，仍能爲潘煊的書修改錯別字，但對我們所作佛菩提道及解脫道的分位定義，還是不敢提出他的異議。邱敏捷博士也爲他寫書，那時候他好像是九十七或九十八歲了，都還能幫人修改內容，並且幫忙訂正錯別字，報紙上都說他仍然耳聰目明。再加上他很強悍的門徒釋昭慧，爲什麼都不作聲？爲何都只能顧左右而言他、講些門面話？這都是因爲我們提出來的、說出來的法，他們無法理解，讀不懂。而他們寫出來的，我們都了然分明，並且能一一檢查他們的錯誤。而我們所證的，他們完全不能測量、不能思議，所以我們寫書出來發行流通，他們只能閉嘴不談法義，專說無關法義的事相。

其實，在長阿含中 佛早就講過：過去諸佛有一轉法輪者，那就是純說大乘；以大乘法函蓋二乘法，不另外別立緣覺法、聲聞法。也有佛說二乘法，把聲聞乘與緣覺乘合爲一乘，講解完了另外再講大乘法，所以有二轉法輪者。但是也有佛三轉法輪，如我釋迦牟尼佛。佛陀這麼說，這已經很清楚了：有三乘菩提的差別。既然菩提有三乘，也可以合爲一乘，顯然二乘的解脫道與大乘的菩薩道一定有大不相同之處；如果完全相同，就不需要分爲三乘菩提了。阿含（特別是長阿含），是最早結集的，也應該是他們所認爲的最原始的佛法。最原始的佛法已經說有三乘、有三轉法輪，並且宣示二乘的出離觀與大乘的安隱觀，這就已經很清楚表明是有大、小乘法的不同。但是如同今天前面第一段所說的，二乘菩提都在虛誑法的敗壞相上面來用功，不能及於實相，不能觸及到萬法的根源；菩薩是以萬法的根源作爲實證的標的，並且從萬法的根源如來藏心不斷深入驗證；所以菩薩的法道與聲聞的法道大不相同，但是聲聞的法道仍然函蓋於菩薩的法道中。

所以長阿含原始佛法中已經說明了：諸佛有一轉法輪，也有二轉法輪，也有三轉法輪，而釋迦牟尼佛是三轉法輪。並且在《維摩詰經》裡面這一句話又說，妙喜國不動如來座下有菩薩眾、也有聲聞眾，這已經很清楚表示無動如來說法時也是分為三乘而作三轉法輪的；當然初轉法輪講的一定是二乘法的解脫道、出離觀，講完二乘法以後，再把般若妙法作為第二轉法輪的內容，最後才講悟後所修的唯識種智內容。這就是說，無動佛國確實有二乘部眾，是把聲聞道和緣覺道合為一乘一道而專講解脫道；解脫道講完了，又把最勝妙的菩薩道加以細說，所以才會有菩薩與聲聞二眾；由此而間接證實佛在阿含所說的三乘菩提、三乘部眾也是真實說。

不過有一點還是要讓諸位稍微瞭解：印順法師對所謂的原始佛法四阿含，他也沒有全面接受，他是選擇性的局部接受，他認為「原始佛法」的四阿含諸經仍然不準確，所以他在原始佛法上面又另外加上一個「根本佛法」。根本佛法與原始佛法有什麼差異？他的看法（我這說法都有文字根據的），他的書上這麼寫著：只有親從佛聞的法才是根本佛法，阿含已經是阿羅漢所結集的，應該有許多是已經失真的，不算根本佛法，只能稱為原始佛法。所以他對阿含也是大部分不信受的。

那麼問題來了，請問：「根本佛法，如今有誰是親耳聽佛所說的？你印順法師有沒有親耳聽說？或者今天你的任何門人有親耳聽佛所說而來到這一世，你談根本佛法有何意義？那就變成妄想了。可是，他這樣建立是什麼用意？他的用意是：「我以根本佛法作中心，所以阿含講的如果與我的想法不一樣，就應該推翻掉，要依我印順講的才正確。」這就是他要暗示給大家的意思。以一個沒有斷我見的人，也沒有證實相如來藏的人，他竟然敢這樣做，這不是向天借膽嗎？但是諸天天主的膽子也沒這麼大，諸位想想看：他的膽子多大？我們戰戰兢兢的不敢違背經論，連菩薩的論都不敢違背（除非是假名菩薩所造的謬論），但是他可以把最原始的四阿含佛法也推翻，只取他要的，不要的就加以否定，暗示大家說：「我所沒有講的、我不認同的四阿含中的佛法也是不正確的。」諸位想想看：這個年代有這樣的「導師」，會把佛法「將導」向何方？

所以我才會問大家說：「二十世紀佛教人物是誰最偉大？」大家會錯我的意思，就說：「你啊！」我說：「我們同修會所有人都不算，誰最偉大？」大家終於知道是印順法師了！你看要勞動多少破參明心的人來處理他，所以他是二十世紀最「偉大」的佛教人物。一個凡夫僧的謬說，卻要勞動那麼多明心的人來處理他的法義，這還不夠偉大嗎？這麼偉大的人，大家應該想想他是什麼來頭？如果不是大有來頭，不可能要動用到這麼多明心的人來處理他的凡夫法。所以最早結集出來的《長阿含》中就已經說諸佛有一轉法輪，也有二轉法輪、三轉法輪的，由這裡就可見有三乘菩提的差異。現在說妙喜國也有菩薩眾與聲聞眾，這就顯示大乘與二乘法確實有不同之處；正因爲這個不同，而他們都不知道，我們卻把其中的異同之處講了出來，使得許多有智學人知道那些大法師們都不懂；大師們很沒面子，利養也開始有些減少，所以今天他們希望推翻正覺的法，可是無法推翻。假使有人寫文章或出書來否定，那都屬於顯教中乳臭未乾的初生之犢，或是根本不懂佛法而自以爲懂的密宗喇嘛，才會自信滿滿的寫書出來想要破斥正覺的法義。

在佛教界比較有身分、稍微懂一些佛法的大師們，怕傷了羽毛都不敢寫（心中很想寫而不敢寫），因爲有的人找了正覺兩年的毛病，有的人找了三年、四年都找不出毛病；都是本來以爲正覺某些說法是毛病，一點、一點記下來，經論一直不停的查對，但是查到後來又都沒有錯。都是心中很不服氣，希望寫文章出來否定，把我的書私底下一直讀，資料一直在收集，但是都沒辦法推翻。甚至於有些否定我的人，在講經說法時都已經開始在演說我講解出來的法義了，可是他們自己卻沒有感覺到這個事實；這表示他們私底下都讀過我的書了，也表示他們以前用二乘法的解脫道來當作是佛菩提道，今天我們卻把二乘法解脫道中他們所不懂的部分也寫出來，讓他們無法說話。而我們也把大乘菩提寫出來，他們就更不懂了，所以都無法在法義上開口，撼動不了正覺。

這表示大乘法是極爲勝妙之道，不是福德因緣不具足的人所能證得；所以，以我們這麼一個小的團體來對抗四大山頭、五大山頭，而仍然遊刃有餘，都是因爲法的勝妙，都是因爲我們親得了世尊的法，才能這樣做。否則的話，以一個二千人的小團體（編案：這是二〇〇五年講的）去對抗幾萬、幾十萬，乃至像慈濟號稱四百萬信徒的團體，怎能抵得住？所以你們如果有智慧，應該從這裡去觀察：那些極有份量、年高「德劭」、「德高」望重的佛教界大法師及學術界，幾年前就說要寫書來破斥正覺，爲什麼到現在還寫不出來？這都是因爲正覺的佛法勝妙。法的勝妙，是要從一開始就正確的；如果一開始就有偏差了，越是講到後來就越發的偏離正法，那麼這個團體就會成爲新興宗教而不是正統佛教。但是新興宗教有個特色，就是十幾年、二十幾年以後就消失掉了。如今我們幾年了？前後共有十五年之久了（編案：在正覺同修會成立之前，導師已經弘法數年了）。但是正覺還會不斷的延續下去，等到諸位都走了，正覺還會繼續存在；因爲法眞實，也因爲人無私，所以正覺仍然會秉持著這樣的門風繼續延續，希望讓正法可以再延續一千年、兩千年。所以我才要用講經的方式，把它語體化而不再以文言文來註解，讓未來的人都可以讀懂。現在我後悔的是：當初《楞伽經詳解》沒有用語體文來寫，因爲有很多人現在已經讀不懂了；我都還在世，會外人士就已經讀不懂了，未來後世能有多少人讀得懂？勝妙法的呈現也要適應時代：法是不變的，但說法的方式要改變，才能夠利益更多的人。由這一句佛的開示說：不動如來的妙喜國也有二眾。有二眾就表示不動如來可能是二轉法輪，也可能是三轉法輪。如果是二轉法輪，就把聲聞乘、緣覺乘的法合爲一乘來說，那就是初轉法輪講的二乘菩提，第二轉法輪就專講大乘菩提，不將般若與種智分開來講。

這時維摩詰居士聽到佛這麼說，他就設想：我應該讓大眾看見他們所想看見的。他想要證明佛語不虛，證實佛沒有誑語，因爲這種事情不可思議，很難使人相信，所以他就想：「我應該不起座，」他還是坐在他的寶座上，「就把妙喜國整個接過來，從鐵圍山川溪谷江河大海泉源須彌諸山，以及日月星宿天龍鬼神梵天等宮，」把那邊整個宇宙世界，等於是把整個銀河系世界，「加上諸菩薩眾、聲聞眾，城邑聚落男女大小，以及不動如來一起請過來，再加上那裡的菩提樹、諸妙蓮華，凡是能夠在十方世界作佛事的全部都接過來；再加上三道寶階，」三道寶階就如蓮華色比丘尼變現爲轉輪聖王先見世尊那個典故一樣，「這三道寶階從閻浮提連接到忉利天，讓忉利天的天人從寶階下來，一起來禮敬不動如來，聽受經法。」

這是在顯示妙喜國不動如來的佛德。「也經由三道寶階，讓閻浮提人可以登階直上忉利天，與忉利天相見，把妙喜世界成就的無量功德，讓大眾可以親見。並且上到色究竟天，往下一直到水際，這就是整個世界。用右手全部斷取過來，」斷取就是包過去，這樣挖出來，這叫作斷取；就好像人家挖取豆花的勺子一樣，一挖就挖起來，那叫作斷取。「用右手斷取，好像陶家輪一樣的取過來，」陶家輪也是一樣，它在轉的時候，手就這樣輕輕移動，陶家輪一直轉，就可以把陶胚拿起來，「這樣把妙喜世界移到娑婆世界來，就好像拿著花鬘給大眾觀看一樣。」這是何等神力！我們是無法想像的。諸地之間的差異都很大，只是低了一地，就無法想像上一地菩薩的證境與現觀了，當然我們更無法想像等覺大士的威德力。

維摩詰菩薩這樣思惟過之後，就入於三昧中顯現了大神力，用右手把妙喜世界整個移過來，放在這個娑婆世界旁邊。當時正在移動過來時，妙喜世界中有大神通的菩薩眾、聲聞眾及其他天人都緊張的向不動如來說：「世尊啊！到底誰把我們取走了？希望世尊救護我們。」不動佛就說：「這不是我做的，這是維摩詰顯現神力而做的。」可是沒有神通的人，都不知道自己正在移動到別處去。這講起來好像很玄妙，但是舉個例子來講好了，譬如一群螞蟻或者很多的細菌住在一個陶罐中，陶罐裡面就是牠們的世界，你如果把那個陶罐輕輕拿起來，輕輕的移到別的地方去放，裡面的螞蟻並不知道牠的世界移動了。不說牠在裡面，如果說是一顆大球好了，螞蟻在上面爬著，你把它輕輕拿了放到另一個地方，牠也不知道牠的世界動了，如果有螞蟻知道被你動了，牠一定是有神通。這道理是一樣的，所以他們未得神通的人，「不覺不知己之所往」。移過來之後，妙喜世界雖然入於此土，但是沒有增減，對娑婆世界也不會有壓迫狹隘的感覺，如同本來的狀況一樣。

【爾時釋迦牟尼佛告諸大衆：「汝等且觀妙喜世界無動如來，其國嚴飾，菩薩行淨，弟子清白。」皆曰：「唯然！已見。」佛言：「若菩薩欲得如是清淨佛土，當學無動如來所行之道。」現此妙喜國時，娑婆世界十四那由他人發阿耨多羅三藐三菩提心，皆願生於妙喜佛土；釋迦牟尼佛即記之曰：「當生彼國。」時妙喜世界於此國土所應饒益，其事訖已，還復本處，舉衆皆見。佛告舍利弗：「汝見此妙喜世界及無動佛不？」「唯然已見！世尊！願使一切衆生得清淨土如無動佛，獲神通力如維摩詰。世尊！我等快得善利，得見是人、親近供養。其諸衆生若今現在、若佛滅後，聞此經者亦得善利，況復聞已信解受持、讀誦解說、如法修行？若有手得是經典者，便為已得法寶之藏；若有讀誦、解釋其義、如說修行，則為諸佛之所護念；其有供養如是人者，當知則為供養於佛；其有書持此經卷者，當知其室則有如來；若聞是經能隨喜者，斯人則為取一切智；若能信解此經乃至一四句偈、為他說者，當知此人即是受阿耨多羅三藐三菩提記。」】

講記：這時 釋迦牟尼佛告訴所有大眾：「你們大家先都別注意別的事情，先來觀察妙喜世界的不動如來，以及妙喜國是如何的莊嚴，妙喜國菩薩們的修行、他們的身口意行是如何的清淨，眾聲聞弟子們又是如何的清白。」大眾看了都說：「我們都已經詳細的看見了。」 佛說：「如果菩薩想要得到這種清淨佛土，應當要學習不動如來所行的法道。」正當妙喜國在娑婆世界示現時，這娑婆世界中有十四那由他人發起無上正等正覺之心，都希望捨報後能出生到妙喜國土去。釋迦牟尼佛就為他們授記說：「你們捨報了都可以生到彼國去。」這樣看來 釋迦牟尼佛好像很傻，十四個不可計數的眾生都要生去妙喜國，那娑婆世界祂的弟子不就要減掉很多了嗎？可是不會，因為諸佛都是互相推薦的：其他諸佛也推薦：「娑婆世界眾生惡劣，可是菩薩不可思議，釋迦牟尼佛不可思議，那邊修行一天比我極樂世界修行一百年功德還大。」所以極樂世界菩薩們一聽就發願：「我要去娑婆世界，太好了，修行一天就勝過這裡一百年。」所以 釋迦牟尼佛也不擔心這裡徒眾越來越少。而且在阿含中早就授記了：將來 彌勒菩薩成佛時的聲聞法龍華三會，初會時有很多次的八萬四千人得阿羅漢道，總共是九十六億人；第二會時有九十四億人，第三會時有九十二億人得阿羅漢道，所以不必顧慮眷屬的多少。其實諸佛都不考慮這些問題，諸佛都是很有智慧而無眷屬欲的。

願生妙喜世界的人們被授記過了，妙喜世界對這個國土眾生所應做的利益就已經做完了，因爲很多人本來對 維摩詰菩薩所講的有些懷疑，對於 佛所說他是從妙喜國生來這裡的也有疑心，這就是娑婆世界眾生的常態。在其他淨土世界，不論佛說什麼，都沒有人會懷疑，但是這個世界 佛說了，還是有很多人懷疑，所以要指出來：維摩詰菩薩是從妙喜國來的，然後又請 維摩詰菩薩證實妙喜國確實存在，送來給大家看，讓大家有信心：佛不欺我。有信心了就能利益他們，他們才願意往生而得利益；既然能利益這裡的事情已經做完了，就把它回復原處。可是親眼看見這個勝境的人，兩千五百年前就已經往生去了，剩下的人是極少數、極少數人；當年親眼看見而仍然留下來的人是些什麼人呢？就是相信這部《維摩詰經》所說義理的人。可是現在有多少人相信呢？很少！那麼諸位自然就知道是什麼人當年有親眼看見；外面有許多以六識論來解釋此經的人，都是沒有在當年親見的人。

這時 佛向舍利弗尊者說：「你看見了這個妙喜世界和不動如來了沒有？」這一定要特別對聲聞人而講，因爲菩薩都會信，而聲聞人往往有疑，所以特地要招呼聲聞人。舍利弗尊者回答說：「我很專心、很清楚的看見了。世尊！我很希望能夠使一切眾生都能往生到清淨土去，如同往生去無動佛那裡一般；也希望將來他們也能成就這種清淨土，就像不動如來一樣成佛。也希望所有眾生都能夠獲得不可思議的大神通力，猶如維摩詰那麼好。世尊啊！我們想不到能這麼快速的得到這種善法上的大利益，竟然能夠親眼看見維摩詰菩薩這個人，能夠親近他，也能供養他。」現在終於知道要供養了，以前維摩詰菩薩來見他們、想要為他們說法時，還得先向他們頂禮來取悅他們，才願意聽法；現在終於懂得：是我應該要供養維摩詰才對。所以才說出想要親近供養。舍利弗又說：「這裡所看見的人，以及現在佛前聽經聞法的人，乃至將來佛陀入滅之後聽聞這部經的人，也都可以得到善法上的很大利益，何況是聽聞之後能眞實理解這部經的意思，而且能夠受持，並且加以讀誦以及為人解說，自己也能依經中所說如法修行，這種人所能得到的善法利益就會更大了。假使有人親手獲得這部經典，其實他就是已經得到佛法法寶的寶藏了。」那麼諸位都已經拿到法寶的寶藏了。

「假使有人得到這部經典之後加以讀誦，或者為別人解釋經典的眞實義，自己與聽聞者都如說而修行，就一定會被諸佛所護念。」所以諸位是會被諸佛所護念的，因為你們信受這部經典，也能夠正確而且眞修實證的受持這部經典，當然都不是一般根性的人。這正是十方世界中的珍稀眾生，當然諸佛都要護念。「假使有人能正確的將這部經典讀誦、解釋其中的法義，也能如說修行，不論是誰供養了這個人，應當知道是等於供養諸佛的功德一樣大。如果有人書寫或者受持、維護了這部經典，應當知道他放置這部經典的房間，就是有如來在住持正法。假使有人聽聞這部經典而能隨喜，這個人就是將來能夠獲得一切智的人。已經實證此經而有智慧的人，已能深入信解這部經典，乃至能將這部經典中的一首四句偈為別人解說，他就是已經得到無上正等正覺的授記了。」所以如果將來有機會，你們也應該發願為人講《維摩詰經》，因為你如果為人正確的講完了，就是已經被 佛授記，將來一定可以得到無上正等正覺了！若這一世沒機會講，你就發願：我未來世一定要為人正確的演講《維摩詰經》。如果有機會講，譬如你們如果比我年輕很多，將來我走了，你們還是可以重講，講完時就是已經被 佛授記了。這功德何等殊勝，所以諸位都應當發願。

〈法供養品〉第十三

【爾時釋提桓因於大衆中白佛言：「世尊！我雖從佛及文殊師利聞百千經，未曾聞此不可思議自在神通決定實相經典；如我解佛所說義趣：若有衆生聞是經法，信解受持讀誦之者，必得是法不疑，何況如說修行？斯人即爲閉衆惡趣、開諸善門，常爲諸佛之所護念；降伏外學摧滅魔怨，修治菩提安處道場，履踐如來所行之跡。世尊！若有受持讀誦、如說修行者，我當與諸眷屬供養給事；所在聚落城邑山林曠野，有是經處，我亦與諸眷屬聽受法故共到其所；其未信者當令生信，其已信者當爲作護。」】

講記：接下來進入〈法供養品〉。我們演講上一部經《優婆塞戒經》已說到法供養者，諸供養最。若想要做最勝妙的供養，不如做法供養；因爲佛最看重的就是法供養，以遍滿三千大千世界的珍寶來供養，佛都不以爲喜；但是如果你做法供養，看來幾乎就像秀才人情一樣，佛卻很歡喜，所以佛說諸供養中，法供養爲最。它是最勝妙的供養，這部經也說法供養。如何做法供養？這時釋提桓因（也就是道教中的玉皇上帝），在大眾中就向佛稟白：「世尊！我雖然隨從世尊及文殊師利大菩薩，聽過百千部的經典了，可是從來沒有聽聞過這種不可思議，而且有自在神通、又是決定實相的經典。假使我能眞正的理解您所說義理的眞實道理，那麼就應該是如此的：如果有眾生聽聞到《維摩詰經》的法義，能夠相信、理解而且能受持、讀誦，他有一天一定能夠證得實相法，而且不會有所懷疑，更何況是能依此經而如說修行的人！他一定是已經關閉三惡道之門，永遠不會再墮落三惡道中，而且已經打開一切善法的大門了，他於一切時中都被諸佛所護念著。而且他也能降伏一切外道所修學的種種諸法，並且能摧滅惡魔波旬的怨恨心，也能修治菩提，安處於眞實道場之中，如同世尊一樣，一步一步的跟隨著您所走過的足跡。」

這前半段釋提桓因說話很有分寸，他說：「假使我能理解您所說的道理，那麼應該會是這樣的。」意思是說：你對這部經如果能受持、能聽聞，將來會是這樣的。他先用「假使」兩個字，不敢很篤定的說：「我完全懂得這部經的意思。」不說自己完全懂得 佛陀所說的經義，因爲聽經的人跟講經的人之間一定會有距離，不可能完全懂得 佛說的意思。即使到今天，我也不敢認爲已經完全瞭解這部經的意思；因爲你再往上到另一個層次以後回頭再來讀，所體會的意思又不太一樣了；所以剛悟時來讀，以及悟後三年來讀時又會不太一樣。這也是大家要學習的觀念：如我解佛所說義趣。不可以開口就說：「佛啊！您講得太好了，您所說法，我統統懂了。」如果這樣講，就會像夜郎自大一樣，所以應當要學釋提桓因的謙虛；太自大，對自己及座下的弟子都不好。所以平常禮佛、禮拜諸大菩薩時，永遠都要存著慚愧心，心中不敢這樣想：「你悟得這個，我也悟得這個；你見性了，我也見性了：咱們差不多。」（眾笑…）假使這樣，就永遠不能進步。所以我們禮佛時永遠都是有一個慚愧心在，不敢稍爲起一個念說：「佛的境界大概跟我今天差不多吧！」我從來不敢有過這樣的念頭，不論是當年剛悟的時候，或是今天乃至幾劫以後，不敢也不會生起這個念頭。應該有這樣的觀念，你才能夠快速的進步。

釋提桓因接著說：「如果有眾生能夠聽聞這部經的法義，能信解、能受持、能讀誦，將來一定會得到這一部經所說的法，而且不會懷疑；如果能夠如說修行，那就會超越更多。」諸位可以自己衡量一下：自從聽聞這一部經以來，有沒有懷疑過？（眾答：沒有懷疑）沒有懷疑過，而且相信，能理解蕭老師解釋這一部經的正確意思了，而且能受持。這樣的人，說你這一世不能開悟，那也是不可能的事。一定會開悟，哪有可能不開悟的！因爲我已經講這麼多了，佛每說一句，我解釋了好幾句；不是只有好幾句，而是幾十句、幾百句。解釋到這麼細了，你就理解得更深細，將來去到禪三共修時，想不破參也難。所以釋提桓因也是沒有打誑語啊！他說「必得是法不疑」。我們禪三破參時要讓你喝水整理之前，常常會用《維摩詰經》考你；結果原來是這樣，完全相符，那你就不會再有懷疑了，所以證明了釋提桓因說的也是誠實語。

他說：「這個人一定能夠關閉三惡道門，也能打開一切善門。」這樣的人在地球上很難找到，因爲明心的人現在算一算，也就是我們增上班這些人而已，算來算去也不過才三百出頭。地球上這麼多的佛教徒，才只有三百出頭，眞是稀有人種，不能讓你們這類人種絕種了，當然諸佛要時時護念你們。所以釋提桓因說的沒錯，得這個法以後一定是「常爲諸佛之所護念」。若是繼續進修而發起更勝妙的般若智慧以後，當然就能「降伏外學、摧滅魔怨」。所以你們之中有很多人猶如猛獅一樣出去外面降伏外學；甚至於有個小有名氣的法師，看見我們一位同修帶了便當在他精舍大門外的庭院中吃午飯，他們也覺得壓力好大，後來乾脆派人出來講：「你坐在這裡，我們壓力很大。」他是小有名氣的法師，我們這位居士才不過剛明心一、二年而已，他爲什麼要心裡生起那麼大壓力？這表示這位同修已經能夠降伏外學了。因爲那位法師落到常見外道見中，誤認離念靈知心是眞如佛性，外於眞心如來藏而求法，落在常見外道的意識心中，那就是外學。

我們把這部經講出來的目的是要摧滅魔怨，讓諸魔無法再來抱怨。如果諸魔都能聽我說完，就只能信服我而自我檢討：原來我當年破壞正法是錯誤的。當年佛說這部經時他聽不懂，維摩詰菩薩說的他也聽不懂，今天我們很詳細的解說以後，再笨的魔也會聽得懂，只差實證罷了！所以諸魔聽懂了以後該怎麼辦？該信受啊！將來彌勒菩薩成佛時他們就不會來破壞正法了。所以你如果能詳細的說明這部經，一定能摧滅魔怨；因爲諸魔詳細的理解以後當然能知道自己錯了，他的怨心就消失了，接下來就是要護持正法；所以深入詳細的講解此經，就能夠降伏外學摧滅魔怨；你這樣子確實的實行了，就是已經在修治菩提、安處於道場中；你這樣一步一步去做，都是在追隨如來的腳步。

然後釋提桓因就發願：「世尊啊！如果有人受持或者讀誦這一部經，甚至於進一步如說而修行的人，我一定要以我所有的眷屬來供養他，並且假使他在弘法的過程中所需要的物質，我一定會設法安排有人來供給，並且服侍他，」服侍就是幫助他完成他所要做的事，「這一位弘揚《維摩詰經》妙法的人，他所住的聚落，不論是住在大城或是住在山林曠野中，只要他所在之處，我就護持這個地方。假使有人供養這一部經，我也會與所有眷屬爲了聽受這一部經法的緣故而到達他說法的所在。對於還沒有能信受這部經的人，我會促使他們生起信心；假使已經對這部經生起信心的人，我和眷屬們都願意爲他們做外護，來護持他們。」所以這部經應該信受、奉持、讀誦、爲人解說以及如說而行，能這樣做的人，今世不悟也難；除非是將這部經的法義，以先入爲主的六識論邪見，加以曲解、誤導眾生。

在這裡顯示了釋提桓因是如何對 佛陀做法供養：他以護持這一部經，並且對信受、奉持、讀誦、解說這部經、如說而修行的人，都加以護持，以這樣的護法行爲作爲對 佛陀的供養。這樣做法供養，才是無上供養。由此事實，可以預見的是：釋提桓因的天主寶座，還會坐上好久、好久。而我們弘揚的 世尊正法，也將在他的護持下，繼續平順的弘揚下去。

什麼叫作修治菩提、安處道場？什麼又是履踐如來所行之跡？修治菩提，與二乘法斷除我見、我執，意義有所不同。從二乘法來講，是要不斷的棄捨，就是把我所不斷的丟棄，再把意識自我眞實不壞的邪見丟棄；最後不只是丟棄邪見，而是連自己也丟棄斷滅了，才能證無餘涅槃；所以二乘菩提是不斷的捨，是只有棄捨而不是修治。修治，是有一個法常住而加以整修清淨，才是大乘道的佛菩提；大乘菩提教導佛子們，要有二乘聖人棄捨的能力而不棄捨，所以「不壞世間法而證菩提」，卻是以常住法爲中心，才有修治可說。依二乘菩提，捨盡一切以後連自我都捨盡；可是大乘菩薩們有這個能力，卻反而再把自我保留下來，之後當然就要不斷探索我們自心如來有何等功能差別，必須全部實證無餘，所以顯然就有修治了，就不全是棄捨了。

換句話說，在如來藏中所蘊藏的一切種子（或者名爲界、功能差別），必須要全部如實親證、如實顯發；經歷三大無量數劫來一一發起和親證，才能具足一切種子的智慧，當然這就稱爲修治，是以第八識如來藏心及其種子的常住爲根本而作爲修治的對象。所以，二乘菩提是一切棄捨，大乘菩提是不斷修治，終於到達最後身菩薩位，於菩提樹下安坐道場時一悟成佛，這就是修治菩提、安處道場。

安處於道場，從人間來說，稱爲草座木食，以吉祥草爲金剛座。但是在報身佛來說，安處道場稱爲錦衣玉食，以金剛座爲寶座，這就是報身佛。我們學佛就是要修治菩提，最後安處道場，而不是像二乘聖人灰身泯智、一切盡捨。入了無餘涅槃就無菩提可說，也無道場可處，所以在行門與果報上，二乘菩提是與大乘法完全相違背的。所以菩薩一定是不壞世間法而證菩提的，不入無餘涅槃而常住無餘涅槃的本際，這樣盡未來際自度度他，乃至成佛仍不棄捨一切眾生，這樣的修行才能夠說是履踐如來所行之跡。諸如來所行之道，祂們的腳跡是我們要追隨的，沒有任何一人可以單靠自己而成就佛道。一切諸佛也都有往世不斷親近諸佛的過程，才能在三大無量數劫以後修到最後身菩薩位，然後才能一悟成佛。因此前佛、後佛乃至現在諸佛，都是遵循著過往的一切如來所行之跡、逐步前進。

因此二乘法不能稱爲成佛之道，假使有人把二乘法認作成佛之道，而說解脫道即是成佛之道，那就表示他不懂佛法。雖然我這句話是嚴重的指控印順派所有人——指控密宗應成派中觀的所有人，但是並沒有絲毫的扭曲或冤枉；因爲滅盡一切法的解脫道而不是修治菩提的佛菩提道，假使可以稱爲成佛之道，那就意味著 釋迦世尊的智慧證境以及諸多功德，都應該與佛世一切阿羅漢乃至佛滅後五百年間的阿羅漢們完全一樣；如此一來，應該說 佛陀在世時就已經至少有一千二百五十一位的佛陀了，但是顯然沒有。乃至 佛陀入滅後，也沒有任何一位慧解脫阿羅漢、俱解脫阿羅漢、三明六通的大阿羅漢敢自稱成佛，沒有任何聲聞人敢紹繼佛位，這表示阿羅漢其實對成佛之道並不瞭解。莫說阿羅漢，當三明六通的阿羅漢在人間度眾之時，維摩詰菩薩來了，他們沒有人敢講法；彌勒菩薩在場時，三明六通的所有大阿羅漢們也不敢講法。這就表示菩提之道絕不單只是阿羅漢修習的解脫之道，連等覺菩薩都不敢在 佛入滅後紹繼佛位，還得要等將來 彌勒菩薩來受生成佛；何況不迴心的阿羅漢未證如來藏，不知法界實相而無般若智慧，又如何能稱爲已成佛道呢？最大的原因就是因爲他們實證解脫道而不能證佛菩提道，只有捨法而無修治之法，所以他們沒有履踐如來所行之跡，因此永遠不得成佛。必須迴心大乘而親證如來藏了，能現觀眞如法性以後，才能次第進修而成佛。

接著釋提桓因又說：「世尊！如果有人受持《維摩詰經》，讀誦《維摩詰經》，乃至如說修行的話，我釋提桓因將會與我所有的眷屬們來供養這位讀誦、受持、如說修行此經的人；只要他弘法時有所需，自然會安排讓他滿足。」這意思是說，如果你眞的能受持、讀誦，眞的能如說修行而不是依文解義，不是自以爲懂的盲修瞎練，那麼你能爲人解說，度化許多有緣眾生悟入這部經典的眞實義中，釋提桓因一定會暗中安排，一定會有人供給你弘法的所需，不虞匱乏。「假使這位受持、讀誦、如說修行乃至爲人解說者，他所住的聚落、城邑、山林曠野中，一定會有這一部經，那時我釋提桓因也會與諸眷屬爲了聽受這一部《維摩詰經》的深妙法，將會與眷屬們來到這位受持此經、如說修行、爲人解說的善知識處。如果有人對於這一部經仍不能生起信心者，我將會幫助眾生對這部經典生起信心。如果已經對這部經典具足信心，我釋提桓因以及眷屬們，將會暗中爲大眾護持，使種種遮障消弭於無形。」

【佛言：「善哉！善哉！天帝！如汝所說，吾助爾喜。此經廣說過去、未來、現在諸佛不可思議阿耨多羅三藐三菩提，是故天帝！若善男子、善女人，受持讀誦供養是經者，則爲供養去、來、今佛。天帝！正使三千大千世界如來滿中，譬如甘蔗、竹葦、稻麻、叢林；若有善男子、善女人，或以一劫或減一劫，恭敬尊重讚歎供養，奉諸所安；至諸佛滅後，以一一全身舍利起七寶塔，縱廣一四天下，高至梵天，表剎莊嚴；以一切華香瓔珞幢幡伎樂微妙第一，若一劫若減一劫而供養之；於天帝意云何？其人植福寧為多不？」釋提桓因言：「多矣！世尊！彼之福德，若以百千億劫說不能盡。」佛告天帝：「當知是善男子、善女人，聞是不可思議解脫經典，信解、受持、讀誦、修行，福多於彼。所以者何？諸佛菩提皆從是生，菩提之相不可限量，以是因緣福不可量。」】

講記：釋提桓因發了護持這部勝妙經典法義的願，表明了護法之心，也就是說：此後他將繼續護持這部經典的勝妙法義，以及正確弘揚此經的人，這就是他對世尊所做的法供養。他說完了，佛說：「善哉！善哉！」因為天帝釋提桓因是忉利天的天主，是直接管控人間的天主。佛說：「就像你所說的這樣，我為你歡喜啊！這部《維摩詰經》廣泛的說明過去、未來、現在一切諸佛所證的不可思議無上正等正覺。由於這個緣故，天帝啊！如果有善男子、善女人受持或讀誦、供養這一部經典，那就是供養過去、未來、現在的一切諸佛。」講到這裡，不曉得諸位對這段佛語能不能信得過？未來諸佛供養了沒？過去諸佛又供養了沒？這眞是需要去理解的重要事情。

過去諸佛已經過去，但是過去諸佛過去以後，難道就像阿羅漢入無餘涅槃一樣灰身泯智嗎？過去諸佛與阿羅漢其實不同，阿羅漢捨報時身體火化之後已經灰因爲飛煙滅，而覺知心也滅盡了，所以他在世時所有的解脫道智慧也都消泯了；因爲五陰十八界全部滅盡之後，已經沒有阿羅漢的意識覺知心存在，當然智慧也就不存在了，所以稱爲灰身泯智。但是諸佛應身示現入無餘涅槃之後，祂們並不是像阿羅漢那樣灰身泯智，因爲祂所度化的一個三千大千世界中，有很多世界都還需要祂去應化，祂必須觀察某一個星球眾生得度因緣成熟了，就去入胎受生，八相成道，就是應身如來度眾。所以應身如來是很忙的，這裡入涅槃，要往另一個星球去入胎受生，很辛苦的。

除此以外，還要有莊嚴報身示現於色究竟天，在色界頂爲諸地菩薩宣說一切種智，所以祂們很忙。可是祂們在人間應化而入滅以後留下許多弟子，這些弟子們在十方虛空無量世界中來來去去：這一世在娑婆，上一輩子可能是在妙喜國不動如來座下，聽不動如來說娑婆世界修行很快，所以有人發願來受生，所以這一世在這裡了。但是來了以後發覺，原來這裡修行很辛苦，想一想還是去極樂世界好，所以下一輩子又跑到極樂去了。因此一個菩薩必須奉事供養無量如來以後才能成佛，所以每一個人還沒有成佛之前都是諸佛的弟子：既是過去諸佛的弟子，也是現在十方諸佛的弟子。你們今天能進到正覺講堂來，意味著你們過去世曾經奉事供養過的如來遠比外面那些人更多，否則你進不來正覺講堂。能進這裡來，表示你證悟的緣成熟了，或者即將成熟了；顯然你曾經皈依的如來不只釋迦世尊而已，而是已經親歷過諸佛如來。

假使有人能把這一部經如實宣說，令大眾得度，這就是使過去諸如來、現在諸如來的弟子們也能得度，這就是把過去諸如來、現在諸如來的勝法妙義加以宣揚，這樣當然就是供養過去、現在諸佛如來。但是未來佛到底供養了沒有？請問未來佛是誰？就是諸位，難道你們不是未來佛嗎？對！我現在把這個妙法詳細解說而送給你，那就是供養你。所以假使有人能如實將此勝妙經典的法義加以宣揚，那就是供養了過去、現在、未來諸如來。

佛又說：「天帝啊！假使能使三千大千世界遍地都站滿了如來，在一個三千大千世界中的所有星球、所有的人，肩並肩都站滿了，而所有人都是如來、都已經成佛了；在這三千大千世界中所有星球，如同甘蔗、竹葦、稻麻、叢林一樣佈滿了，沒有一個地方不遍滿，這是無法計算數目的如來。假使有善男子、善女人以一劫或將近一劫的時間，對這麼多的如來恭敬、尊重、讚歎、供養；並且諸如來所需要的一切都供應充足，乃至一劫或少於一劫；等這些如來滅度後，把祂們每一尊的全身舍利，一一建立七寶塔奉安，而七寶塔的身量縱廣都猶如一個四天下那麼寬廣，高度都到達梵天；並且一一寶塔都以種種珍寶裝飾莊嚴，然後再以最微妙的一切華、香、瓔珞、幢、幡、伎樂，以一劫或將近一劫的時間來供養舍利。請問你釋提桓因，你的意下如何呢？這個人這樣做，他的福德是不是很多啊？」這簡直無法想像，釋提桓因說：「非常之多，那個功德、福德不可想像！世尊！如果以百千億劫之久來說明此人的功德，也是講不完的。」佛告訴天帝說：「所以你就應該知道這位善女人或善男子，聽聞這一部不可思議解脫的經典，能信解、受持、讀誦、修行，福德是比那個做供養的人更多的。這是什麼原因呢？是因爲諸佛菩提都從《維摩詰經》的深妙法中出生的，而諸佛菩提是不可限量的，由於這個因緣，所以將《維摩詰經》受持讀誦修行的人，他的福德也是不可限量的。」

二乘菩提雖然很勝妙，但那個勝妙是對凡夫及外道而說；可是從諸佛菩薩來看二乘菩提，仍然是非常粗淺的；因爲它只是解脫道而已，所斷惑只是四種住地煩惱而已，歸結而言就是見惑與思惑；而二乘聖者所斷的見惑與思惑，所能發起的智慧是極爲有限的。四聖諦的智慧其實是很深妙的法，但是二乘人所能知道的四聖諦只是一小部分。有許多人（特別是崇尚原始佛法那些人），不能信受我們這個說法；但是我們將會在下一部經典《勝鬘經》裡面加以略說，諸位就會瞭解大乘菩薩所證的四聖諦與二乘阿羅漢所證的四聖諦是多麼的不相同，所以二乘菩提有盡、有量，大乘的佛菩提無盡、無量。因爲無盡亦無量的緣故，所以針對《維摩詰經》受持、讀誦、如說修行、爲人解說，福德都是不可限量的。

【佛告天帝：「過去無量阿僧祇劫，時世有佛，號曰藥王如來、應供、正遍知、明行足、善逝、世間解、無上士、調御丈夫、天人師、佛、世尊；世界名大莊嚴，劫曰莊嚴，佛壽二十小劫；其聲聞僧，三十六億那由他；菩薩僧有十二億。天帝！是時有轉輪聖王名曰寶蓋，七寶具足，主四天下；王有千子，端正勇健能伏怨敵；爾時寶蓋與其眷屬供養藥王如來，施諸所安，至滿五劫；過五劫已，告其千子：『汝等亦當如我，以深心供養於佛。』於是千子受父王命，供養藥王如來，復滿五劫，一切施安。其王一子名曰月蓋，獨坐思惟『寧有供養殊過此者』？以佛神力，空中有天曰：『善男子！法之供養勝諸供養。』即問：『何謂法之供養？』天曰：『汝可往問藥王如來，當廣爲汝說法之供養。』即時月蓋王子行詣藥王如來，稽首佛足，卻住一面，白佛言：『世尊！諸供養中，法供養勝；云何名爲法之供養？』佛言：『善男子！法供養者：諸佛所說深經，一切世間難信難受，微妙難見，清淨無染，非但分別思惟之所能得；菩薩法藏所攝，陀羅尼印印之，至不退轉；成就六度，善分別義，順菩提法，衆經之上，入大慈悲；離衆魔事及諸邪見，順因緣法，無我、無人、無衆生、無壽命、空、無相、無作、無起，能令衆生坐於道場而轉法輪，諸天、龍、神、乾闥婆等所共歎譽；能令衆生入佛法藏，攝諸賢聖一切智慧，說衆菩薩所行之道；依於諸法實相之義，明宣無常、苦、空、無我寂滅之法；能救一切毀禁衆生，諸魔外道及貪著者能使怖畏，諸佛賢聖所共稱歎，背生死苦，示涅槃樂，十方三世諸佛所說。若聞如是等經，信解受持讀誦，以方便力爲諸衆生分別解說、顯示分明，守護法故，是名法之供養。又於諸法如說修行，隨順十二因緣，離諸邪見，得無生忍，決定無我、無有衆生，而於因緣果報無違無諍，離諸我所；依於義不依語，依於智不依識，依了義經不依不了義經，依於法不依人；隨順法相，無所入、無所歸；無明畢竟滅故，諸行亦畢竟滅；乃至生畢竟滅故，老死亦畢竟滅。作如是觀：十二因緣無有盡相，不復起見。是名最上法之供養。』【二】

講記：佛告訴天帝說：「過去無量阿僧祇劫之前，當時世間有佛，名爲藥王如來、應供、正遍知、明行足、善逝、世間解、無上士、調御丈夫、天人師、佛、世尊，十號具足。當時的佛世界名爲大莊嚴，那一劫就稱爲莊嚴劫，世尊藥王如來在世間的住壽時間共有二十小劫之久，所以祂座下度化的聲聞僧有三十六億那由他人，但是菩薩僧有十二億。」這裡要說明一下，聲聞僧三十六億那由他人，以及菩薩僧的十二億人，不是十二億那由他人；相差太懸殊了，難以想像，由此可見菩薩僧本來就很少。菩薩僧很少，是因為菩薩僧最狹義的定義是要入地才算是菩薩僧；如果廣義的說，還沒有入地的七住不退菩薩也算是菩薩僧，所以十行、十迴向的菩薩都算是菩薩僧；因為不論是出家相或在家相，只要真正明心見道，或是已進入諸地而成為如來真子，都是菩薩僧。

可見菩薩僧本來就是少數，如果菩薩僧是非常多，將來可能會產生一個現象：百萬諸佛，一菩薩。所以菩薩僧本來就少，永遠是少數。聲聞法容易修，只要斷我所執、斷見思惑，就可以成為聲聞聖僧：**如果性障輕微，加上精勤修行，一世就可以成為聲聞聖僧，乃至只要一世就成為阿羅漢了**。可是菩薩僧難修證，即使在佛座下努力修行，仍然沒有辦法在一萬世或一大劫、兩大劫修行就成為廣義的菩薩僧。因為廣義的菩薩僧，始從初住位開始外門廣修六度萬行，直到第六住位熏習般若慧完成而即將證悟了，就像來到同修會熏習兩年半了，四加行已經修習了，我見斷除而即將破參了，這就是六住滿心位。可是這個六住滿心是要經歷往世不斷熏習修學，經過了一大無量數劫的三十分之六才能完成，還不是菩薩僧。

六住滿心完成，接下來參禪明心而得不退轉了，才算進入第七住，仍然是廣義的賢位菩薩僧；入地時才算是狹義的菩薩，而七住位距離初地的入地心，是一大阿僧祇劫的三十分之二十三，想想看：那是多久時間才能完成的修證？可是阿羅漢的解脫道只要一世就可以完成，最遲鈍的人四生也可以完成。所以，聲聞僧三十六億**那由他**，菩薩僧只有十二億，當然是正常的，因爲菩薩僧的內容很難修證，時程也很長久。若是狹義的菩薩僧，則是諸地菩薩，不論在家或出家都是如來眞子，這種菩薩僧就更難修證了；所以菩薩僧少而聲聞僧多，本來就是正常的現象。這樣，大家想想看：一生就能完成，最遲鈍者四生就能完成的阿羅漢，有沒有可能上於諸菩薩僧？而說阿羅漢就是佛？而廣義菩薩僧的第七住位，得要滿足一大阿僧祇劫的三十分之六，才能證得；若是狹義菩薩僧的初地菩薩，要整整一大無量數劫才能修成，並且距離佛地還極遙遠。這些都不是修習解脫道的阿羅漢所能想像的，由此可知，那一些人主張：「佛是阿羅漢，所以阿羅漢的證量與佛相同，所以解脫道就是成佛之道。」可以說他們眞的是想要成佛想到瘋了，才會這樣胡言亂語；因爲時程不同、內容不同、根性不同、發心不同、所行不同、智慧不同，有種種的不同，怎麼可能阿羅漢就是佛？所以佛可以名爲阿羅漢，阿羅漢不得名爲佛，因爲不同之處太多太多了，細說不盡。因此住壽二十小劫的 藥王如來座下，聲聞僧三十六億**那由他**，菩薩僧只有十二億，沒有那由他數，這才是正常的。由此也可以證明：佛菩提道的開悟明心是極困難、極可貴的。

佛接著說：「天帝！在藥王佛的年代有一位轉輪聖王名爲寶蓋，他有七寶具足，所謂輪寶、馬寶、典藏寶乃至玉女寶等，主四天下，為四天下之主，」這表示他是金輪王，不是銀輪、銅輪、鐵輪王。「這位轉輪聖王寶蓋，有一千位兒子。」也許你好奇的想到一個問題：那一千位兒子要怎麼養？那你甭擔心，因為他是金輪王，廣有四大天下，南贍部洲、北俱盧洲、西牛貨洲都是他所管轄，不要說一千個兒子，有一萬個兒子也沒問題。一切轉輪聖王，凡是金輪王示現都是有一千個兒子，如果他只有一百個兒子而說他是金輪聖王，那就顯然名實不符了。「他有一千個兒子，而且每一位都長得很端正，色身勇健而能摧伏怨家與敵人。當時寶蓋聖王與他的眷屬們供養藥王如來，藥王如來所需要的一切全部供養，整整五劫。供養過五劫之後，他就告訴一千個兒子說：『你們也應當像我這樣，以至誠心、深心供養於藥王如來。』從此開始，這一千位兒子接受了父王的命令，就共同供養藥王如來，一樣經過整整五劫，奉養一切所需之物。寶蓋聖王的兒子中有一位名為月蓋，他有一天獨自靜坐思惟：『一千位兄弟共同供養藥王如來，我是不是可以有更特殊的供養，是否有某一種供養能更殊勝而超越目前所做的供養。』當他心念一動，藥王如來的神力就使一位天人在空中向月蓋王子說：『善男子啊！法的供養勝過一切供養。』月蓋王子就問：『如何是法的供養？』天人就說：『你可以前往請問藥王如來，自然就會為你廣說法的供養。』這時候月蓋王子立刻動身，前往昔見藥王如來，向佛頂禮之後，在旁邊安住下來，就向佛稟白：『世尊！種種供養之中，法供養是最殊勝的，請問如何可以稱爲法之供養？』藥王如來就說：『善男子！法供養，譬如諸佛所說的深奧微妙經典，一切世間都難信難受，而且非常的微妙，很難得遇見，這種深經的義理是清淨無染的，這不只是分別思惟就能得到的。這個深妙經典是菩薩法藏所含攝的，並且都能以陀羅尼印而印證它，可以使親證者永不退轉。』」

諸佛所說深經確實是深，不但深經是深，對一般人來說，聲聞法的解脫道就已經夠深了。譬如原始佛法三轉法輪中的初轉法輪所說四阿含，只是專說粗淺的解脫之道，但是這聲聞解脫道已經是當今一切大師們所不能理解的了，何況是佛菩提道更深妙經典？也許我這話，他們外面的人聽了，仍然很不服氣，但是等到明年夏天《阿含正義》開始分輯出版時就會證明這一點（本來是預定今年夏天要出版，但是因爲很多事情，寫了一半就停頓了。從元旦開始可能就會繼續整理，預計夏天會出版，可能在六月、七月吧！）（編案：總共七輯，已經於二○○七年八月底出版完畢），那時印出來，讓他們慢慢的去理解一個事實：他們所謂的大師們對解脫道是如何的誤解，對四阿含是如何的誤會。阿含道這麼淺的法，他們尚且會誤會得很嚴重，遠超阿含道的佛菩提勝妙經典，他們又如何能理解呢？連佛學名家、佛教大師印順老法師都已嚴重誤會阿含解脫道、都不能理解了，何況一般人如何能理解大乘法中諸佛所說的深妙經典！所以大乘法中的深妙經典是一切世間人難以相信、也難以接受的，因爲太微妙甚深了，也因爲正確的註解或演繹，都太難遇見了。

觀察二十世紀的佛教，特別是民國初年到抗戰爲止，有許多人努力弘揚眞實唯識法。可是眞實唯識的勝妙法義，它的基本證境就是親證如來藏；如來藏含藏的種種界就暫且不提，光說如來藏心體的所在，就已經把那些大師們弄得焦頭爛額了。而偏偏那種戰亂時期，我住在浙江，只是一個沒沒無聞的小居士，也不想出來做什麼（老實說，那種戰亂的年代也無法伸展手腳，做不了什麼事）；因此當時眞實唯識法，雖然那麼多大小善知識，百家爭鳴、百花齊放，但是他們的著作，今天諸位破參以後可以拿來讀一讀，看到底他們講了什麼、寫了什麼、證了什麼？你將會發覺並沒有誰親證如來藏。而親證如來藏的一個小居士躲著，逍遙過生活，沒有出來弘法；因爲沒有一個穩定的、安定的、可以長期說法度人的環境，出來弘揚也沒用。既然無法在眾生悟後繼續攝受讓他們不斷的深入、使他們永遠不退，那不如就等待較好的時節因緣吧！因爲單是談到如來藏這個法，大家就不能信受了，只要你開口談到如來藏，他們立刻就罵你：**自性見外道，外道梵我，外道神我**。你沒有辦法穩定的、長期的去弘揚、去把這個眞實法宣說出來，短期間去宣說，是沒有辦法具足的、全面性的顯示勝妙的法義，那你出來弘揚時就得不到任何預期的效果，倒不如躲起來過自己的生活，等候時節因緣成熟。所以才會生到當年貧窮困苦的台灣來，終於在這個地方等到因緣時節而弘揚起來。

所以說：二乘法的阿含道所說的法義，已經有許多人無法信受或嚴重誤會了，何況是大乘法無比深妙，是三明六通大阿羅漢所不能知的妙法，又如何能令世間人輕易的信解受持呢？而且大乘法非常的微細勝妙，所以世間人也很難得遇見。而大乘菩薩所證的勝妙法，祂是本來清淨，從來無染，不由修成。這不是單憑思惟分別就能理解的，而是必須親證的。二乘菩提的修證都是在我所貪著的斷除、在我見與我執的斷除來觀察與思惟，但我所與我見、我執都是染污法。可是大乘法的親證，不止是二乘法的全部內容，還要再加上親證如來藏而證得祂的眞如法性，所以大乘法見道的主要標的是如來藏，而祂卻是本來清淨從來無染的。像這種勝妙法的內容，與二乘法靠思惟分別就能親證的修行方法與內容，是完全不相同的。二乘菩提對於我所的虛妄與無常，對於自我的虛妄與無常，可以經由聽聞熏習，然後自己在寂靜無人打擾之處，一一思惟觀察就可以完成。可是如來藏，縱使善知識爲你詳細說明分別之後，你仍然無法依靠思惟觀察而了知如來藏何在，何況能現觀祂的眞如性、中道性？所以我們才需要每年辦理禪三，在禪三道場中弄出很多的方便善巧，來顯示如來藏給你看，幫你把祂找出來，所以證如來藏是要靠頓悟而一念相應的。可是有人不信，偏偏要依靠思惟分別來證如來藏。所以思惟分別了十幾年，我的書全部讀過好幾遍了，仍然找不到，所以想：「這蕭平實的說法是騙人的！」問題是：竟然會有那麼多人甘願被騙，而且被騙者還願意把見道報告一篇一篇寫出來，天下難道有這麼多愚癡人嗎？可是這些「愚癡」人上了網站論壇，一個個智慧勃發，使得那些佛教論壇一個一個不得不關閉，這是爲什麼？顯然是有智慧啊！可見那些見道報告都不是假的。所以如來藏是可證的，但不能單靠思惟與分別，因此說不只是思惟分別就能得到。

佛所說的深妙經典都以第八識如來藏爲根本，從如來藏心體去探究祂的一切種子，具足親證之後才能成就一切種智而成佛道，這就是菩薩藏的全部內涵。所以諸佛所說的深經都是菩薩法藏所含攝的，並且親證之後能用總持印把祂印定。總持印，如果從二乘法的總持來講，無非就是三法印，三法印是解脫道的總持印；但即使以二乘解脫道的三法印來印定大乘深經所證的如來藏，也是完全相契合，沒有絲毫的違背，並且還可以用大乘法的實相總持印來印定，那就是百法明門的總持偈，我們已編入正覺總持咒中。所以你如果悟得眞實，一定能用二乘的三法印，也能用大乘的陀羅尼印來印定，都不會有衝突或矛盾之處。如果悟後能用三法印及大乘總持來印定的話，你就絕對能夠在七住位中常住不退。常住不退之後，自然就能內門廣修六度萬行；這時是依三輪體空的智慧，也依實相法界的智慧來修六度萬行，這就成爲內門菩薩了。內門菩薩因爲內明的緣故，所以能善於爲眾生分別種種法義，隨順佛菩提的深妙法。這時候他將會發覺：佛所說的勝妙經絕對是眾經之上，因爲二轉法輪、初轉法輪的一切經典都不是最究竟的，只有第三轉法輪的經典才是最究竟的，因爲已經圓滿一切佛法，所以釋迦世尊才會示現滅度，表示化緣已經圓滿了。到達這個地步時一定不會獨善其身，這樣的菩薩眼見眾生如盲如愚，被世間邪見所牽轉，被世間假名善知識所誤導，絕不能忍心獨善其身，所以一定會進入大慈悲的心境中，因此必然會因應時節因緣而出現在人間作獅子吼、救度眾生。

在救度眾生的過程當中，當然自己一定先遠離一切四魔之事。遠離四魔，對一般學佛人來講是非常困難之事。但是你悟了佛菩提之後，遠離四魔的層次或深或淺，都由你自己來決定。願意更深入的遠離四魔，就更精進一點。如果希望安逸的把三大無量數劫眞的用三大無量數劫的時間來過，那就可以決定不必很深入的遠離四魔。所以離眾魔事，在證悟之後應當自己有智慧去作決斷：「要深入廣泛的遠離四魔？或者粗淺狹窄的遠離四魔？」如何粗淺狹窄的遠離四魔呢？譬如生死魔（因爲了生死是大家最關切的），當你找到如來藏了，如來藏是從來不曾生，未來也永遠不會死，請問你轉依祂之後，還在不在生死魔的管轄中呢？超過了嘛！

阿羅漢超脫了生死魔的境界，可是他無法再來、不敢再來，所以諸魔對他不很在意。但是菩薩不在生死魔的掌控中，卻示現跟眾生一樣，色身有生死；但是轉到來世去，長大成人之後，接觸佛法時又悟了，又出來弘法，照樣不在生死魔掌控中，不必到斷思惑就能如此；那你想：生死魔又能奈你何？這就是最粗淺的遠離生死魔。假使你願意再深入，無妨斷除我所的貪著，就成爲**薄地**的通教二果聖人，也無妨再斷五下分結而成爲三果人，那就稱爲**離地**，已離欲界地，生死魔離你又更遠了。乃至能斷盡思惑再留惑潤生，又更深入遠離生死魔。乃至如八地菩薩思惑斷盡、不再起思惑，而仍然在三界中受生，生死魔對他都無可奈何，這是遠離生死魔。如果是最粗淺的，明心就已遠離了。

如果說煩惱魔，依最粗淺的層次來講，你證得如來藏以後，我見煩惱斷了，我所的煩惱也一分一分遠離了；縱使不斷思惑，思惑煩惱也沒有辦法全部掌控你，你已經取得一部分的掌控權了，這也是遠離煩惱魔的魔事。如果願意深入，可以繼續往上進修，譬如五陰魔，當你明心不退以後，五陰魔是奈何不了你的，因爲你已經知道凡屬於五陰所有的一切境界全部虛妄。既然屬於五陰所有的境界都虛妄，你就不再落入五陰魔的掌控範圍了，這是剛悟時最基礎的離五陰魔事的境界。如果你願意再深入，可以再作更深入的細觀，遠超阿羅漢的觀行。

最後是天魔，函蓋鬼神魔，鬼神魔是屬於天魔所管轄的。不說鬼神魔，單說天魔好了，天魔最希望的就是你永遠留在欲界中，不能超脫於欲界，這是祂所希望的。所以假使有人得初禪，祂就要來干擾，特別是你的初禪品質很好，有可能會取代祂而坐上祂的天主寶座，祂就會來干擾。可是菩薩不必用初禪來降伏天魔的誘惑，用明心的智慧就夠了。這一世明心了，可以很深入的瞭解到：天魔波旬其實是不懂解脫道也不懂佛菩提的，祂只是個凡夫而已；憑的是祂福德廣大，所以掌控了魔天、他化自在天。但是當你悟了以後，他化自在天天主的寶座送給你，你也不希罕，你根本不想要。你悟了以後，不受祂的掌控，可是捨報時發願：「我還要繼續來人間，還要度人離開你天魔波旬掌控的境界；我所度的人悟了以後，都可以進修而離開你的境界，但是都會繼續留在你天魔的欲界境界中，都不離開，住在你的境界中度更多的魔子魔孫成爲菩薩。」祂完全無可奈何，因爲祂能夠對你產生阻撓的，就是設法讓你住在五欲當中，誘惑你離不開欲界。可是祂沒辦法誘惑，因爲菩薩就在五欲當中度人，祂想要弄五欲來引誘，菩薩說：「不必！因爲我就在五欲當中受用，不必你來引誘我；我每天受用好看的、好吃的、好聽的，一切都是勝妙的五塵，你天魔波旬不必來增益我，因爲我已經在五欲中；可是我不受五欲束縛，繼續度人在五欲中不受束縛，而且都與我一樣的度人，要使一切眾生都能如此，使你天魔波旬束手無策。」因此天魔波旬對菩薩就無可奈何，因爲菩薩就在五欲中，沒有離開祂的境界，祂何必再來設法把菩薩拉住？但菩薩隨時可以離開祂的境界，所以天魔波旬對菩薩既痛恨又無可奈何。這就是即欲離欲、即生死離生死，正是諸佛所說深經的妙處；而這種深經，眾生、阿羅漢、佛門大師們都一樣難信難解。假使有眾生信而不解，就會造成大麻煩：信而不解之後，他就會產生一個現象，就是成立坦特羅「佛教」（後來的西藏密宗）。所以如是深經不是世間人能信、能受之法，但菩薩親證之後離眾魔事及諸邪見，一切邪見所不能繫縛，一切邪見不能動他。

雖然如此，菩薩卻能從法界實相境界中來隨順二乘菩提的因緣法，所以菩薩親證如來藏之後，並不是印順派講的外道神我、梵我。而且菩薩證如來藏之後所說的無我、無人、無眾生、無壽命，比他們專講因緣法的無我、無人、無眾生、無壽命，更勝妙、更正確、更深入，不是印順派的法師、居士們所能想像的。因爲印順等人的隨順因緣法所認爲的無我、無人、無眾生、無壽命，都是依附於意識細心常住的邪見而建立，也都是依附於五蘊十二處十八界等世俗法而建立，是誤會後的因緣法。但是菩薩不曾誤會因緣法，實證正確的因緣法以後，進而從法界實相來建立因緣法，來建立無我、無人、無眾生、無壽者，使外道不能破壞、攀緣、附麗，更不是應成派中觀、自續派中觀的意識思惟所能想像測度。因爲雙具法界實相及世俗諦的無我、無人、無眾生、無壽命，所以菩薩的空、無相、無作的三三昧，能令世俗心無起，才是具足勝義諦的三三昧。

二乘人成爲阿羅漢之後，他們所證的空、無相、無作三昧是依世俗法的蘊處界無常、苦、空，所以無我，而說是空，而說滅盡了一切成爲無相；因爲無常、無相，所以不起種種願求，所以稱爲無作，遠離了有爲有作的心行，所以諸法無起。但這都是從蘊處界，世俗法的緣起性空來說的，不能理解聲聞世俗諦解脫道的根源。在佛學研究界、佛學學術界，從來有一派人說「假必依實」，這是正確的說法：一切虛假的法都是緣起性空，但是一切虛假的法，必定要依一個眞實常住法才能存在；而緣起性空一法，要依這個常住的眞實法所生的蘊處界虛僞法才能存在，所以說世俗諦要依勝義諦才能存在。

若無勝義諦則無世俗諦，因爲世俗諦是依世俗法蘊處界來觀察緣起性空；一切世俗法全部緣起性空的道理，是不可被推翻的，所以萬法緣起性空的道理就是世俗法的眞理。但這個眞理——諦，是依世俗法的蘊處界來觀行而建立的，所以就稱爲世俗諦。而勝義諦是探究到世俗萬法的根源，也探究到世俗諦的根源——原來就是能出生世俗法蘊處界的如來藏，也就是經由如來藏出生了世俗法蘊處界，然後才有蘊處界的緣起性空；探究到世俗諦的眞相如來藏的所在，並且驗證世俗法蘊處界都從如來藏中出生，驗證世俗諦依勝義諦而有，才能稱爲勝義諦。因爲這個道理是不可推翻的，即使以世俗諦的眞理也無法來推翻它，所以這個勝義名之爲諦，又因爲相對於二乘法的俗諦而名爲眞諦。因此菩薩所得雙具大、小二乘的空、無相、無作三昧，導致菩薩不再起心追求三界五欲諸法——諸法無起。由此緣故菩薩教導眾生如是修行、如是親證，被教化的眾生如是修行、親證之後，就能坐於道場而轉法輪。

菩薩這樣度化眾生，目的是要不斷的把正法擴散出去。假使只有我一個人出來說法，度不了多少人的，但是我們有越來越多的親教師不斷的把法傳出去。假使一個人一生能度五十個人（不必一百個人），只要這五十個人出來弘法，那你想：未來會有多少人弘揚深妙正法？我只要能度五十個親教師不退，每一位親教師再度五十位親教師不退，繼續弘法度人而不斷絕，正法就無憂無慮了，我的想法就是這麼簡單。其實諸佛都是這樣的想法，能這麼做的人，才是不斷在對諸佛做眞實的法供養。所以菩薩度眾生，不是只讓眾生得解脫而已，他所度的眾生還要能像他一樣出來爲眾生說法，要像他自己一樣坐於道場而轉法輪。像這樣的菩薩住持於人間，諸天、龍、神、乾闥婆等，當然都應該共同來讚歎稱譽。

這樣的菩薩，經由諸佛所說的深妙經典，也能使眾生進入佛法寶藏之中。對於一般人來說，他們以爲眞正證悟了，就全部了事了！可是我們從來不這樣看，我們一向認爲證悟只是拿到了佛法寶庫的大門鑰匙，證悟之後就可以把門鎖打開，可以進去佛法寶庫中，隨便你怎麼搜括都可以，因爲永遠搜括不完：你把某一個妙寶搜括了，卻又有另一個在那裡，讓你取不完。諸佛就希望你進來，因爲你搜括得越多，眾生就得利越大，諸佛都沒有怕你得法的。等你悟了拿到這把鑰匙，開門進去一看：原來大乘佛法是如此的富麗堂皇，寶藏無盡。所以你證悟了，就是進入佛法寶藏中，從此盡量攝取佛法寶藏；而你所攝取的這些佛法寶藏，都是諸賢聖的一切智慧，所以證悟之後把方廣經典請出來細讀時，會發覺原來你可以讀懂很多；可是還有很多不懂，那就等著你進一步去親證，你得要一一去探討、去獲得。所以佛所說的深經，菩薩依止以後，可以用來教導眾生進入佛法寶庫之中，能夠攝取諸賢聖的一切智慧，有了智慧就能爲眾生宣說菩薩所行之道。

宣說菩薩所行之道很不容易，因爲菩薩所行之道的意涵、內容，本來就很難了知，要眞實了知之後才能眞實爲眾生宣說。以前現代禪李老師，對印順法師的思想提出了批判，可是他所說的佛菩提及禪宗證悟的果位，仍然都是聲聞果（初果到四果），所以印順法師就憑他這個說法頂了回去：「你說禪宗的開悟，原來也是證阿羅漢果，那跟我講的成佛之道——證阿羅漢就是成佛——有什麼不同？」意思是反問李老師：「你爲什麼不認同我說的『阿羅漢等於佛』？」所以李老師只好閉嘴。但是我們說的菩薩所行之道是有兩道：一是解脫道，二是佛菩提道，二道並行進修。所以我們乾脆把它做個表列，表列出來之後，印順法師及他的門徒們都不能吭聲，因爲他們對解脫道也誤會了，對佛菩提道更是門外漢，所以他們對我們表列的佛菩提二主要道的內容，無法表示意見。因此，爲眾生宣說眾菩薩所行之道，必須自己先親自走過這一條道路，沿途風光歷歷如繪，記持於心而能爲人宣說。假使這一條路，沒有親自走過，那就只能憑空想像來爲人宣說；萬一哪一天有個人親自走過來，他將會出來檢點；因爲假名大師憑空想像所說的那一條路並不是正路，一定會誤導眾生走上岔路。所以說想要爲人宣說眾菩薩所行之道，必須要自己先親自履踐。

而菩薩所行之道，一定是悟後轉依諸法實相的義理，諸法的實相就是一切萬法的根源。萬法的根源：從外法的山河大地、世界的成住壞空以及三界中種種諸法來探討，最後要歸結於眾生的五蘊十八界中；然而眾生的五蘊十八界法都從如來藏來，由於有如來藏所以出生了十八界，才有眾生的五陰，然後才有展轉所生的諸法；也由於共業眾生的如來藏種子運作，才會有宇宙山河大地，這些也是諸法所攝，因此諸法的實相就是如來藏。菩薩依於諸法實相的深妙義理，自然能從二乘菩提宣揚蘊處界諸法無常、苦、空、無我的道理，教導眾生二乘菩提的眞實義：就是滅盡蘊處界，不再有蘊處界就沒有無常、苦、空、無我，那就是眞實的寂滅之法。菩薩能從諸法實相的深妙義理爲眾生宣說：如來藏的自住境界，不是蘊處界所住的境界，如來藏的自住境界本來就沒有無常、沒有苦、也沒有空與不空，也沒有我與無我，一切諸法都不存在，究竟寂滅，那就是無餘涅槃的境界，就是諸法的實相。菩薩都依諸法實相深妙義的實證，才能爲人如是宣說。

「能救一切毀禁衆生，諸魔外道及貪著者能使怖畏，諸佛賢聖所共稱歎，」一切供養中，以法供養最殊勝，所以必須要能爲人宣說三乘菩提究竟妙義，所以要明宣無常、苦、空、無我寂滅之法。當然我們上週有說到：這個無常、苦、空、無我的寂滅之法，有大乘中的眞實義，也有二乘法中的眞實義。必須要能詳細的從二乘菩提與大乘菩提上來宣示無常、苦、空、無我的寂滅法，才能救護一切毀禁的眾生。毀禁就是在世間法中做了違背法律、善良風俗的事，但是在出世間法中講的是毀壞　佛所施設的禁戒。但是我們佛法中的毀禁，原則上不涉及世間法的毀禁，所以所說的是佛戒的毀禁；因爲這個毀禁二字，是相對於下一句的「諸魔外道及貪著者能使怖畏」。凡是能宣說二乘及大乘菩提的四聖諦眞實妙義，一定能使諸魔與外道產生怖畏的心態，是因爲諸魔無法以理質難菩薩，而外道產生了怖畏也是因爲無法以理來質難菩薩，所以才有怖畏。

在外道法中很努力修行並且頗有智慧的人，或如佛門中的凡夫大法師，假使他們有世間智慧，就不敢來質疑菩薩；但是如果少聞寡慧的凡夫而自命證聖，就有膽量質疑菩薩，連一點點的怖畏心都沒有，因爲他完全不懂，如同索達吉、多識、慧廣等人一樣。若有少分佛法智慧的凡夫大法師們，以及外道、天魔，都不敢來質疑；特別是天魔，祂很聰明，祂比世間的佛門凡夫大法師及外道們都更有智慧，所以祂不會來質難菩薩，祂會利用凡夫大法師們的不正確心態，去策動某些徒弟對菩薩的弘法事業加以破壞；天魔只能這樣，祂也不敢親自來質難。所以，能救護毀禁眾生的人，也就只有菩薩。而外道及諸魔，希望一切眾生都不要修行，或是永遠修錯了法而一直處於他所掌控的欲界境界中；天魔更希望所有佛門中的凡夫大法師們都努力去修雙身法，都破戒毀禁，墮落惡道，永遠都在他掌控的欲界境界中。所以菩薩若只通二乘法而不通大乘法，就無法救護一切毀禁眾生；因爲他沒有很深厚的說服力，也因爲眾生造了業以後種子存在哪裡，他沒有能力說服眾生。可是通達三乘菩提的菩薩，從實相心及祂所含藏的一切種子來爲眾生說明：凡所作業，功不唐捐，因爲如來藏是現成存在的，而所作的業也可以經由往世的習氣種子流注，來證明這一世所作的業一定會收存在如來藏中，所以因緣果報昭昭不爽。這是最有說服力的。因此單憑二乘菩提想要說服別人相信一切善惡業功不唐捐，很不容易，凡夫與外道都不容易信受，諸魔也不容易信受。對於貪著者因爲貪著而造眾惡，唯有親證大乘菩提者才能詳細確實的說明，而讓貪著者怖畏所造惡業的果報現行，才能改往修來、離諸毀禁。所以菩薩能救一切毀禁眾生，主要的原因就在於實相心體及所含藏種子的親證，因此菩薩不會被佛門凡夫大法師、諸魔及外道所推翻，而能使佛教正法永遠繼續流傳，由於這個緣故，所以「諸佛賢聖所共稱歎」。

「背生死苦，示涅槃樂，十方三世諸佛所說。若聞如是等經，信解受持讀誦，以方便力爲諸眾生分別解說、顯示分明，守護法故，是名法之供養。」菩薩也能背離生死之苦，示現涅槃眞實法樂，這也是十方三世諸佛所說。二乘人成爲阿羅漢了，但是他們雖然能背離生死之苦，卻無法示現涅槃法樂；因爲他們是灰身泯智的，入了無餘涅槃以後，二乘聖者已經不存在了，所以沒有涅槃之樂。但大乘菩薩教導眾生：在未入無餘涅槃之前、在未斷盡思惑之前，就可以現觀無餘涅槃的無境界境界，所以無妨照樣於人間與諸眾生同事而利行，卻可以現觀無餘涅槃境界，這樣來示現涅槃法樂。菩薩示現這種涅槃法樂，是從親證如來藏時開始的；而這種在生死中以無生死顯現涅槃法樂，是十方三世諸佛所說。所以諸位將來也都要同樣宣說背生死苦、示涅槃樂的道理，因爲諸位是十方的未來世諸佛。這是諸位不可捨棄的責任，也不能逃避這個責任，並且將來諸位成佛時也一定樂於如是宣說。所以眞實法雖然背生死苦，也同時示現涅槃樂；不但過去佛現在佛如是說，未來諸佛的諸位也將一樣如是說，能這樣做的人就是能做法供養的菩薩。

假使不能背生死苦、示涅槃樂，還有一個方法也是法供養，就是聽聞這部《維摩詰經》，以及類似《維摩詰經》的方廣經典；譬如我們即將要講的《勝鬘經》，或者說《如來藏經》《不增不減經》等，都是同樣性質的經典。對這些經典能信受、理解，並且將它詳細閱讀課誦，在尚未證悟的情況下，也可以用種種方便力，爲眾生依文解義而說明；這樣做，至少能讓眾生理解佛法中有這種勝妙的義理。如此顯示分明，也是守護正法的一種，就是對佛陀的法供養。只要不是用邪見來曲解它，就是守護正法，這也是法之供養。而守護正法的事，現在又有一條新的途徑：上網破斥一切邪說、謗法者，救護常常上網而被誤導的眾生。這樣做的人，也是在對佛陀做法供養。所以法供養有許多層次差別，也有廣狹之分，菩薩們都可以隨著自己的能力所及，依自己的能力去做，所以從來沒有說親證以後才能做法供養。最簡單的法供養，譬如勸導熟識的人來熏習聽聞，也是法供養的一種。所以不必一定是前半段所說「廣知三乘菩提的四聖諦來爲人說」，所以一切菩薩們都可以隨分隨力來做法供養，這種法供養是供養三寶中最大、最殊勝的供養。

「又於諸法如說修行，隨順十二因緣，離諸邪見，得無生忍，決定無我、無有衆生，而於因緣果報無違無諍，離諸我所；」還有別的法供養，譬如對於佛所說的諸法如說修行，而不是違背佛說。這是針對心口不一的凡夫衆生來說的，因爲凡夫衆生中，其實有很多人心口如一，只是還沒有證悟；但是有些凡夫衆生往往心口不一，往往無形中影響了眞正在修行的人，所以如說修行也是法供養之一。並且要「隨順於十二因緣，離開種種邪見」，不論大乘、小乘法，其實都在十二因緣法中，但是十二因緣法的了知，有深淺廣狹的差別。二乘法所修證的十二因緣法範圍狹窄、其義較淺。但是大乘法中的十二因緣，所包含的法義極爲廣泛而且深妙，所以說能如說修行的人一定能隨順十二因緣，隨順十二因緣就能離諸邪見，不會再主張六識中的意識心是常住法。解脫道的聲聞十二因緣法，在末法時代的今天已經廣被誤會了，假使他們能眞實理解十二因緣法，就不會再主張離念靈知是眞如心，也不會再主張六識能見、能聞等自性就是佛性；所以說，這些末法時代的大法師與大居士們，都已經把十二因緣法誤會了。

如果能如實了知因緣法而離諸邪見，至少可以證得二乘法的無生忍。二乘法的無生忍是斷我見、斷三縛結就分證無生了，不必明心開悟才證無生。所以能離諸邪見、了知十二因緣法的人，就一定能證二乘聲聞法的無生忍。證得無生忍、心得決定，就會了知：五蘊、十二處、十八界眞實無我，沒有眾生可說。末法時代的今天，有很多大法師執著離念靈知，也可以說一切密宗的上師、法王都落在離念靈知中；他們把離念靈知這個意識心認定是眞實法，那就是有我而自稱無我。離念靈知是夜夜斷滅的，也不能去到未來世，絕對不是常住法，怎能說祂是眞實我呢？祂只是五蘊中的識蘊所攝的意識心而已，這個意識心不能常住不壞，所以決定無我。既然無我，怎能有眾生我眞實存在不壞呢？

所以識蘊的深入理解才是最重要的事情，學佛的首要之務就是斷我見，我見斷了就一定能斷三縛結，實證初果的分證解脫境界。這是一切學佛人的首要之務，然後才是明心開悟。由於這個緣故，我們才要寫《識蘊眞義》，才決定要把它出版，可以利益眞正想要修證佛法的人，大家應該是這幾天就可以拿到書了（編案：已經出版了，是免費的結緣書）。可是大陸有人手腳比我們快，我們這邊還沒有出版，他們不但出版而且已經寄來了，那是簡體字版；他們手腳比我們快，所以他們也很努力在做。這《識蘊眞義》主要是針對識蘊的誤會者寫的，他們對識蘊的誤會，主要是因爲對意識的種種變相不如實知，所以我們才特別要寫《識蘊眞義》。假使能依照書中如實觀行而沒有錯誤，必定可以實證無我，決定不變。

凡夫之所以爲凡夫，大部分是對意識誤會，不懂意識心有種種變相境界；他們對色受想行四法的誤會比較少，可是對意識的變相產生種種誤會；不是末法時代的今天才這樣，而是古時候就已經如此了！所以禪宗的古時祖師中，不乏很有名的祖師仍然落在意識心中，譬如圭峰宗密就是很顯然的例子，又譬如靈雲志勤禪師的見桃花，也是很有名的例子。又譬如我們臨濟宗的創始祖師臨濟義玄，剛出道弘法時也是眞妄不分的，是把眞心與妄心混在一起、區分不清楚，所以被當代很多禪師拈提過；後來總算是弄清楚了，才會有今天臨濟宗一直延續下來。我們這個法也是屬於臨濟宗一派延續下來的，克勤的東山禪本來就是臨濟派下的一支，遠繼五祖弘忍。諸位想想看：古時很有名的祖師都尚且不免，何況到現在根器更差的佛門大法師與居士，所以我們才要特別針對識蘊加以說明；並且提示觀行所需要的知見，讓大家可以深入了知識蘊，特別是意識心的變相以及祂的本質。如果能如實理解觀行以後確認意識的無常，就可以決定無我、無有眾生，就能發起意識心死滅後永遠不生的忍法，那就是得二乘菩提的無生忍。

但是斷了我見，乃至證得阿羅漢果了，仍然無法對因緣果報無違無諍。二乘人對因緣果報仍然有違有諍，是因爲他們不隨順因緣果報，捨報後必入無餘涅槃，以前所造善業、惡業的一切果報都不再領受，這就是與因緣果報相違。對有爲法的因緣果報，他們也有諍；現成的例子是有人求出家，只因阿羅漢們的宿命通所觀有限，不能超越八萬大劫，所以那個人不被接受；但是 佛接受他出家，因爲他在無量劫前被猛虎追殺時，曾爬上樹大叫「皈依佛」，所以接受他出家；故說 佛於因緣果報無諍，阿羅漢有諍。所有俱解脫、有神通的大阿羅漢們都拒絕他出家，說他沒有出家的因緣，這就是於因緣果報有諍。他們對因緣果報有所諍的另一個原因，是因爲他們只信受佛說因果昭昭不爽，但是無法證實一切業果的種子全部不漏失，所以他們對因緣果報，心中仍然有所懷疑，因此不能完全無諍。但是菩薩縱使不修宿命通，即將入地之時已能在定中看見過往無量劫前的事，遠超阿羅漢們的八萬大劫，因此而成就如夢觀；所以，於因緣果報從如來藏的立場來看，就可以無違無諍。

因此而使菩薩們離諸我所，因爲菩薩能從過往無量劫來的種種事相來比對現前這一世的事相，如夢觀成就後的心境，不是一般三賢位的菩薩們能想像的。一般人一定會用自己所能理解的去想像：菩薩如何看待世間，如何看待自己的五陰。

但是等你又修過一劫、兩劫以後，看到一兩劫前的自己如何看待世間的五陰，你才會啞然失笑：「我一、兩劫前用自己的境界去測量上位菩薩的心境，原來是多麼荒唐！」所以諸地菩薩都不會用自己的心境去測量諸佛的心境，因爲地地所住心境各不相同。如果能確實證實這一點，從那一刹那開始就永遠不會再有任何慢心了。可能仍有別人覺得他很傲慢，可是他其實一點點傲慢都不曾有，因爲他對世界山河大地以及自己的五陰，全部都認爲是我所：認爲是如來藏的我所，不是依五陰的我而相對於財、色、名、食、睡、眷屬等法認定爲我所。那心境完全不同。所以學佛最大的障礙，就是用自己的心境去衡量諸佛與諸菩薩的境界。因此才會有一句名言：「佛觀眾生，眾生是佛；眾生觀佛，佛是眾生。」這句名言將眾生心表達得很生動，我們也可以這樣說：「菩薩觀眾生，眾生是菩薩；眾生觀菩薩，菩薩是眾生。」但是假使有人能確實證知上面所說的法義，從此就不會再有慢心了；菩薩由於這種親證，所以離諸我所而無所著。

「**依於義不依於語**，」這是很困難的，大家都會講「依義不依語」，可是即使明心了，都還不能完全依義不依語，乃至諸地也都不敢保證自己完全依義不依語，錯悟的凡夫卻都說自己是依義不依語的聖者。爲什麼要依義？義就是勝義，勝義不依世俗諦，而依第一義諦。世俗諦只能在蘊處界的緣起性空、苦、無我、無常上面來說解脫法，但解脫法是依法界實相而存在的，不能外於法界實相而有涅槃；所以世俗諦不是眞實義，只能是世俗法中的眞實義，不是勝義。勝義非常難以理解，只有在證得如來藏之後才能開始理解，理解了以後才能開始實行，實行之後才能如實通達而進入初地心中。但是親證法界實相而理解法界實相，然後開始實行而到達初地心，那不是一萬大劫、十萬大劫、一億大劫，而是一大阿僧祇劫的修行累積才能到達的；所以單單一個大乘見道的通達而入地，就必須經過不可計數的長遠劫之後才能完成。

反觀第三轉法輪經典，已經把成佛所必須具備的一切智慧，提綱挈領具足宣說，所以 釋迦世尊才會認爲化緣已滿而取滅度。由此可見，第三轉法輪經典中的法義，必定仍然還有許多是等覺菩薩所不能理解的。因爲化緣已滿，表示所有法義都已經說完了，只是沒有很詳細說明而已。等覺菩薩如果還不能成佛，就顯示第三轉法輪的經典，仍有他所不知之處。所以假使有人期望明心破參初證眞如，就要完全理解第三轉法輪經典，我們只能夠說那個人叫作愚癡人；因爲初見道而尚未通達，還沒有入地而通達見道中的所有般若智慧，怎能強求通達諸地所修的無生法忍？可是大乘見道——法界實相的親證——既然是如此困難，凡夫們不能親證如來藏的事情就變得可以接受了；所以當你悟得如來藏以後，對於會外那麼多的大法師、大居士證不到如來藏，就應該能接受了。

所以當他們依文解義，依於文字表相而解說經典，不是依於經文背後的眞實義來解說經典，就値得你原諒了，因爲親證如來藏者、證眞如者永遠是少數。所以他們演說經典時，只能依語、依文而說，難得依義而演述，因此，依於義而不依於語，是很難達到的境界。所以很多人讀《金剛經》，讀到後來的概念及理解，往往變成一切法空。不單是一般的學人如此認識佛法，鼎鼎大名的印順法師也如此認定，那就是依語不依義。因爲《金剛經》的眞實義講的就是實相如來藏所出生的一切萬法緣起性空，但他們不知道背後那個實相的眞實義，單取一切法緣起性空，所以今天不敢面對我們的法義辨正，而一味逃避法義上的辨正；那就是因爲以前大家都和他一樣依語不依義，所以他一直都沒有問題，就可以違背中國佛教傳統的如來藏思想，而努力經營達到幾乎佔領全部的佛學院了，也幾乎取得佛學學術界的全部認同了。但是後來有一天，有人把眞實義提示出來時，他們就無法應對了。

我今天看到一本書，有個西藏密宗的多識仁波切寫了一本專書破斥我，這正是前面我說的初生之犢不畏虎；但是我們會中這麼多金毛獅子，隨便一隻出來張牙舞爪一下就可以解決他了，所以我們將會由還不曾出書的人寫書，或者有哪位親教師自告奮勇，針對他的書作回應，出書破斥他。但不會就此結束，因爲每一年都會有犢子出生，初生之犢是每一年都會有的，永遠都不怕沒有多識這種人。爲何說是犢子？因爲仍然落在意識境界，這表示他連聲聞解脫道的入門都還做不到；就敢寫書來評論阿羅漢所不敢評論的實證第八識如來藏的賢聖菩薩，如同犢子挑戰雄獅一般。但是老牛就不敢這樣做，因爲老牛見識過雄獅殺牛的事，已經看過很多回了。因此說，依語不依義的情況會永遠存在佛教界中，古時如此，今時如此，未來仍將如此。

「依於智不依識，」依於智是指實相智慧，依於識是指落在識蘊中。落在識蘊中的人卻會不斷的主張他是智、不是識，他也會不斷的破斥依智不依識的菩薩們，而這種現象是古時就存在的，並且仍然會繼續延續到未來世。我們所能做的就是將法義正訛盡量辨正得清晰一點，讓未來世的學佛人可以有比較多的人遠離識蘊境界。智，當然有三乘菩提智的差別，但是我們這裡講的主要是法界實相的智慧，法界實相就是萬法本來不生、萬法都從如來藏生，但是轉依於如來藏以後就改說萬法本來不生，因爲它只是如來藏顯現的種種體性之一而已。所以禪宗祖師有一句很有名的話來質問開悟者：「你既然開悟了，明知道經中說『生即是不生之性』，爲什麼又『被生之所繫縛』？」問得很有道理。換句話說，明心了，生與死要能應對。所以明心之後，生要怎麼生？死要怎麼脫？都要從明心的智慧上去深入觀行，才能了生與脫死。

了生是說入母胎以後的來世五蘊是怎麼生的？死時又要怎麼入母胎？若是想要取證無餘涅槃時又要如何滅盡自己？這都要弄清楚。沒有弄清楚就不算了生脫死，這表示般若智慧仍然不夠。來世出生了以後又修學佛法，又悟入了，大悲菩薩總是會有世世不斷的老死，等到黑白無常來的時候，這個死要怎麼脫？脫的過程也應該知道。然後脫了以後要如何能不再生？脫了以後要如何能乘願再生？都要弄清楚，這樣才能說已經了生脫死了。這是禪宗祖師們念茲在茲的最重要的精神所在，我們在增上班課程也已經講過「生要怎麼了，死要怎麼脫」。你如果是最近才開悟而轉入增上班，我們已經講過了，目前聽不到了；但是以後仍然有機會，當我們把根本論全部講完了以後，會重新再放映，所有增上班的會員們都有機會聽到。可是凡夫大法師們都不知道法界的實相，所以他們自以爲有智，其實都不是依於眞實智慧；因爲眞實智慧的根源是如來藏，由親證如來藏而了知如何出生了我們的五陰，了知無餘涅槃中就是祂自住的境界，這樣才是眞實智慧。

如果只像二乘聖人一樣懂得如何入無餘涅槃，但是不知道如何再出生；涅槃中的境界不懂，受生的過程也不瞭解，而死的過程也不瞭解，我們就說他是依識而不依智。因爲他所得的智慧是依識陰的如何滅除而生的，不是依識陰如何從如來藏出生的智慧，所以若要講嚴格一點，二乘聖人仍然是依識而不依智。但是大乘中自以爲悟的大法師們一樣是依識而不依智，大家最熟知的「悟」就是離念靈知，而離念靈知正是意識，與經中 佛說的意識完全相符合。因爲離念靈知既有五遍行心所法，也和五別境心所法完全相應，沒有一法不具備；而離念靈知也和惡見相應，也和貪瞋癡相應，與意識的心所法完全相應，當然是意識。

縱使他們不斷狡辯說他們有智慧依於禪宗證悟的智慧而住，其實仍然是依識而住，不是依智而住；因爲法界實相的智慧是由親證如來藏而發起的，若不是親證如來藏而發起的，若是以意識心的變相境界作爲萬法的主體，都是依識而不依於智。所以依智不依識的道理，在這三、五年中已經不太有人願意講了，因爲他們現在都知道自己的落處正是意識，知道自己是依於意識境界而說是開悟的聖人，已經知道禪宗開悟的唯一標的是如來藏，而自己並未證得如來藏，所以自己所謂的開悟實相般若的智慧，其實是假名言說；已經知道了所以心虛，所以就不再爲人演說依智不依識的道理。你如果想要依智而不依識，就只有一個辦法：先斷我見，然後明心。把錯認意識爲常住不壞法的邪見消滅了，才有可能明心而證得如來藏；明心以後可以現前觀察眞如法性，從眞如法性的現前觀察就會了知眞如其實只是識相，它其實只是如來藏第八識的相分，你就具備了法界實相的第一分智慧了，從此不再依於識蘊作依歸，有智慧依歸於如來藏，就是依智而不依識。

「依了義經不依不了義經，」什麼是了義經？又如何是不了義經？先來說明了義法與不了義法：假使能出生死，但不能了知生死的本源，那就是不了義法。專門解說聲聞、緣覺菩提的四阿含諸經，其中所講的一切法義都是可以使人出離三界生死的解脫道；可是解脫道並不了義，因為解脫道的修證雖可以使人出離生死，但是無法了知法界的實相，所以說它不了義；解說不了義法的經典就是不了義經。印順派的法師、居士們，至今仍然堅持解脫道就是成佛之道，他們仍然堅持阿羅漢的證境同於 佛陀，認為阿羅漢的證境與 佛陀沒有差別，所以他們不承認大乘經典是佛說，認為原始佛教三轉法輪中的初轉法輪四阿含就是了義經。但是他們的主張有許多過失，最簡單而明顯的過失，就是四阿含與諸經並沒有開示法界實相的內涵，連大略開示都沒有，更別說是深入開示了。四阿含只偏重在二乘人解脫生死的法義上面，重複不斷的宣講，而對法界實相的內涵一向都只是點到為止，譬如色蘊「非我、不異我，不相在」等，只有說到名相而無內容與修證之道理及行門——都不曾解說；所以我們說四阿含是二乘解脫道經典，是不了義經，不能使人修習菩薩道及成佛。

如果它眞的是了義經，今天我說這些話就成爲謗法；但它眞的不是了義經，雖然其中也有一些般若與唯識的名相，顯示出一些蛛絲馬跡，但都只是像寫小說者在書的開頭埋下伏筆而已，都沒有略說、細說、廣說——只有名相，因此我們說它是不了義經；因爲其中都沒有說到如何證如來藏，都沒有說到證如來藏以後如何進修般若智慧、如何能成就究竟佛道，而全部留在第二轉法輪時加以略說，然後在第三轉法輪諸經中才作深入的廣說；因此阿含解脫道諸經是不了義經，因爲它不能使人成就佛菩提道，只能使人成就聲聞法的解脫道。能使人成就佛菩提道的經典只有第二轉法輪的般若系經典，以及第三轉法輪的唯識如來藏系經典。

所以般若系列的經典是了義經，但是仍不究竟，因爲它偏重在見道的通達，而沒有敘述到通達位以後諸地的修行內涵與次第，所以它了義而不究竟。直到第三轉法輪時，佛在晚年那十幾年中所說的唯識系列如來藏經典，才作了深入的細說，把十地的修行法道與境界相作了解說，所以第三轉法輪的如來藏系經典既是了義經也是究竟經。我們修學佛法一定要依了義經，應該把不了義經作爲參考，而不是作爲究竟依止。假使四阿含不了義經，可以稱爲了義經的話，那麼具足親證四阿含法義的俱解脫、三明六通大阿羅漢們，應該都能讀懂般若與如來藏系經典，可是他們爲什麼都讀不懂？爲什麼也聽不懂？爲什麼在菩薩面前開不了口？

由此可以證明四阿含諸經是不了義經，它可以使人出離生死輪迴，但不是了義經，更不是究竟法。這個內涵，在即將開講的《勝鬘經》裡面，將會有更深入的說明。

「**依於法不依人**；」有許多落在離念靈知意識境界中的道場，常常講：「你們要依法不依人啊！不要再依止蕭平實啦！」大家常常聽見他們說這樣的話。可是依法不依人的眞義，他們懂嗎？仍然是不懂的。依法是依什麼法？法是指什麼法？人又是指什麼？這才是重點呀！在大乘法中處處說「一切法」，然後一切法都從如來藏中出生，一切法不能離如來藏心而存在、運作，故說：一切法者名如來藏。那麼請問法是什麼？正是如來藏。再來討論人是什麼？人有哪些內涵？人就是五陰、十二處、十八界。五陰是人，所以色身是人，若是眞正想要學法，人不可依止；識陰有六識，能見、能聞乃至能覺、能知，這是識陰，識陰也是人，人不可依止；識陰六識各有自性，能見之性、能聞之性乃至能覺之性、能知之性，只是六識的自性，六識的自性亦是人，人不可依止。有色陰與識陰，所以就有了苦樂捨受，苦樂捨受也是五陰之一，所以也是人，不可依止。有了色、識與受三陰，就有想，有受就會有領納，有領納就有想陰；阿含中 佛說「想亦是知」，所以能知的也是想陰，不單單說語言文字的妄想，語言文字妄想已經是想陰的末流；而想陰的最初，就是知：「想亦是知。」想也是人，不可依止。有想有色就有行陰，色身行來去止、吃喝拉撒都是行陰，嘴不斷的胡言亂語是行陰，用嘴來說法也是行陰，心中胡思亂想也是行陰，心中設想如何為眾生說法、種種巧妙方便也是行陰，是心的行陰，這也是人，不該依止人。假使有人所證的法是五陰，依止於五陰，這個人即是依人，不是依法，是落在離念靈知意識人中，而說祂是眞如；然而離念靈知正是識陰，認定識陰為常住不滅法者，就是依人者，不是依法者。也有人說：「我們要依止佛性。」而他說的佛性就是眼識能見之性、耳識能聞之性，乃至身識能覺之性、意識能知之性，這都是識陰之自性；依止識陰六識自性的人，落在識陰自性中，就是依人者，不是依法者。

什麼是依法？依法就是依止一切法的根源。一切法依什麼而生、而滅？依如來藏。所以依於一切法的根源，認定如來藏常住不滅的人，才叫作依法者，不是依人者。所以我們不會說：「你不要依止誰，你要依止法。」因為那是錯誤的，他們都誤會了「依法不依人」的眞義了。人是指五陰，不是某一個有大名聲的名師，而他們一天到晚講：「你要依法不依人，不要依止蕭平實。」那證明他們完全不懂依法不依人。所以以後如果誰要是說他懂得依法不依人，就得要依照我今天所講的，才能說他懂得依法不依人。可是我今天這樣講，他們依然不會認同，還是會繼續再主張或狡辯說他懂得依法不依人，而指稱說「人就是指某一個人」，那就是不懂了義經的眞實義。了義經的眞實義所說的「法」是指萬法的本源，才是正法；所說的人，則是指五陰，落入五陰中就是依人而不依法。

人，不單只是五陰，也可以從六入、十二處、十八界來說。如果依於六入，那也是依人不依法；依六入就是剛剛講的誤會佛性的愚癡人，因他們講的佛性都是識陰六識的自性：眼識的能見之性、耳識的能聞之性……身識的能覺之性乃至意識的能知之性。他們講的佛性都是落在識陰六識自性中，仍然落在人中，也是依人不依法，因爲這是六入之性，六入正是人。也許有人講：「狗也有六入，那是不是叫作依法不依狗？」但這個「人」字是統稱一切有情，凡是有情就講「人」。譬如說兩隻狗，有一隻喜歡欺負另一隻狗，你一定會評論說：「人家又不招惹牠，牠總是要咬別人。」你怎麼不說「牠總是要咬別狗」？所以「人」字是一個有情的代稱，這是常常可以看見的說法。凡是落在五陰、六入、十二處、十八界中，把它認定爲眞實法，那個人就是依人者，不是依法者。所以依法不依人，它的首要條件就是要先斷我見，假使對自我沒有如實瞭解，特別是對識陰沒如實瞭解，就會依人而不依法；當他看到善知識出世弘法而影響到自己名聞與利養時，就勸告他的徒眾們：「你們要依法不依人，所以不要依止蕭平實。」但他所說的正法其實都落在人我中，他自己正是依人而不依法的愚人。

因此，這四依之法眞的不容易做到，能夠眞正的依止不了義經講的三法印，最少是證得初果的人，但是初果人仍不能了知四依，仍然做不到。如果能做得到菩薩的四依，就一定能符合聲聞不了義經講的三法印，這就是層次差別的問題。能做到四依止，就能做到不違背三法印；但能做到不違背三法印的人，不一定能做到四依止；因爲有了義、不了義之分，有智與識的差別，而且大乘經的眞義不在語文中。所以有很多人把祖師開示錄或證悟公案一讀再讀，然後躲到深山裡面每天參究；一面參究又一面讀，始終不能通達。所以印順法師遊心法海七十來年之後，仍然落到謗法的惡業中；他遊於什麼法海呢？邪見法海。多麼可惜！很優秀的一個人。

當你證悟後，把禪宗祖師開示語錄以及證悟公案拿來讀，越讀越歡喜。所以很多人證悟回來之後，看到祖師證悟的公案，一面讀，一面怎麼樣？有個成語叫什麼？（有人回答：拍案叫絕。）正是如此，正是拍案叫絕。可是印順法師遊心法海七十來年，卻說禪宗公案都是無頭公案。相差這麼大，這表示他依語而不能依義。如果他能眞實依義而不依語，祖師公案他何嘗沒有讀過，乃至《如來藏經、勝鬘經》，以及有些經典講得很明白的，他也都讀過了，爲什麼仍然會否定如來藏而成就謗菩薩藏的大惡業？這表示他是依語不依義者，然後不斷的主張意識細心是眞實法、常住法，可是有時又狡辯的暗示說：細心是講如來藏、是阿賴耶識，而祂是從意識細分出來的。自己講話前後衝突：有時如此說，有時如彼說，前後矛盾，想要雙照二邊而迴避別人對他的辨正。但是他不論哪一種說法都有大過失，所以他始終落在意識心中，正是個依人不依法者。所以從這四依來看，眞的很難確實依止，大部分人總是誤會而自以爲做到了；只有諸位有機會，只有諸位能做到。

「**隨順法相，無所入、無所歸；**」假使能如實做到，這四依止完成了就一定能隨順法相，但是卻又無所入、無所歸。佛法的難證就在這裡，隨順諸法的法相一定是入以及歸，可是隨順以後卻說「入而無所入，歸而無所歸」，與聲聞解脫道大異其趣。就好像禪宗祖師來了，然後年紀大了，然後死了，臨走的時候他卻說「沒有來去」。在我們出來弘法之前也有 佛的孤子廣欽老和尙，他在世時只有他一人證悟，沒有別人，所以他也是孤子，眞可憐！而且他沒有知音，他比我更可憐；我還有你們這些知音幫我證明如來藏是可證的、佛性是可眼見的，但他沒有，一位知音也沒有！因爲那些徒弟們，就算幫他們悟了，他也無法攝受他們，他很清楚這一點，眞的有智慧；所以他示現可以開悟，但不傳給那些徒弟們；然後臨走前說：「無來也無去，無啥咪代誌。」（閩南語）你說有來有去嗎？眞的沒有！你看看如來藏的你，何曾來去？來只是如來藏生出一個五陰而已，去只是如來藏把這個五陰滅掉而已，一樣還是如來藏；可是如來藏無形無色，你怎能說祂從哪裡來、去到哪裡？都沒有來去啊！所以他說得眞好，什麼事情也沒有（無啥咪代誌），就只是如來藏生一個五陰，悟道弘法以後，老了、死時自己再把自己滅掉，有什麼事？

總是出生了之後，眾生在那邊痛苦、快樂；然後死了，痛苦、快樂都不見了；然後又害怕死了以後沒有痛苦也沒有快樂，寧可活著痛苦，都不願意死了沒有苦，這就是眾生。結果廣老卻說：「**沒有來也沒有去，什麼事情都沒有。**」你能說他沒有開悟嗎？沒有開悟，他能這樣講嗎？沒有開悟的話，講出法來都會有破綻；可是悟了以後隨順諸法法相時，卻又入而無所入，歸而無所歸。所以有的禪宗祖師走的時候說「不歸而歸」：沒有回家而說是回家。我們還沒有走的時候卻說：回家而沒有回家。反過來講，因爲你找到如來藏，依止祂，就是回家；可是你什麼時候有回家？你本來就在家中，何曾離家？所以回家還是沒有回家，因爲你本來就在家中，有什麼家可回？不管你悟了或沒有悟，你本來就住在家中。所以祖師臨走，常常說「不歸歸」，就是這個原因。有時候祖師又講「出門在外，不離家中」，說「還在歸途，不離家舍」，是什麼道理呢？是因爲你永遠都在家中，但無妨出門到處遨遊，仍然是住在家中；這樣才是眞實的大乘法，這不是二乘聖人所能理解、想像、測度。

二乘人隨順法相時就一定有入，隨順於取滅的法相時就一定有所滅，因爲他們修證的標的只在五陰十八界中，不外於五陰十八界法的緣起性空。而五陰十八界是可滅的，滅了就是入涅槃，所以他入涅槃時有所入，因爲已經把自己滅了。菩薩入涅槃、證涅槃，是不滅五陰就證、不滅五陰就入，因爲菩薩說：「我本來就在涅槃中，還要入什麼涅槃？」入而不入。所以隨順於種種法相時，菩薩依舊沒有所入的法相；因爲當你隨順如來藏所生種種法相時，都是如來藏中的境界，都是如來藏所現、所生，何曾離開如來藏？所以你入一切境界時，也都是在如來藏中，何曾有所入？因此菩薩隨順法相，但是無所入也無所歸，這是二乘聖人所無法理解的。

「無明畢竟滅故，諸行亦畢竟滅；乃至生畢竟滅故，老死亦畢竟滅。」二乘人也會認同這四句，但是他們講出來的和我們講出來的大不相同。他們會說：無明畢竟滅了，所以我一定會入無餘涅槃，一定能入；入了以後身行、口行、意行都不復存在，所以畢竟滅。但是菩薩不是這樣說，菩薩說：無明畢竟滅的緣故，所以五陰一切諸行全部虛妄，現觀它的虛妄而如來藏不於三界萬法中產生任何心行，所以諸行亦畢竟滅。這個說法也可以函蓋二乘聖人的說法，是依法的實相如來藏自住境界而說的，所以菩薩也可以這麼說：二乘聖人與我不同，我是現在畢竟滅除分段生死的生老病死無明，但我又容許無明繼續存在而諸行也繼續存在。但是二乘聖人必須要滅盡一念無明，必須把身口意的行陰畢竟滅盡，卻不知道滅盡以後涅槃中的本際。請問：你要取哪一個？（有人答：菩薩的）當然要取菩薩的。

因爲二乘聖人如果要使心行也畢竟滅，實際上是做不到的：他今天去托鉢，托了一鉢好食物回來，卻不可以品嚐那個味道，只能儘量食不知味；因爲他只要一品嚐就有心行了，落到我所中了。萬一入滅時，對生前品嚐過的某一個「我所」有一念牽掛，就只好又投胎去了，不然就生天去了，他就入不了無餘涅槃。所以托鉢時，人家會供養他好食物，其實他心中的想法是憂喜參半；因爲好食物是應該喜，可是萬一吃的時候如果貪著味道，怎麼辦？一念貪著，就得要再受生了。菩薩不然，人家女主人送食物出來，菩薩一見，心中知道：「啊！眞漂亮！」雖然都沒有語言文字，卻是了了分明的。可是也許很醜，也沒有關係，漂亮與醜，他都無所謂。如果女主人送了食物出來，長得很漂亮！阿羅漢要趕快低下頭，生怕會有念頭出現。菩薩都沒有關係，菩薩很習慣，美若天仙也無動於衷，醜若無鹽、嫫母也是無動於衷，所以菩薩無妨面對女主人說：「感謝啊！感謝啊！願妳來世得無量福！」然後就回去寺裡：「好吃啊！好吃啊！」他都無所謂，因爲他不是依止五陰，而是依止如來藏；然而如來藏離見聞覺知，無妨意識有見聞覺知，對六塵了了分明而以離六塵分別的如來藏爲依歸；所以他可以把思惑繼續留著，已經滅除部分無始無明，一念無明也滅了一部分，卻還留著一分思惑來滋潤未來世再受生的種子。

「諸行亦畢竟滅」的諸行滅，是把五陰的身口意行觀透了，發覺它眞的無常、所以是苦，無常所以是空，空所以無我，所以身口意行全部虛妄，不落於五陰身口意行中，這叫作諸行滅；已對五陰沒有執著，可是無妨繼續有五陰諸行來利樂眾生。菩薩的這種滅無明、諸行滅，不同於二乘聖人的滅無明、諸行滅，有智慧的人當然要取菩薩的，不取二乘人的。如果你取了二乘人的法，捨報時入了無餘涅槃，滅盡五陰了，已經無意識、無離念靈知了，那時既沒有知、沒有覺了，也不能成佛，更不能利樂眾生，就跟悶絕了類似，並且連意根與色身都滅掉了。如果是無始劫來一直悶絕下去，請問你要不要？而且是連意根與色身都滅盡了，既不能成佛也不能利樂眾生，雖然不必人家照顧，但是一點用處都沒有。那當然要取菩薩的：無明也可以滅，行也可以滅，但繼續留下一分無明，繼續保有諸行，而保有諸行中卻已經滅了諸行，這才是菩薩的法道。

「乃至生畢竟滅故，老死亦畢竟滅。」一樣的道理，二乘聖人是蘊處界滅而不生，菩薩卻是蘊處界不滅時就已經不生了，是本來就不生。想一想：到底你要哪一個？當然印順派的人可能會說：「你們就是執著五陰，所以你不捨得滅掉五陰。」世俗人將會說他是酸葡萄。那個想法雖然是酸葡萄，但是我們不會說他是酸葡萄，因爲那太世俗了，我們就直接從法上點出來：你說別人執著五陰，你自己都沒有脫出五陰的範圍，你自己都落在識陰中，有什麼資格指責菩薩執著五陰？菩薩已經超出五陰了，是證得五陰的根源，然後乘願再來人間受生而取得五陰，只是爲了利樂眾生罷了，並不曾落在五陰中，怎能說是執著五陰？你自己還不懂五陰而落在五陰中，有什麼資格說別人執著五陰呢？所以阿羅漢的生沒有畢竟滅，因爲他是將滅止生，六祖早就罵過了！

阿羅漢是把五陰、十二處、十八界、六入都滅盡了而不再生，所以是用滅來停止生。可是菩薩對生是看得很清楚的：生是從不生而有的，因爲如來藏本來不生，由這個本來不生而出生了五陰，所以說：有生的五陰即是不生的如來藏自性，如來藏本來不生，是在五陰存在的當下就現見無餘涅槃中的本際常住不滅、本來不生。知道如來藏出生的五陰虛妄以後，五陰也可以說是不生的，因爲現觀它的虛妄，所以五陰是可以不再出生的；而如來藏是本來不生的，轉依如來藏的五陰也可以說是不生的。知道生是從不生而生的，才是對生已經畢竟滅。所以二乘聖者只知道五陰的滅而不生是依幻有的五陰而說不生，不知本來、究竟的不生，所以並不知道生如何畢竟滅。因此阿羅漢們的老死也不是畢竟滅的，仍然有異熟性存在而繼續有變易生死；所以菩薩走的路才是最正確的，能追隨著諸佛的腳步，把種子的異熟性一分一分的滅除，最後可以究竟不生，這樣才是究竟的滅盡老死。

阿羅漢只在蘊處界世俗法中，把它滅了而不再生，這只是分段生死的滅盡而已，不算畢竟滅，種子仍然不斷的在生滅流注而變異著；所以阿羅漢如果一念信樂大乘，迴向佛道而成為菩薩了，他仍然還會有分段生死，世世在分段生死中修除種子的異熟性。但成佛之後永無生死，因為種子的生滅流注已經畢竟滅盡了——不再變異而不可能也不需要再加以轉易了——種子異熟的生死畢竟斷盡了，所以沒有變易生死的存在，這樣才叫作老死亦**畢竟滅**。但是二乘聖人何嘗知道這一點，更不要說印順與昭慧等未斷我見的凡夫如何能知呢？所以無明的畢竟滅，只有菩薩進修到成佛時才能畢竟滅盡；雖然未成佛前已經知道要如何滅了，但這不是二乘聖者所能了知。諸行，在身口意行上面，阿羅漢可以滅盡，可是如來藏仍有祂的種子流注變異性的行，是阿羅漢所不能滅，唯有菩薩不斷進修到達佛地時才能究竟滅盡；也仍有無漏有為法中的了眾生心行等功能不曾暫斷，只有菩薩成佛時才能究竟實證；所以諸行的畢竟滅，只有菩薩能修行親證，非辟支佛、阿羅漢所能證得。

「**作如是觀：十二因緣無有盡相，不復起見。**」菩薩所知的十二因緣不同於二乘，十二因緣法是一般人所知的法；但是凡夫菩薩依於文字表相來了知，是不能如實了知的，因為他們不知道：**十二因緣法，必須有十因緣作依止才能成立。**這個道理我們會在《阿含正義》中寫出來。但是依十因緣才有十二因緣法的道理，到現在為止，沒有人把它講出來，因為他們不懂，所以才會振振有詞的產生種種妄想與說法，乃至無比大膽的否定四阿含中處處已說的本住法住胎識——第八識。但是當他們期待的《阿含正義》出版了（編案：總共七輯已全部出版了），他們讀過了就會知道：只有回歸如來藏法大乘經典，四阿含不了義經才能存在，否則不免被斷見外道所依附，一定無法擺脫斷見外道，因為否定了常住的本識以後，四阿含的法將會跟斷見外道一樣；也將無法破斥常見外道，因為常見外道會說：「**我們也是因為這個無明，你們佛教法師也是因為這個無明，所以我們在人間同樣都落在識陰上面。**」因為大家都只依止十二因緣，不依止十因緣所說的第八識本住法，所以就依阿含經所說「識緣名色的識是講識陰等六識」，據此而否定意根、否定第八識；將因為他們把十因緣割裂於十二因緣之外，失去十因緣法本識常住的前提，而使得他們的因緣法支離破碎，所以無法成就因緣法。

但是我們依十因緣來說十二因緣就沒有任何過失，十因緣講的就是：齊識而還，不能過彼。一切法的因緣探究到最後只能到出生名色的本識為止，再往前就沒有任何一法可以存在了，所以萬法的根源就是本住法住胎識。正因為「齊識而還，不能過彼」，所以眾生才能有十二因緣法而無有盡相，世世輪迴不斷。十二因緣法中所說的無明，就是不知道名色由常住的本識中出生的道理。假使不是有一個本住法第八識，將會有兩個過失：變成十二因緣在老死之後成為有盡相，也會變成十二因緣往前一直推尋而將會無窮無盡。前者是因為十二因緣法都是在蘊處界的範圍中，若探究十二因緣法而滅盡蘊處界以後，將成為空無一法、亦無心存的斷滅境界，那麼一切眾生與辟支佛死後皆將成為斷滅，成為有盡相。後者是因為老病死緣於生，生緣於有，一直往前推到名色緣於識，識緣於行，行緣於無明，無明應當還有所緣，然後無明所緣的那個法還可以往前再有所緣，十二因緣法就變成無窮無盡，無窮無盡就不可能窮究因緣法，就無法還滅而斷除生死。不斷生死，十二因緣法就不斷的延續，生死一直延續而使十二因緣無有窮盡；所以十二因緣必須依於十因緣法的大前提——齊識而還、不能過彼——然後才能夠有眾生的十二因緣法無窮無盡的生死延續，才能有諸地菩薩留惑潤生而有世世的十二因緣無有盡相。菩薩已現觀這一點，所以於十二因緣法不復起見，不再有別的任何見解，不會再接受任何其他對十二因緣法的解釋，只接受「十二因緣必依十因緣才能成立」的正見，只有這樣的道理才能成立因緣法；除此以外，菩薩不復起見。

「**是名最上法之供養。**」這意思是說 藥王世尊爲王子月蓋說明法供養的內容，結論是以上所說種種的法供養，是對諸佛最好的供養。換句話說，一切供養以法供養爲最勝妙、殊勝、廣大。佛陀其實是藉著往世 藥王佛與王子月蓋菩薩之間的眞實故事，來爲大家說明法供養，教導大眾要先證法，然後努力弘法、護法。但是 藥王佛與 釋迦佛其實關係是很密切的，而當時的月蓋菩薩究竟又是現在的什麼人，那就值得我們去瞭解了，所以接下來請看下一段經文中 佛怎麼說。

【佛告天帝：「王子月蓋從藥王佛聞如是法，得柔順忍；即解寶衣嚴身之具，以供養佛；白佛言：『世尊！如來滅後，我當行法供養，守護正法；願以威神加哀建立，令我得降魔怨，修菩薩行。』佛知其深心所念而記之曰：『汝於末後守護法城。』天帝！時王子月蓋見法清淨，聞佛授記，以信出家；修集善法精進不久，得五神通、逮菩薩道，得陀羅尼無斷辯才；於佛滅後，以其所得神通總持辯才之力，滿十小劫，藥王如來所轉法輪隨而分布。月蓋比丘以守護法，勤行精進，即於此身化百萬億人，於阿耨多羅三藐三菩提立不退轉；十四那由他人深發聲聞、辟支佛心，無量眾生得生天上。天帝！時王寶蓋豈異人乎？今現得佛、號寶炎如

來；其王千子，即賢劫中千佛是也！從迦羅鳩孫駄爲始得佛，最後如來號曰樓至，月蓋比丘則我身是。如是！天帝！當知此要；以法供養於諸供養爲上，爲最第一無比。是故天帝！當以法之供養，供養於佛。」】

講記：佛告訴天帝說：「當時王子月蓋，從藥王佛那邊聽聞到法供養這個妙法，當時就得到柔順忍。」柔順忍雖然還不是無生忍，也不是無生法忍，可是心已經柔順。換句話說，於一切基礎佛法以及聞所未聞的勝妙佛法，都能柔服其心、隨順其法。這就是說，這時他的信位已經圓滿，對十住位的法已經能修到六住位，也可以安忍而住，所以稱爲柔順忍。眾生在法上不能深入，甚至產生謗法而誤以爲是護法的行爲，都是因爲心不柔順；心不柔順就會用先入爲主的想法觀念來破斥聞所未聞的勝妙法，錯將謗法視作護法；現在如此，古時一樣是如此。當代佛教中有很多人相信如來藏是虛妄法，是外道神我、梵我；但這不是現在才有的，而是在聲聞部派佛教的末期就已經存在了。這不是現在一般印順派的學人所能理解的，所以因爲被應成派中觀做了錯誤的教導，因此他們隨順於錯誤的見解，心不柔順而自以爲是，就不願意去嘗試理解如來藏的親證者所說的法義有沒有道理，所以就會加以抵制毀謗，這都是因爲心不柔順、不肯實事求是所導致的。假使心已經柔順、能得安忍，他就不會以鬧意氣的方式來面對所不曾聞的深妙法，就能不存成見而探究眞善知識所說的妙法；因此，得柔順忍的人都不會用不理性的態度，來面對他所不曾聽聞的勝妙法。

佛說：「月蓋王子當時聽聞法供養的道理以後就得柔順忍了，心中歡喜，就把身上所穿的寶衣以及身上莊嚴的飾品，用來供養藥王如來，向藥王如來稟白說：『世尊！在您滅度後，我將會實行法供養，我一定會守護正法。但是我一己的力量不夠，希望佛以威神之力哀愍我，建立我成就護法的大業，讓我可以有智慧降伏諸魔以及種種破法的怨家，使我可以如實修菩薩行。』當時藥王如來深心之中知道他已經把法供養的勝妙道理熏入心中，未來世縱然未離胎昧，仍然將會繼續去做，所以就爲他授記說：『你未來將會是我藥王如來最後末法時守護法城的人。』」佛就告訴天帝說：「天帝啊！當時月蓋王子因此見法清淨，」也就是說，佛爲他授記之後，他終於見道了，「又同時聽聞佛的授記，就藉著這個大信心而出家修道了。從此開始精進的修集善法，不久之後又發起了五種神通，而且已經能了知菩薩道的全部內涵了，接著又得到總持以及說法不斷、無礙的辯才。因此就在藥王如來滅度之後，用他所得的五神通、陀羅尼、無礙辯才等三種力量，整整十個小劫之中將藥王如來所弘傳的法輪加以一一分布。月蓋比丘就因爲守護正法，而且勤行精進終不懈怠的緣故，所以他這個十小劫中度化了百萬億人，都能在無上正等正覺之中得以建立不再退轉；而且也度化了十四那由他人，都深刻的發起了聲聞心、辟支佛心。」這意思是說，他不但宣揚佛菩提道，同時也宣揚二乘菩提，所以才會有十四那由他人深發聲聞、辟支佛心。「並且還有一些人，緣不具足而不能證道，但是能因他的度化而轉修人天善法，所以有無量眾生得生天上。」

佛接著又說：「天帝啊！當時的寶蓋王難道是別人嗎？他其實就是現在已經成佛的寶炎如來。當時寶蓋王的一千個兒子，就是現在賢劫中的一千尊佛；其中第一尊佛是迦羅鳩孫馱，最後一尊佛是樓至佛。當時的月蓋王子出家成爲月蓋比丘，就是現在我釋迦牟尼佛。」樓至佛，據傳聞就是護法天尊韋馱菩薩，祂將會繼續護持賢劫九百九十九佛的正法、像法、末法過後，才會另擇時間受生於人間而成佛。佛接著說：「就像是這樣，天帝啊！你應當要知道法供養的各種重要事項。」從上面所說的，大家都應該要記住，所謂法供養，不是在經本面前供奉清香、素果，而是要讀誦、實證、受持、爲人解說，是要請下來研讀及求證，而不是供奉；要把所證的正法繼續不斷弘傳久遠，才是眞實的法供養。佛接著說：「因爲法供養是所有供養當中最高層次的供養，所以在一切供養中排列爲至上第一的供養，再也沒有任何供養可以比法供養更殊勝了。由於這個緣故，天帝啊！你應當以法的供養來供養於佛。」

【於是佛告彌勒菩薩言：「彌勒！我今以是無量億阿僧祇劫所集阿耨多羅三藐三菩提法，付囑於汝；如是輩經，於佛滅後末世之中，汝等當以神力，廣宣流布於閻浮提，無令斷絕。所以者何？未來世中當有善男子、善女人，及天、龍、鬼神、乾闥婆、羅刹等，發阿耨多羅三藐三菩提心，樂于大法；若使不聞如是等經，則失善利；如此輩人聞是等經，必多信樂，發希有心，當以頂受，隨諸衆生所應得利而爲廣說。彌勒當知：菩薩有二相，何謂爲二？一者好於雜句文飾之事，二者不畏深義、如實能入。若好雜句文飾事者，當知是爲新學菩薩；若於如是無染無著甚深經典，無有恐畏、能入其中，聞已心淨、受持讀誦、如說修行，當知是爲久修道行。」】

講記：前面法供養都說過了，接著就是要吩咐弟子們。釋迦牟尼佛的第一弟子，也就是即將紹繼佛位的等覺菩薩，就是 彌勒比丘。彌勒菩薩爲了幫助 佛陀攝受所有聲聞弟子，所以也示現聲聞相，方便攝受聲聞十大弟子及一切阿羅漢們。佛說：「彌勒啊！我今天以這個無量億阿僧祇劫所修集得來的無上正等正覺勝妙法，吩咐給你，所有像《維摩詰經》這一類的經典，在我釋迦牟尼佛滅度以後的末世之中，你和你所率領的菩薩們應當以威神之力來護持，並且在南閻浮提洲各各星球世界中都要廣大的宣揚、廣大的流布，不要讓這種方廣妙法斷絕了。爲什麼要這樣吩咐你們呢？因爲未來世中將會有善男子、善女人，以及天、龍、鬼神、乾闥婆、羅刹等眾生發起無上正等正覺之心，信受而且樂於修學大法。如果這一類大根性的有情，讓他們無法聽聞到這種方廣勝妙的經典，他們就失掉了良善的法利了。這一類人是大乘根性者，他們如果聽聞這種方廣經典，一定會生起信受歡樂之心，他們將會對這一類妙法發起很稀有難得的心，一定會以最恭敬的心情與態度來接受這一類經典，並且會隨著種種眾生所應該獲得的利益而爲他們廣說。彌勒啊！你應該知道菩薩們有兩種法相，有哪兩種法相呢？第一、喜樂於種種法理雜亂而含有世間意境，經過裝飾而優美好聽的文句、文章或者言語，對於眞實勝妙而不作裝飾的論法文句就不會喜歡。第二種菩薩與此相反，不畏懼深妙的法義，能夠如實的修行，而且有能力進入勝妙法中。如果是第一種喜歡種種雜文裝飾語句的人，喜歡在文句上做種種修飾，譬如喜歡詩偈而不樂於如實修行的法句，應該知道他就是新學菩薩，他修學佛法以來並沒有經歷過很多劫。如果是對於這一類方廣的、不染污、不執著的、非常深妙經典，心中沒有恐怖與畏懼，而且能進入這一類方廣經典所說的法義當中加以實證，他們聽聞這種勝妙法以後，心中得以清淨自守，並且能受持讀誦、如說而修行，你應該要知道這一類菩薩就是久修道行的人，他們就是久學菩薩。」

【彌勒！復有二法，名新學者，不能決定於甚深法。何等爲二？一者所未聞深經，聞之驚怖生疑，不能隨順，毀謗不信而作是言：『我初不聞從何所來。』二者若有護持解說如是深經者，不肯親近供養恭敬，或時於中說其過惡。有此二法，當知是爲新學菩薩，爲自毀傷，不能於深法中調伏其心。彌勒！復有二法，菩薩雖信解深法，猶自毀傷而不能得無生法忍。何等爲二？一者輕慢新學菩薩而不教誨，二者雖解深法而取相分別。是爲二法。】

講記：佛又吩咐說：「彌勒啊！還有兩個法相都是屬於新學者，這些新學者不能心得決定，無法安忍下來信受甚深的微妙正法。哪兩種法相是新學者呢？第一種人，對於聞所未聞的深妙經典，聽聞之後心中很驚訝恐怖，而且心中充滿了疑惑，所以他們無法隨順於深妙的經典，心中不信又加以毀謗說：『我從來不曾聽聞過這一部經典，這部經典到底是從什麼地方來的？』」這就是先入爲主的說法：「我沒有聽聞我師父講解過這部經典，所以它很顯然是別人創造的，不是佛說。」有時則是這樣說：「我師父說，這些經論是外道假藉佛菩薩的名義創造的，是僞經、僞論。」我想諸位都聽過、讀過這樣的講法。因爲自古以來應成派中觀的弘傳者一向就是這麼說的，一直延續到現在印順派的法師們更大膽公然的說：「大乘經典是佛滅度後，佛弟子們長期創造、編集出來的。」所以印順派的法師、居士們認爲只有阿含部的某一些經典才是佛說的。

但是原始佛法共有三轉法輪：聲聞期、般若期、方廣期。都在 佛陀入滅後的兩年內就已全部結集完成了，《阿含正義》出版時將會列出證據來。至於四阿含經典，印順也只認同他想要的部分，不肯全部認同；凡是裡面的法義和他所認定的應成派中觀不符合的地方，就說那是人家結集時記錄錯了；所以他認爲四阿含中的部分經典才是原始佛法，不全都是原始佛法；所以他又另外建立一個名稱叫作根本佛法，來跟原始佛法的四阿含作區分。他所謂的根本佛法是說：親自從佛口聽聞的才是眞正的佛法，名爲根本佛法。原始佛法既然全都不是根本佛法，所以他的言外之意是說四阿含諸經的法義並不全部正確。可是他這麼主張，問題很大，請問：佛滅後兩千五百餘年的現在，有誰知道根本佛法？有誰能證明自己今世所說的法義是親從佛聞？既然沒有人能證明是親從佛聞，印順又沒有辦法發明一個時空機，使人回到兩千五百年前去聽受佛口親說，那他主張根本佛法，有何意義呢？

如果對四阿含也不肯全部接受，只挑選他想要的少部分經典，那他根本就不是佛教法師嘛！他正是新興宗教的創教者，因爲他處處自創佛法，有許多的創見，所以他創立或隨人主張根本佛法，並沒有一絲一毫的正當性；而印順派或印順宗也將隨著法義辨正的繼續進行以後，漸漸消失於人間。將來我們《阿含正義》裡面也將會提出證據，釋迦世尊親口說：祂自己是三轉法輪，過往無量世以來諸佛有一轉法輪而純說大乘，也有二轉法輪說聲聞法及大乘法，也有三轉法輪如同釋迦牟尼佛三轉法輪而說聲聞菩提、緣覺菩提、佛菩提的。所以對於原始佛教總共三轉法輪中的初轉法輪的四阿含，他都不能認同，教我們如何能承認他仍是佛教中的法師呢？印順一直是秉承著聲聞部派佛教以後少數凡夫的看法而認爲：這部經典我以前沒有看過、聽過，所以它不算是佛說。

這個主張如果放在當代，確實可以講得通；因爲現在印刷術很發達，而且資訊的交換、取得都很容易，所以這話在當代可以講得通。但是古時的天竺，每一部經都要靠抄寫，都得要抄很久——好幾個月才能抄出及校對出一部，也沒有多少弘法者能有機會獲得，又有多少人能聽得到妙法？在那種情況下，經典不能普遍流傳才是正常的，所以在當年的時空，少聞無智者用「不曾聽聞」這句話就否定一部勝妙經典，那個理由是很脆弱的，是不能成立的。所以他們常常是因爲不曾聽聞過深妙法，也因爲他們根本不可能實證，也都聽不懂，基於自尊心的維護，便在初次聽聞時大聲的主張：「這些大乘經典是我們以前所未曾聽聞的，當然都是佛滅後的佛弟子們長期的集體創作結集。」正是：「我初不聞此經從何所來。」

這種否定勝妙經典者的私心，是處處可見的，那麼請問：到底印順派中否定大乘經典的法師們，究竟是新學菩薩、還是久學菩薩？從這裡就很容易判斷了。新學菩薩不能決定於甚深法的第一個現象，就是印順法師這一類人；第二種是當他遇見有人解說或者護持《維摩詰經》這種甚深經，他們就不肯親近、不肯供養、更不肯恭敬，還會常常從經中去挑毛病說：「那一部經有過失，與原始佛法不合。」表示他厭惡之情，然而都是他們誤會或曲解以後的說法，與事實並不相符。而這種情形是從印順法師一代才開始的嗎？不然！四百年前的宗喀巴是最大膽的人，歷代達賴喇嘛就這樣繼承了宗喀巴的思想，所以達賴說：「有許多大乘經典是不了義說、是方便說。」他們所講不了義的方便經典，則是指最究竟、最了義的方廣唯識系的經典。眞的是顚倒啊！所以由此也證明安惠、清辨、佛護、阿底峽、寂天、宗喀巴、歷代達賴喇嘛，現在的印順、昭慧都屬於新學菩薩。有這兩種現象的人，會毀謗大乘勝妙法，絕對不會來親近、供養、恭敬，並且還會加以抵制。有這兩種現象的人，應該知道他們都是新學菩薩；他們的所說所爲都是對自己的成佛之道種種功業加以毀壞傷害，並且不能於最深奧的勝妙法中調伏自己的心志。

「彌勒啊！還有兩個法，會使菩薩雖然已經信受，並且如實理解了深妙法，但是仍然會對自己的道業產生毀壞與傷害，而無法獲得無生法忍。」這話就是針對諸位說的，不是對會外那些人講的；因爲這是講已經信解深法，不但信受而且已經如實理解了，那就是三賢位的解行位；已經親證而能如實理解、付諸於實行，那就是證得如來藏的諸位。可是證悟之後如果有這兩法，你就很難取證無生法忍。哪兩個法呢？第一、輕慢新學菩薩而不肯教誨他們。新學菩薩修了很久，終於快要轉入久學菩薩位了，可是假使你悟後出來弘法時心裡面想：「哎呀！度了這些人眞的是有夠笨的，說什麼法都聽不懂。」因爲你在上面講得口沫橫飛，下面聽者是一臉茫然，心裡面就想：「哎呀！很煩啦！不想教了。」所以他們等一下進了小參室：「請問老師，你剛剛說的是什麼意思？」「連這個也不懂！」就罵起來了，那你就是自己毀傷道業，不能得無生法忍。

這個過失千萬不要犯，所以我們監香老師們都不犯這個過失：有些老菩薩反應比較慢一點，或者有的師兄、師姐反應比較慢一點，慧力不是很好，他們就會幫忙、攝受他們，施設方便讓他們可以整理清楚而生起智慧，這就是不輕慢新學菩薩而願意加以教誨。所以如果出來當親教師以後，有輕慢心於新學菩薩，依據佛說：你沒有機會證得無生法忍了。第二個現象導致不能證得無生法忍，是由於執著；第一個現象是因爲慢心而不耐煩，第二個現象是由於執著：雖然已經深入瞭解深妙法了，可是執著於自己的名聲、權力、位子乃至面子。有時還加上裡子：世間的財利。如果有這樣的現象，就表示我所的執著還放不下來，所以才會取相分別。取什麼相？取世間的財利相、五欲相。乃至取世間的眷屬相：這是我班上的學生，現在來禪三，所以該想辦法幫忙；這位不是我班上的學生，我才懶得幫忙。這就是眷屬相，我們的監香老師們都不會有這個毛病，由此應該知道他們都是久學菩薩。像這樣一步一步如實去做，將來要得無生法忍就會很快發起。如果放不下執著，老是計較自己的利益，又加上輕慢新學菩薩，看不上眼，那麼縱使證悟了，這一世想要取證無生法忍，絕對沒有機會，未來世也將會很長遠才能進入初地，這就是悟後不能速取無生法忍的遮障處。這是這一部經最後的咐囑，佛特地交代諸位；因爲對還沒有證得如來藏的人，交代這兩個法沒有意義；而現在證得如來藏的，就只有你們，所以等於是專門爲諸位吩咐的，大家要謹記在心！

【彌勒菩薩聞說是已，白佛言：「世尊！未曾有也！如佛所說，我當遠離如斯之惡，奉持如來無數阿僧祇劫所集阿耨多羅三藐三菩提法。若未來世善男子、善

女人求大乘者，當令手得如是等經；與其念力，使受持讀誦、爲他廣說。世尊！若後末世有能受持讀誦、爲他說者，當知皆是彌勒神力之所建立。」佛言：「善哉！善哉！彌勒！如汝所說，佛助爾喜。」】

講記：彌勒菩薩聽釋迦牟尼佛吩咐以後，向 佛稟白說：「世尊！以前都沒有聽您這樣說過啊！就像您所說的一樣，我將會遠離這些惡法，奉持如來無數阿僧祇劫所修集得來的無上正等正覺妙法。假使未來世有善男子、善女人求證大乘法，我將會讓他們親手獲得《維摩詰經》這一類的經典，並且我會加持他們，使他們的念力成熟而能受持讀誦以及爲別人廣作解說。世尊！如果未來末世之時，有人能受持讀誦這部經典，而且能爲別人解說，應當知道都是我彌勒的威神力所建立的。」這樣看來，我今天也是 彌勒菩薩所建立的，事實上也應該如是觀。其實也並不只是 彌勒菩薩威神力所建立，也是 釋迦如來威神力、也是十方諸佛威神力的建立。佛聽了就開示說：「你說得很好啊！說得很好啊！彌勒！就像你所說的這樣吧！我也會幫助你所喜歡做的事情。」

【於是一切菩薩合掌白佛：「我等亦於如來滅後，十方國土廣宣流布阿耨多羅三藐三菩提法，復當開導諸說法者，令得是經。」】

講記：等覺菩薩已經開口說要護持了，其他菩薩們當然不可以置身事外，所以諸位也不能置身事外，我也不能置身事外。這些菩薩們都合掌向佛稟白說：「我們也將會如同彌勒菩薩一樣，在如來滅度後，我們將會去十方國土廣爲宣說流布這部經典所說的無上正等正覺的法門，並且還要開導一切說法的人，讓他們可以得到這部經典而爲別人解說。」

【爾時四天王白佛言：「世尊！在在處處：城邑聚落山林曠野，有是經卷讀誦解說者，我當率諸官屬，爲聽法故往詣其所，擁護其人、面百由旬，令無伺求得其便者。」】

講記：菩薩們都表示擁護，四天王也自然不能置身其外，所以也向佛稟白說：「世尊！不論在任何地方：或是城邑聚落，或是山林曠野，只要有這部經典，並且有人在讀誦和解說的話，我將會率領下屬來護持，同時也是爲了聽法的緣故；我們將會擁護這位說法者，在他說法之處四下張望出去各一百由旬之內，讓一切鬼神都不能來窺伺、尋找他的過失。」

**【是時佛告阿難：「受持是經，廣宣流布。」阿難言：「唯然！我已受持要者。

世尊！當何名斯經？」佛言：「阿難！是經名爲《維摩詰所說》，亦名《不可思議解脫法門》，如是受持。」佛說是經已，長者維摩詰、文殊師利、舍利弗、阿難等，及諸天、人、阿修羅、一切大衆，聞佛所說，皆大歡喜，信受奉行。】

講記：這時就回到當時強記多聞的阿難尊者身上了，他當然應該請問如何受持了。在佛座下當重要弟子，一定要善於觀察時節，在什麼樣的時節是該你開口說什麼話，都要有分寸。阿難尊者就是有這個智慧，當這些人都說要護持，都是說未來世的事，阿難菩薩身爲 佛的侍者，他負責的就是當時那一世的受持流傳，所以最後 佛告訴他說：「你應當受持這一部經典，廣爲宣揚散布出去。」阿難回答說：「我會遵照您的吩咐，我已經把這一部經典中所有重要的部分都記持起來了。可是我記持這一部經，要宣揚流布，應該把它命名爲什麼經呢？」佛說：「阿難啊！這經典的名稱就是《維摩詰所說經》，還有一個名稱叫作《不可思議解脫法門》，你應當用這兩個經名來受持這一部經。」經名的意思就是重新再提示一遍這部經典的主要內容，所有經典最後都會有這一段話，阿難尊者都會問 世尊：這部經典應該叫作什麼經。然後 世尊有時說一個名稱，有時兩個、三個，乃至十幾個名稱，那就分別表示這部經典所說的主要內容。

我們從這兩個經名就可以看得出來，這部經典是 維摩詰菩薩所說的，以他所說的爲最多、最主要的內容。經文中最主要的是在講大乘菩薩們不可思議解脫的法門，不是二乘聖人所能思議的解脫法門。諸位聽了這麼久，應該也知道這不是你們在別處道場所曾聽過的表相解脫的法門；即使是二乘聖者也無法爲人解說這部經典，因爲這不是二乘解脫法門，而是不可想像、不可思量，也是二乘聖人以及所有凡夫大法師們不能議論的解脫法門，所以叫作**不可思議**解脫法門。佛交代說：「應該這樣受持。」佛把這部經典總結以後，長者 維摩詰居士、文殊師利菩薩、舍利弗尊者、阿難尊者等人，以及一切來聽聞這部經典的諸天、一切人、阿修羅眾、一切大眾，聽到 佛所說的這一段開示以後，心中都很歡喜，所以都信受奉行這部經典的法義。《維摩詰經》講到這裡就圓滿了。

佛教正覺同修會〈修學佛道次第表〉

第一階段

* 以憶佛及拜佛方式修習動中定力。
* 學第一義佛法及禪法知見。
* 無相拜佛功夫成就。
* 具備一念相續功夫—動靜中皆能看話頭。
* 努力培植福德資糧，勤修三福淨業。

第二階段

* 參話頭，參公案。
* 開悟明心，一片悟境。
* 鍛鍊功夫求見佛性。
* 眼見佛性〈餘五根亦如是〉親見世界如幻，成就如幻觀。
* 學習禪門差別智。
* 深入第一義經典。
* 修除性障及隨分修學禪定。
* 修證十行位陽焰觀。

第三階段

* 學一切種智真實正理—楞伽經、解深密經、成唯識論…。
* 參究末後句。
* 解悟末後句。
* 透牢關—親自體驗所悟末後句境界，親見實相，無得無失。
* 救護一切眾生迴向正道。護持了義正法，修證十迴向位如夢觀。
* 發十無盡願，修習百法明門，親證猶如鏡像現觀。
* 修除五蓋，發起禪定。持一切善法戒。親證猶如光影現觀。
* 進修四禪八定、四無量心、五神通。進修大乘種智，求證猶如谷響現觀。

佛菩提二主要道次第概要表——二道並修，以外無別佛法

佛菩提道——大菩提道

十信位修集信心——一劫乃至一萬劫

遠波羅蜜多

資糧位

初住位修集布施功德（以財施為主）。
二住位修集持戒功德。
三住位修集忍辱功德。
四住位修集精進功德。
五住位修集禪定功德。
六住位修集般若功德（熏習般若中觀及斷我見，加行位也）。

外門廣修六度萬行

見道位

七住位明心般若正觀現前，親證本來自性清淨涅槃。
八住位於一切法現觀般若中道。漸除性障。
十住位眼見佛性，世界如幻觀成就。

一至十行位，於廣行六度萬行中，依般若中道慧，現觀陰處界猶如陽焰，至第十行滿心位，陽焰觀成就。

一至十迴向位熏習一切種智；修除性障，唯留最後一分思惑不斷。第十迴向滿心位成就菩薩道如夢觀。

內門廣修六度萬行

初地：第十迴向位滿心時，成就道種智一分（八識心王一一親證後，領受五法、三自性、七種第一義、七種性自性、二種無我法）復由勇發十無盡願，成通達位菩薩。復又永伏性障而不具斷，能證慧解脫而不取證，由大願故留惑潤生。此地主修法施波羅蜜多及百法明門。證「猶如鏡像」現觀，故滿初地心。

二地：初地功德滿足以後，再成就道種智一分而入二地；主修戒波羅蜜多及一切種智。滿心位成就「猶如光影」現觀，戒行自然清淨。

解脫道：二乘菩提

→ 斷三縛結，成初果解脫

→ 薄貪瞋癡，成二果解脫

→ 斷五下分結，成三果解脫

入地前的四加行令煩惱障現行悉斷，成四果解脫，留惑潤生。分段生死已斷，煩惱障習氣種子開始斷除，兼斷無始無明上煩惱。

近波羅蜜多

大波羅蜜多

圓滿波羅蜜多

修道位

究竟位

心、五神通。能成就俱解脫果而不取證，留惑潤生。滿心位成就「猶如谷響」現觀及無漏妙定意生身。

四地：由三地再證道種智一分故入四地。主修精進波羅蜜多，於此土及他方世界廣度有緣，無有疲倦。進修一切種智，滿心位成就「如水中月」現觀。

五地：由四地再證道種智一分故入五地。主修禪定波羅蜜多及一切種智，斷除下乘涅槃貪。滿心位成就「變化所成」現觀。

六地：由五地再證道種智一分故入六地。此地主修般若波羅蜜多——依道種智現觀十二因緣一一有支及意生身化身，皆自心真如變化所現，「非有似有」，成就細相觀，不由加行而自然證得滅盡定，成俱解脫大乘無學。

七地：由六地「非有似有」現觀，再證道種智一分故入七地。此地主修一切種智及方便波羅蜜多，由重觀十二有支一一支中之流轉門及還滅門一切細相，成就方便善巧，念念隨入滅盡定。滿心位證得「如犍闥婆城」現觀。

八地：由七地極細相觀成就故再證道種智一分而入八地。此地主修一切種智及願波羅蜜多。至滿心位純無相觀任運恆起，故於相土自在，滿心位復證「如實覺知諸法相意生身」故。

九地：由八地再證道種智一分故入九地。主修力波羅蜜多及一切種智，成就四無礙，滿心位證得「種類俱生無行作意生身」。

十地：由九地再證道種智一分故入此地。此地主修一切種智——智波羅蜜多。滿心位起大法智雲，及現起大法智雲所含藏種種功德，成受職菩薩。

等覺：由十地道種智成就故入此地。此地應修一切種智，圓滿等覺地無生法忍；於百劫中修集極廣大福德，以之圓滿三十二大人相及無量隨形好。

妙覺：示現受生人間已斷盡煩惱障一切習氣種子，並斷盡所知障一切隨眠，永斷變易生死無明，成就大般涅槃，四智圓明。人間捨壽後，報身常住色究竟天利樂十方地上菩薩；以諸化身利樂有情，永無盡期，成就究竟佛道。

七地滿心斷除故意保留之最後一分思惑時，煩惱障所攝色、受、想三陰有漏習氣種子全部斷盡。

煩惱障所攝行、識二陰無漏習氣種子任運漸斷，所知障所攝上煩惱任運漸斷。

斷盡變易生死
成就大般涅槃

圓滿成就究竟佛果

佛子蕭平實 謹製

（二〇〇九、〇二 修訂）

（二〇一二、〇二 增補）

佛教正覺同修會 共修現況 及 招生公告　2016/1/16

一、共修現況：（請在共修時間來電，以免無人接聽。）

台北正覺講堂 103 台北市承德路三段 277 號九樓 捷運淡水線圓山站旁

Tel..總機 02-25957295（晚上）（**分機：九樓**辦公室 10、11；知客櫃檯 12、13。 **十樓**知客櫃檯 15、16；書局櫃檯 14。 **五樓**辦公室 18；知客櫃檯 19。**二樓**辦公室 20；知客櫃檯 21。）

Fax..25954493

第一講堂　台北市承德路三段 277 號九樓

禪淨班：週一晚上班、週三晚上班、週四晚上班、週五晚上班、週六下午班、週六上午班（皆須報名建立學籍後始可參加共修，欲報名者詳見本公告末頁）

增上班：瑜伽師地論詳解：每月第一、三、五週之週末 17.50～20.50 平實導師講解（僅限已明心之會員參加）

禪門差別智：每月第一週日全天　平實導師主講（事冗暫停）。

佛藏經詳解　平實導師主講。已於 2013/12/17 開講，歡迎已發成佛大願的菩薩種性學人，攜眷共同參與此殊勝法會聽講。詳解 釋迦世尊於《佛藏經》中所開示的眞實義理，更爲今時後世佛子四眾，闡述佛陀演說此經的本懷。眞實尋求佛菩提道的有緣佛子，親承聽聞如是勝妙開示，當能如實理解經中義理，亦能了知於大乘法中：如何是諸法實相？善知識、惡知識要如何簡擇？如何才是清淨持戒？如何才能清淨說法？於此末法之世，眾生五濁益重，不知佛、不解法、不識僧，唯見表相，不信眞實，貪著五欲，諸方大師不淨說法，各各將導大量徒眾趣入三塗，如是師徒俱堪憐憫。是故，平實導師以大慈悲心，用淺白易懂之語句，佐以實例、譬喻而爲演說，普令聞者易解佛意，皆得契入佛法正道，如實了知佛法大藏。

此經中，對於實相念佛多所著墨，亦指出念佛要點：以實相爲依，念佛者應依止淨戒、依止清淨僧寶，捨離違犯重戒之師僧，應受學清淨之法，遠離邪見。本經是現代佛門大法師所厭惡之經典：一者由於大法師們已全都落入意識境界而無法親證實相，故於此經中所說實相全無所知，都不樂有人聞此經名，以免讀後提出問疑時無法回答；二者現代大乘佛法地區，已經普被藏密喇嘛教滲透，許多有名之大法師們大多已曾或繼續在修練雙身法，都已失去聲聞戒體及菩薩戒體，成爲地獄種姓人，已非眞正出家之人，本質只是身著僧衣而住在寺院中的世俗人。這些人對於此經都是讀不懂的，也是極爲厭惡的；他們尚不樂見此經之印行，何況流通與講解？今爲救護廣大學佛人，兼欲護持佛教血脈永續常傳，特選此經宣講之。每逢週二 18.50~20.50 開示，不限制聽講資格。會外人士需憑身分證件換證入內聽講（此是大樓管理處之安全規定，敬請見諒）。桃園、台中、台南、高雄等地講堂，亦於每週二晚上播放平實導師所講本經之 DVD，不必出示身分證件即可入內聽講，歡迎各地善信同霑法益。

第二講堂　台北市承德路三段 267 號十樓。

禪淨班：週一晚上班、週六下午班。

進階班：週三晚上班、週四晚上班、週五晚上班（禪淨班結業後轉入共修）。

佛藏經詳解：平實導師講解。每週二 18.50~20.50（影像音聲即時傳輸）。本會學員憑上課證進入聽講，會外學人請以身分證件換證進入聽講（此爲大樓管理處安全管理規定之要求，敬請諒解）。

第三講堂　台北市承德路三段 277 號五樓。

進階班：週一晚上班、週三晚上班、週四晚上班、週五晚上班。

佛藏經詳解：平實導師講解。每週二 18.50~20.50（影像音聲即時傳輸）。本會學員憑上課證進入聽講，會外學人請以身分證件換證進入聽講（此爲大樓管理處安全管理規定之要求，敬請諒解）。

第四講堂　台北市承德路三段 267 號二樓。

進階班：週一晚上班、週三晚上班、週四晚上班、週五晚上班（禪淨班結業後轉入共修）。

佛藏經詳解：平實導師講解。每週二 18.50~20.50（影像音聲即時傳輸）。本會學員憑上課證進入聽講，會外學人請以身分證件換證進入聽講（此爲大樓管理處安全管理規定之要求，敬請諒解）。

第五、第六講堂　爲**開放式講堂**，不需以身分證件換證即可進入聽講，台北市承德路三段 267 號地下一樓、地下二樓。已規劃整修完成，每逢週二晚上講經時段開放給會外人士自由聽經，請由大樓側面梯階逕行進入聽講。**聽講者請尊重講者的著作權及肖像權，請勿錄音錄影，以免違法；若有錄音錄影被查獲者，將依法處理。**

正覺祖師堂　大溪鎮美華里信義路 650 巷坑底 5 之 6 號（台 3 號省道 34 公里處 妙法寺對面斜坡道進入）電話 03-3886110　傳眞 03-3881692 本堂供奉 克勤圓悟大師，專供會員每年四月、十月各二次精進禪三共修，兼作本會出家菩薩掛單常住之用。除禪三時間以外，每逢單月第一週之週日 9:00~17:00 開放會內、外人士參訪，當天並提供午齋結緣。教內共修團體或道場，得另申請其餘時間作團體參訪，務請事先與常住確定日期，以便安排常住菩薩接引導覽，亦免妨礙常住菩薩之日常作息及修行。

桃園正覺講堂（第一、第二講堂）：桃園市介壽路 286、288 號 10 樓（陽明運動公園對面）電話：03-3749363（請於共修時聯繫，或與台北聯繫）

禪淨班：週一晚上班、週三晚上班、週四晚上班、週五晚上班。

進階班：週六上午班、週五晚上班。

佛藏經詳解：平實導師講解。每週二晚上，以台北正覺講堂所錄 DVD 放映；歡迎會外學人共同聽講，不需出示身分證件。

新竹正覺講堂 新竹市東光路 55 號二樓之一　電話 03-5724297（晚上）

第一講堂：

禪淨班：週一晚上班、週五晚上班、週六上午班。

進階班：週三晚上班、週四晚上班（由禪淨班結業後轉入共修）。

佛藏經詳解：平實導師講解。每週二晚上，以台北正覺講堂所錄 DVD 放映。歡迎會外學人共同聽講，不需出示身分證件。

第二講堂：

禪淨班：週三晚上班、週四晚上班。

佛藏經詳解：每週二晚上與第一講堂同時播放佛藏經詳解 DVD。

台中正覺講堂 04-23816090（晚上）

第一講堂 台中市南屯區五權西路二段 666 號 13 樓之四（國泰世華銀行樓上。鄰近縣市經第一高速公路前來者，由五權西路交流道可以快速到達，大樓旁有停車場，對面有素食館）。

禪淨班：週三晚上班、週四晚上班。

進階班：週一晚上班、週六上午班（由禪淨班結業後轉入共修）。

增上班：單週週末以台北增上班課程錄成 DVD 放映之，限已明心之會員參加。

佛藏經詳解：平實導師講解。每週二晚上，以台北正覺講堂所錄 DVD 放映。歡迎會外學人共同聽講，不需出示身分證件。

第二講堂 台中市南屯區五權西路二段 666 號 4 樓

禪淨班：週一晚上班、週三晚上班、週六上午班。

進階班：週五晚上班（由禪淨班結業後轉入共修）。

佛藏經詳解：每週二晚上與第一講堂同時播放佛藏經詳解 DVD。

第三講堂、第四講堂：台中市南屯區五權西路二段 666 號 4 樓。

嘉義正覺講堂 嘉義市友愛路 288 號八樓之一　電話：05-2318228

第一講堂：

禪淨班：週一晚上班、週四晚上班、週五晚上班。

進階班：週三晚上班（由禪淨班結業後轉入共修）。

佛藏經詳解：平實導師講解。每週二晚上，以台北正覺講堂所錄 DVD 放映。歡迎會外學人共同聽講，不需出示身分證件。

第二講堂 嘉義市友愛路 288 號八樓之二。

台南正覺講堂

第一講堂 台南市西門路四段 15 號 4 樓。06-2820541（晚上）

禪淨班：週一晚上班、週三晚上班、週四晚上班、週五晚上班、週六下午班。

增上班：單週週末下午，以台北增上班課程錄成 DVD 放映之，限已明心之會員參加。

佛藏經詳解：平實導師講解。每週二晚上，以台北正覺講堂所錄 DVD 放映。歡迎會外學人共同聽講，不需出示身分證件。

第二講堂　台南市西門路四段 15 號 3 樓。

佛藏經詳解：每週二晚上與第一講堂同時播放佛藏經詳解 DVD。

第三講堂　台南市西門路四段 15 號 3 樓。

進階班：週三晚上班、週四晚上班、週六上午班（由禪淨班結業後轉入共修）。

佛藏經詳解：每週二晚上與第一講堂同時播放佛藏經詳解 DVD。

高雄正覺講堂　高雄市新興區中正三路 45 號五樓 07-2234248（晚上）

第一講堂（五樓）：

禪淨班：週一晚上班、週三晚上班、週四晚上班、週五晚上班、週六上午班。

增上班：單週週末下午，以台北增上班課程錄成 DVD 放映之，限已明心之會員參加。

佛藏經詳解：平實導師講解。每週二晚上，以台北正覺講堂所錄 DVD 放映。歡迎會外學人共同聽講，不需出示身分證件。

第二講堂（四樓）：

進階班：週三晚上班、週四晚上班、週六上午班（由禪淨班結業後轉入共修）。

佛藏經詳解：每週二晚上與第一講堂同時播放佛藏經詳解 DVD。

第三講堂（三樓）：

進階班：週四晚上班（由禪淨班結業後轉入共修）。

香港正覺講堂　☆**已遷移新址**☆

九龍觀塘，成業街 10 號，電訊一代廣場 27 樓 E 室。

（觀塘地鐵站 B1 出口，步行約 4 分鐘）。電話：(852) 23262231

英文地址：Unit E, 27th Floor, TG Place, 10 Shing Yip Street, Kwun Tong, Kowloon

禪淨班：雙週六下午班 14:30-17:30，已經額滿。
雙週日下午班 14:30-17:30，2016 年 4 月底前尚可報名。

進階班：雙週五晚上班（由禪淨班結業後轉入共修）。

增上班：單週週末上午，以台北增上班課程錄成 DVD 放映之，限已明心之會員參加。

妙法蓮華經詳解：平實導師講解。雙週六 19:00-21:00，以台北正覺講堂所錄 DVD 放映；歡迎會外學人共同聽講，不需出示身分證件。

美國洛杉磯正覺講堂　☆已遷移新址☆

825 S. Lemon Ave Diamond Bar, CA 91798 U.S.A.

Tel. (909) 595-5222（請於週六 9:00~18:00 之間聯繫）

Cell. (626) 454-0607

禪淨班：每逢週末 15：30~17：30 上課。

進階班：每逢週末上午 10：00~12：00 上課。

佛藏經詳解：平實導師講解。每週六下午 13：00~15：00，以台北正覺講堂所錄 DVD 放映。歡迎各界人士共享第一義諦無上法益，不需報名。

二、招生公告　**本會台北講堂及全省各講堂，每逢四月、十月下旬開新班，每週共修一次**（每次二小時。開課日起三個月內仍可插班）；**但美國洛杉磯共修處之禪淨班得隨時插班共修。各班共修期間皆爲二年半，欲參加者請向本會函索報名表**（各共修處皆於共修時間方有人執事，非共修時間請勿電詢或前來洽詢、請書），**或直接從本會官方網站**(http://www.enlighten.org.tw/newsflash/class)**或成佛之道網站下載報名表**。共修期滿時，若經報名禪三審核通過者，可參加四天三夜之禪三精進共修，有機會明心、取證如來藏，發起般若實相智慧，成爲實義菩薩，脫離凡夫菩薩位。

三、新春禮佛祈福　**農曆年假**期間停止共修：自農曆新年前七天起停止共修與弘法，正月 8 日起回復共修、弘法事務。新春期間正月初一～初七 9.00～17.00 開放台北講堂、正月初一~初三開放新竹講堂、台中講堂、台南講堂、高雄講堂，以及大溪禪三道場（正覺祖師堂），方便會員供佛、祈福及會外人士請書。美國洛杉磯共修處之休假時間，請逕詢該共修處。

密宗四大派修雙身法，是外道性力派的邪法；又以生滅的識陰作為常住法，是常見外道，是假的藏傳佛教。

西藏覺囊巴以他空見弘揚第八識如來藏勝法，才是真藏傳佛教

佛教正覺同修會　弘法行事表

2017/03/31

1、**禪淨班**　以無相念佛及拜佛方式修習動中定力，實證一心不亂功夫。傳授解脫道正理及第一義諦佛法，以及參禪知見。共修期間：二年六個月。每逢四月、十月開新班，詳見招生公告表。

2、**《佛藏經》**詳解　平實導師主講。已於 2013/12/17 開講，歡迎已發成佛大願的菩薩種性學人，攜眷共同參與此殊勝法會聽講。詳解 釋迦世尊於《佛藏經》中所開示的眞實義理，更爲今時後世佛子四眾，闡述 佛陀演說此經的本懷。眞實尋求佛菩提道的有緣佛子，親承聽聞如是勝妙開示，當能如實理解經中義理，亦能了知於大乘法中：如何是諸法實相？善知識、惡知識要如何簡擇？如何才是清淨持戒？如何才能清淨說法？於此末法之世，眾生五濁益重，不知佛、不解法、不識僧，唯見表相，不信眞實，貪著五欲，諸方大師不淨說法，各各將導大量徒眾趣入三塗，如是師徒俱堪憐憫。是故，平實導師以大慈悲心，用淺白易懂之語句，佐以實例、譬喻而爲演說，普令聞者易解佛意，皆得契入佛法正道，如實了知佛法大藏。每逢週二 18.50~20.50 開示，不限制聽講資格。會外人士需憑身分證件換證入內聽講（此是大樓管理處之安全規定，敬請見諒）。桃園、新竹、台中、台南、高雄等地講堂，亦於每週二晚上播放平實導師講經之 DVD，不必出示身分證件即可入內聽講，歡迎各地善信同霑法益。

有某道場專弘淨土法門數十年，於教導信徒研讀《佛藏經》時，往往告誡信徒曰：「後半部不許閱讀。」由此緣故坐令信徒失去提升念佛層次之機緣，師徒只能低品位往生淨土，令人深覺愚癡無智。由有多人建議故，平實導師開始宣講《佛藏經》，藉以轉易如是邪見，並提升念佛人之知見與往生品位。此經中，對於實相念佛多所著墨，亦指出念佛要點：以實相爲依，念佛者應依止淨戒、依止清淨僧寶，捨離違犯重戒之師僧，應受學清淨之法，遠離邪見。本經是現代佛門大法師所厭惡之經典：一者由於大法師們已全都落入意識境界而無法親證實相，故於此經中所說實相全無所知，都不樂有人聞此經名，以免讀後提出問疑時無法回答；二者現代大乘佛法地區，已經普被藏密喇嘛教滲透，許多有名之大法師們大多已曾或繼續在修練雙身法，都已失去聲聞戒體及菩薩戒體，成爲地獄種姓人，已非眞正出家之人，本質上只是身著僧衣而住在寺院中的世俗人。這些人對於此經都是讀不懂的，也是極爲厭惡的；他們尙不樂見此經之印行，何況流通與講解？今爲救護廣大學佛人，兼欲護持佛教血脈永續常傳，特選此經宣講之，主講者平實導師。

3、**瑜伽師地論**詳解　詳解論中所言凡夫地至佛地等 17 師之修證境界與理論，從凡夫地、聲聞地……宣演到諸地所證一切種智之眞實正理。由平實導師開講，每逢一、三、五週之週末晚上開示，僅限已明心之會員參加。

4、**精進禪三**　主三和尚：平實導師。於四天三夜中，以克勤圓悟大師及大慧宗杲之禪風，施設機鋒與小參、公案密意之開示，幫助會員剋期取證，親證不生不滅之眞實心——人人本有之如來藏。每年四月、十月各舉辦二個梯次；平實導師主持。僅限本會會員參加禪淨班共修期滿，報名審核通過者，方可參加。並選擇會中定力、慧力、福德三條件皆已具足之已明心會員，給以指引，令得眼見自己無形無相之佛性遍佈山河大地，眞實而無障礙，得以肉眼現觀世界身心悉皆如幻，具足成就如幻觀，圓滿十住菩薩之證境。

5、**大法鼓經**詳解　詳解末法時代大乘佛法修行之道。佛教正法消毒妙藥塗於大鼓而以擊之，凡有眾生聞之者，一切邪見鉅毒悉皆消殞；此經即是大法鼓之正義，凡聞之者，所有邪見之毒悉皆滅除，見道不難；亦能發起菩薩無量功德，是故諸大菩薩遠從諸方佛土來此娑婆聞修此經。

本經破「有」而顯涅槃，以此名爲眞法；若墮在「有」中，皆名「非法」；若人如是宣揚佛法，名爲擊大法鼓；如是依「法」而捨「非法」，據以建立山門而爲眾說法，方可名爲法鼓山。此經中說，以「此經」爲菩薩道之本，以證得「此經」之正知見及法門作爲度人之「法」，方名眞實佛法，否則盡名「非法」。本經中對法與非法、有與涅槃，有深入之闡釋，歡迎教界一切善信（不論初機或久學菩薩），一同親沐 如來聖教，共沾法喜。由平實導師詳解。不限制聽講資格。

6、**不退轉法輪經**詳解　本經所說妙法極爲甚深難解，時至末法，已然無有知者；而其甚深絕妙之法，流傳至今依舊多人可證，顯示佛學眞是義學而非玄談，其中甚深極妙令人拍案稱絕之第一義諦妙義，平實導師將會加以解說。待《大法鼓經》宣講完畢時繼續宣講此經。

7、**阿含經**詳解　選擇重要之阿含部經典，依無餘涅槃之實際而加以詳解，令大眾得以現觀諸法緣起性空，亦復不墮斷滅見中，顯示經中所隱說之涅槃實際—如來藏—確實已於四阿含中隱說；令大眾得以聞後觀行，確實斷除我見乃至我執，證得**見到**眞現觀，乃至**身證**……等眞現觀；已得大乘或二乘見道者，亦可由此聞熏及聞後之觀行，除斷我所之貪著，成就慧解脫果。由平實導師詳解。不限制聽講資格。

8、**解深密經**詳解　重講本經之目的，在於令諸已悟之人明解大乘法道之成佛次第，以及悟後進修一切種智之內涵，確實證知三種自性性，並得據此證解七眞如、十眞如等正理。每逢週二 18.50~20.50 開示，由平實導師詳解。將於《大法鼓經》講畢後開講。不限制聽講資格。

9、**成唯識論**詳解　詳解一切種智眞實正理，詳細剖析一切種智之微細深妙廣大正理；並加以舉例說明，使已悟之會員深入體驗所證如來藏之微密行相；及證驗見分相分與所生一切法，皆由如來藏—阿賴耶識一直接或展轉而生，因此證知一切法無我，證知無餘涅槃之本際。將於增上班《瑜伽師地論》講畢後，由平實導師重講。僅限已明心之會員參加。

10、**精選如來藏系經典**詳解　精選如來藏系經典一部，詳細解說，以此完全印證會員所悟如來藏之眞實，得入不退轉住。另行擇期詳細解說之，由平實導師講解。僅限已明心之會員參加。

11、**禪門差別智**　藉禪宗公案之微細淆訛難知難解之處，加以宣說及剖析，以增進明心、見性之功德，啓發差別智，建立擇法眼。每月第一週日全天，由平實導師開示，僅限破參明心後，復又眼見佛性者參加（事冗暫停）。

12、**枯木禪**　先講智者大師的《小止觀》，後說《釋禪波羅蜜》，詳解四禪八定之修證理論與實修方法，細述一般學人修定之邪見與岔路，及對禪定證境之誤會，消除枉用功夫、浪費生命之現象。已悟般若者，可以藉此而實修初禪，進入大乘通教及聲聞教的三果心解脫境界，配合應有的大福德及後得無分別智、十無盡願，即可進入初地心中。親教師：平實導師。未來緣熟時將於大溪正覺寺開講。不限制聽講資格。

註：本會例行年假，自 2004 年起，改爲每年農曆新年前七天開始停息弘法事務及共修課程，農曆正月 8 日回復所有共修及弘法事務。新春期間（每日 9.00~17.00）開放台北講堂，方便會員禮佛祈福及會外人士請書。大溪區的正覺祖師堂，開放參訪時間，詳見〈正覺電子報〉或成佛之道網站。本表得因時節因緣需要而隨時修改之，不另作通知。

佛教正覺同修會　贈閱書籍 目錄　2015/09/29

1.**無相念佛**　平實導師著　回郵 10 元
2.**念佛三昧修學次第**　平實導師述著　回郵 25 元
3.**正法眼藏—護法集**　平實導師述著　回郵 35 元
4.**真假開悟簡易辨正法&佛子之省思**　平實導師著　回郵 3.5 元
5.**生命實相之辨正**　平實導師著　回郵 10 元
6.**如何契入念佛法門**（附：印順法師否定極樂世界）平實導師著　回郵 3.5 元
7.**平實書箋**—答元覽居士書　平實導師著　回郵 35 元
8.**三乘唯識**—如來藏系經律彙編　平實導師編　回郵 80 元
（精裝本　長 27 cm　寬 21 cm　高 7.5 cm　重 2.8 公斤）
9.**三時繫念全集**—修正本　回郵掛號 40 元（長 26.5 cm×寬 19 cm）
10.**明心與初地**　平實導師述　回郵 3.5 元
11.**邪見與佛法**　平實導師述著　回郵 20 元
12.**菩薩正道**—回應義雲高、釋性圓…等外道之邪見　正燦居士著 回郵 20 元
13.**甘露法雨**　平實導師述　回郵 20 元
14.**我與無我**　平實導師述　回郵 20 元
15.**學佛之心態**—修正錯誤之學佛心態始能與正法相應 孫正德老師著 回郵35元
附錄：平實導師著《**略說八、九識並存…等之過失**》
16.**大乘無我觀**—《悟前與悟後》別說　平實導師述著　回郵 20 元
17.**佛教之危機**—中國台灣地區現代佛教之真相（附錄：公案拈提六則）
平實導師著　回郵 25 元
18.**燈　影**—燈下黑（覆「求教後學」來函等）　平實導師著　回郵 35 元
19.**護法與毀法**—覆上平居士與徐恒志居士網站毀法二文
張正圜老師著　回郵 35 元
20.**淨土聖道**—兼評選擇本願念佛　正德老師著　由正覺同修會購贈 回郵 25 元
21.**辨唯識性相**—對「紫蓮心海《辯唯識性相》書中否定阿賴耶識」之回應
正覺同修會 台南共修處法義組 著　回郵 25 元
22.**假如來藏**—對法蓮法師《如來藏與阿賴耶識》書中否定阿賴耶識之回應
正覺同修會 台南共修處法義組 著　回郵 35 元
23.**入不二門**—公案拈提集錦 第一輯（於平實導師公案拈提諸書中選錄約二十則，
合輯爲一冊流通之）平實導師著　回郵 20 元
24.**真假邪說**—西藏密宗索達吉喇嘛《破除邪說論》真是邪說
釋正安法師著　回郵 35 元
25.**真假開悟**—真如、如來藏、阿賴耶識間之關係　平實導師述著　回郵 35 元
26.**真假禪和**—辨正釋傳聖之謗法謬說　孫正德老師著　回郵 30 元

27.**眼見佛性**—駁慧廣法師眼見佛性的含義文中謬說

游正光老師著　回郵 25 元

28.**普門自在**—公案拈提集錦 第二輯（於平實導師公案拈提諸書中選錄約二十則，合輯為一冊流通之）平實導師著　回郵 25 元

29.**印順法師的悲哀**—以現代禪的質疑為線索　恒毓博士著　回郵 25 元

30.**識蘊真義**—現觀識蘊內涵、取證初果、親斷三縛結之具體行門。

—依《成唯識論》及《惟識述記》正義，略顯安慧《大乘廣五蘊論》之邪謬

平實導師著　回郵 35 元

31.**正覺電子報** 各期紙版本　免附回郵　每次最多函索三期或三本。

（已無存書之較早各期，不另增印贈閱）

32.**現代人應有的宗教觀**　蔡正禮老師 著　回郵 3.5 元

33.**遠惑趣道**—正覺電子報般若信箱問答錄　第一輯　回郵 20 元

34.**遠惑趣道**—正覺電子報般若信箱問答錄　第二輯　回郵 20 元

35.**確保您的權益**—器官捐贈應注意自我保護　游正光老師 著　回郵 10 元

36.**正覺教團電視弘法三乘菩提 DVD 光碟（一）**

由正覺教團多位親教師共同講述錄製 DVD 8 片，MP3 一片，共 9 片。有二大講題：一為「三乘菩提之意涵」，二為「學佛的正知見」。內容精闢，深入淺出，精彩絕倫，幫助大眾快速建立三乘法道的正知見，免被外道邪見所誤導。有志修學三乘佛法之學人不可不看。（製作工本費 100 元，回郵 25 元）

37.**正覺教團電視弘法 DVD 專輯（二）**

總有二大講題：一為「三乘菩提之念佛法門」，一為「學佛正知見（第二篇）」，由正覺教團多位親教師輪番講述，內容詳細闡述如何修學念佛法門、實證念佛三昧，以及學佛應具有的正確知見，可以幫助發願往生西方極樂淨土之學人，得以把握往生，更可令學人快速建立三乘法道的正知見，免於被外道邪見所誤導。有志修學三乘佛法之學人不可不看。（一套 17 片，工本費 160 元。回郵 35 元）

38.**佛藏經** 燙金精裝本　每冊回郵 20 元。正修佛法之道場欲大量索取者，請正式發函並蓋用大印寄來索取（2008.04.30 起開始敬贈）

39.**喇嘛性世界**—揭開假藏傳佛教譚崔瑜伽的面紗　張善思 等人合著

由正覺同修會購贈　回郵 20 元

40.**假藏傳佛教的神話**—性、謊言、喇嘛教　張正玄教授編著　回郵 20 元

由正覺同修會購贈　回郵 20 元

41.**隨　緣**—理隨緣與事隨緣　平實導師述　回郵 20 元。

42.**學佛的覺醒**　正枝居士 著　回郵 25 元

43.**導師之真實義**　蔡正禮老師 著　回郵 10 元

44.**淺談達賴喇嘛之雙身法**—兼論解讀「密續」之達文西密碼

吳明芷居士 著　回郵 10 元

45.**魔界轉世**　張正玄居士 著　回郵 10 元

46.**一貫道與開悟**　蔡正禮老師 著　回郵 10 元

47.**博愛**—愛盡天下女人　正覺教育基金會 編印　回郵 10 元

48.**意識虛妄經教彙編**—實證解脫道的關鍵經文　正覺同修會編印　回郵 25 元

49.**邪箭囈語**—破斥藏密外道多識仁波切《破魔金剛箭雨論》之邪說
陸正元老師著　上、下冊回郵各 30 元

50.**真假沙門**—依 佛聖教闡釋佛教僧寶之定義
蔡正禮老師著　俟正覺電子報連載後結集出版

51.**真假禪宗**—藉評論釋性廣《印順導師對變質禪法之批判
及對禪宗之肯定》以顯示真假禪宗
附論一：凡夫知見 無助於佛法之信解行證
附論二：世間與出世間一切法皆從如來藏實際而生而顯
余正偉老師著　俟正覺電子報連載後結集出版　回郵未定

52.**假鋒虛焰金剛乘**—揭示顯密正理，兼破索達吉師徒《般若鋒兮金剛焰》。
釋正安 法師著　俟正覺電子報連載後結集出版

★ 上列贈書之郵資，係台灣本島地區郵資，大陸、港、澳地區及外國地區，請另計酌增（大陸、港、澳、國外地區之郵票不許通用）。尚未出版之書，請勿先寄來郵資，以免增加作業煩擾。

★ 本目錄若有變動，唯於後印之書籍及「成佛之道」網站上修正公佈之，不另行個別通知。

函索書籍請寄：佛教正覺同修會　103 台北市承德路 3 段 277 號 9 樓
台灣地區函索書籍者請附寄郵票，無時間購買郵票者可以等值現金抵用，但不接受郵政劃撥、支票、匯票。大陸地區得以人民幣計算，國外地區請以美元計算（請勿寄來當地郵票，在台灣地區不能使用）。欲以掛號寄遞者，請另附掛號郵資。

親自索閱：正覺同修會各共修處。　★請於共修時間前往取書，餘時無人在道場，請勿前往索取；共修時間與地點，詳見書末正覺同修會共修現況表（以近期之共修現況表爲準）。

註：正智出版社發售之局版書，請向各大書局購閱。若書局之書架上已經售出而無陳列者，請向書局櫃台指定洽購；若書局不便代購者，請於正覺同修會共修時間前往各共修處請購，正智出版社已派人於共修時間送書前往各共修處流通。 郵政劃撥購書及 大陸地區 購書，請詳別頁正智出版社發售書籍目錄最後頁之說明。

成佛之道 網站：http://www.a202.idv.tw　正覺同修會已出版之結緣書籍，多已登載於 成佛之道 網站，若住外國、或住處遙遠，不便取得正覺同修會贈閱書籍者，可以從本網站閱讀及下載。　書局版之《宗通與說通》亦已上網，台灣讀者可向書局洽購，售價 300 元。《狂密與眞密》第一輯~第四輯，亦於 2003.5.1.全部於本網站登載完畢；台灣地區讀者請向書局洽購，每輯約 400 頁，售價 300 元（網站下載紙張費用較貴，容易散失，難以保存，亦較不精美）。

＊＊假藏傳佛教修雙身法，非佛教＊＊

正智出版社 籌募弘法基金發售書籍目錄　2017/04/22

1.**宗門正眼**—公案拈提 第一輯 重拈　平實導師著　500 元
因重寫內容大幅度增加故，字體必須改小，並增為 576 頁 主文 546 頁。比初版更精彩、更有內容。初版《禪門摩尼寶聚》之讀者，可寄回本公司免費調換新版書。免附回郵，亦無截止期限。（2007 年起，每冊附贈本公司精製公案拈提〈超意境〉CD 一片。市售價格 280 元，多購多贈。）
2.**禪淨圓融**　平實導師著　200 元（第一版舊書可換新版書。）
3.**真實如來藏**　平實導師著　400 元
4.**禪—悟前與悟後**　平實導師著　上、下冊，每冊 250 元
5.**宗門法眼**—公案拈提 第二輯　平實導師著　500 元
（2007 年起，每冊附贈本公司精製公案拈提〈超意境〉CD 一片）
6.**楞伽經詳解**　平實導師著　全套共 10 輯　每輯 250 元
7.**宗門道眼**—公案拈提 第三輯　平實導師著　500 元
（2007 年起，每冊附贈本公司精製公案拈提〈超意境〉CD 一片）
8.**宗門血脈**—公案拈提 第四輯　平實導師著　500 元
（2007 年起，每冊附贈本公司精製公案拈提〈超意境〉CD 一片）
9.**宗通與說通**—成佛之道 平實導師著 主文 381 頁 全書 400 頁售價 300 元
10.**宗門正道**—公案拈提 第五輯　平實導師著　500 元
（2007 年起，每冊附贈本公司精製公案拈提〈超意境〉CD 一片）
11.**狂密與真密 一～四輯**　平實導師著　西藏密宗是人間最邪淫的宗教，本質不是佛教，只是披著佛教外衣的印度教性力派流毒的喇嘛教。此書中將西藏密宗密傳之男女雙身合修樂空雙運所有祕密與修法，毫無保留完全公開，並將全部喇嘛們所不知道的部分也一併公開。內容比大辣出版社喧騰一時的《西藏慾經》更詳細。並且函蓋藏密的所有祕密及其錯誤的中觀見、如來藏見……等，藏密的所有法義都在書中詳述、分析、辨正。每輯主文三百餘頁　每輯全書約 400 頁　售價每輯 300 元
12.**宗門正義**—公案拈提 第六輯　平實導師著　500 元
（2007 年起，每冊附贈本公司精製公案拈提〈超意境〉CD 一片）
13.**心經密意**—心經與解脫道、佛菩提道、祖師公案之關係與密意　平實導師述　300 元
14.**宗門密意**—公案拈提 第七輯　平實導師著　500 元
（2007 年起，每冊附贈本公司精製公案拈提〈超意境〉CD 一片）
15.**淨土聖道**—兼評「選擇本願念佛」　正德老師著　200 元
16.**起信論講記**　平實導師述著　共六輯　每輯三百餘頁　售價各 250 元
17.**優婆塞戒經講記**　平實導師述著 共八輯 每輯三百餘頁 售價各 250 元
18.**真假活佛**—略論附佛外道盧勝彥之邪說（對前岳靈犀網站主張「盧勝彥是證悟者」之修正）　正犀居士（岳靈犀）著　流通價 140 元
19.**阿含正義**—唯識學探源　平實導師著　共七輯　每輯 300 元

20.**超意境 CD** 以平實導師公案拈提書中超越意境之頌詞，加上曲風優美的旋律，錄成令人嚮往的超意境歌曲，其中包括正覺發願文及平實導師親自譜成的黃梅調歌曲一首。詞曲雋永，殊堪翫味，可供學禪者吟詠，有助於見道。內附設計精美的彩色小冊，解說每一首詞的背景本事。每片 280 元。【每購買公案拈提書籍一冊，即贈送一片。】

21.**菩薩底憂鬱 CD** 將菩薩情懷及禪宗公案寫成新詞，並製作成超越意境的優美歌曲。 1.主題曲〈菩薩底憂鬱〉，描述地後菩薩能離三界生死而迴向繼續生在人間，但因尚未斷盡習氣種子而有極深沈之憂鬱，非三賢位菩薩及二乘聖者所知，此憂鬱在七地滿心位方才斷盡；本曲之詞中所說義理極深，昔來所未曾見；此曲係以優美的情歌風格寫詞及作曲，聞者得以激發嚮往諸地菩薩境界之大心，詞、曲都非常優美，難得一見；其中勝妙義理之解說，已印在附贈之彩色小冊中。 2.以各輯公案拈提中直示禪門入處之頌文，作成各種不同曲風之超意境歌曲，值得玩味、參究；聆聽公案拈提之優美歌曲時，請同時閱讀內附之印刷精美說明小冊，可以領會超越三界的證悟境界；未悟者可以因此引發求悟之意向及疑情，眞發菩提心而邁向求悟之途，乃至因此眞實悟入般若，成眞菩薩。 3.正覺總持咒新曲，總持佛法大意；總持咒之義理，已加以解說並印在隨附之小冊中。本 CD 共有十首歌曲，長達 63 分鐘。每盒各附贈二張購書優惠券。每片 280 元。

22.**禪意無限 CD** 平實導師以公案拈提書中偈頌寫成不同風格曲子，與他人所寫不同風格曲子共同錄製出版，幫助參禪人進入禪門超越意識之境界。盒中附贈彩色印製的精美解說小冊，以供聆聽時閱讀，令參禪人得以發起參禪之疑情，即有機會證悟本來面目而發起實相智慧，實證大乘菩提般若，能如實證知般若經中的眞實意。本 CD 共有十首歌曲，長達 69 分鐘，每盒各附贈二張購書優惠券。每片 280 元。

23.**我的菩提路**第一輯　釋悟圓、釋善藏等人合著　售價 300 元

24.**我的菩提路**第二輯　郭正益、張志成等人合著　售價 300 元

25.**我的菩提路**第三輯　王美伶等人合著　售價 300 元

26.**鈍鳥與靈龜**—考證後代凡夫對大慧宗杲禪師的無根誹謗。

平實導師著 共 458 頁 售價 350 元

27.**維摩詰經講記** 平實導師述 共六輯 每輯三百餘頁 售價各 250 元

28.**真假外道**—破劉東亮、杜大威、釋證嚴常見外道見 正光老師著 200 元

29.**勝鬘經講記**—兼論印順《勝鬘經講記》對於《勝鬘經》之誤解。

平實導師述　共六輯　每輯三百餘頁　售價 250 元

30.**楞嚴經講記** 平實導師述 共 15 輯，每輯三百餘頁 售價 300 元

31.**明心與眼見佛性**—駁慧廣〈蕭氏「眼見佛性」與「明心」之非〉文中謬說

正光老師著　共 448 頁　售價 300 元

32.**見性與看話頭** 黃正倖老師 著，本書是禪宗參禪的方法論。

內文 375 頁，全書 416 頁，售價 300 元。

33.**達賴真面目**—玩盡天下女人 白正偉老師 等著 中英對照彩色精裝大本 800 元
34.**喇嘛性世界**—揭開假藏傳佛教譚崔瑜伽的面紗　張善思 等人著　200 元
35.**假藏傳佛教的神話**—性、謊言、喇嘛教　正玄教授編著　200 元
36.**金剛經宗通**　平實導師述　共九輯　每輯售價 250 元。
37.**空行母**—性別、身分定位，以及藏傳佛教。
珍妮·坎貝爾著 呂艾倫 中譯 售價 250 元
38.**末代達賴**—性交教主的悲歌　張善思、呂艾倫、辛燕編著 售價 250 元
39.**霧峰無霧**—給哥哥的信　辨正釋印順對佛法的無量誤解
游宗明 老師著　售價 250 元
40.**第七意識與第八意識？**—穿越時空「超意識」
平實導師述　每冊 300 元
41.**黯淡的達賴**—失去光彩的諾貝爾和平獎
正覺教育基金會編著　每冊 250 元
42.**童女迦葉考**—論呂凱文〈佛教輪迴思想的論述分析〉之謬。
平實導師 著 定價 180 元
43.**人間佛教**—實證者必定不悖三乘菩提
平實導師 述，定價 400 元
44.**實相經宗通**　平實導師述　共八輯　每輯 250 元
45.**真心告訴您(一)**—達賴喇嘛在幹什麼？
正覺教育基金會編著　售價 250 元
46.**中觀金鑑**—詳述應成派中觀的起源與其破法本質
孫正德老師著　分為上、中、下三冊，每冊 250 元
47.**佛法入門**—迅速進入三乘佛法大門，消除久學佛法漫無方向之窘境。
○○居士著　將於正覺電子報連載後出版。售價 250 元
48.**藏傳佛教要義**—《狂密與真密》之簡體字版　平實導師 著 上、下冊
僅在大陸流通　每冊 300 元
49.**法華經講義**　平實導師述　共二十五輯　每輯 300 元
已於 2015/05/31 起開始出版，每二個月出版一輯
50.**西藏「活佛轉世」制度**—附佛、造神、世俗法
許正豐、張正玄老師合著　定價 150 元
51.**廣論三部曲**　郭正益老師著　定價 150 元
52.**真心告訴您(二)**—達賴喇嘛是佛教僧侶嗎？
—補祝達賴喇嘛八十大壽
正覺教育基金會編著　售價 300 元
53.**廣論之平議**—宗喀巴《菩提道次第廣論》之平議　正雄居士著
約二或三輯　俟正覺電子報連載後結集出版　書價未定
54.**末法導護**—對印順法師中心思想之綜合判攝　正慶老師著　書價未定
55.**菩薩學處**—菩薩四攝六度之要義　陸正元老師著　出版日期未定。
56.**八識規矩頌**詳解　○○居士 註解　出版日期另訂　書價未定。

57.**印度佛教史**—法義與考證。依法義史實評論印順《印度佛教思想史、佛教史地考論》之謬說 正偉老師著 出版日期未定 書價未定

58.**中國佛教史**—依中國佛教正法史實而論。○○老師 著 書價未定。

59.**中論正義**—釋龍樹菩薩《中論》頌正理。
孫正德老師著 出版日期未定 書價未定

60.**中觀正義**—註解平實導師《中論正義頌》。
○○法師（居士）著 出版日期未定 書價未定

61.**佛藏經講記** 平實導師述 出版日期未定 書價未定

62.**阿含經講記**—將選錄四阿含中數部重要經典全經講解之，講後整理出版。
平實導師述 約二輯 每輯 300 元 出版日期未定

63.**寶積經講記** 平實導師述 每輯三百餘頁 優惠價 300 元 出版日期未定

64.**解深密經講記** 平實導師述 約四輯 將於重講後整理出版

65.**成唯識論略解** 平實導師著 五～六輯 每輯300 元 出版日期未定

66.**修習止觀坐禪法要講記** 平實導師述 每輯三百餘頁
將於正覺寺建成後重講、以講記逐輯出版 出版日期未定

67.**無門關**—《無門關》公案拈提 平實導師著 出版日期未定

68.**中觀再論**—兼述印順《中觀今論》謬誤之平議。正光老師著 出版日期未定

69.**輪迴與超度**—佛教超度法會之真義。
○○法師（居士）著 出版日期未定 書價未定

70.**《釋摩訶衍論》平議**—對偽稱龍樹所造《釋摩訶衍論》之平議
○○法師（居士）著 出版日期未定 書價未定

71.**正覺發願文**註解—以真實大願為因 得證菩提
正德老師著 出版日期未定 書價未定

72.**正覺總持咒**—佛法之總持 正圜老師著 出版日期未定 書價未定

73.**涅槃**—論四種涅槃 平實導師著 出版日期未定 書價未定

74.**三自性**—依四食、五蘊、十二因緣、十八界法，說三性三無性。
作者未定 出版日期未定

75.**道品**—從三自性說大小乘三十七道品 作者未定 出版日期未定

76.**大乘緣起觀**—依四聖諦七真如現觀十二緣起 作者未定 出版日期未定

77.**三德**—論解脫德、法身德、般若德。 作者未定 出版日期未定

78.**真假如來藏**—對印順《如來藏之研究》謬說之平議 作者未定 出版日期未定

79.**大乘道次第** 作者未定 出版日期未定 書價未定

80.**四緣**—依如來藏故有四緣。 作者未定 出版日期未定

81.**空之探究**—印順《空之探究》謬誤之平議 作者未定 出版日期未定

82.**十法義**—論阿含經中十法之正義 作者未定 出版日期未定

83.**外道見**—論述外道六十二見 作者未定 出版日期未定

正智出版社有限公司書籍介紹

禪淨圓融：言淨土諸祖所未曾言，示諸宗祖師所未曾示；禪淨圓融，另闢成佛捷徑，兼顧自力他力，闡釋淨土門之速行易行道，亦同時揭櫫聖教門之速行易行道；令廣大淨土行者得免緩行難證之苦，亦令聖道門行者得以藉著淨土速行道而加快成佛之時劫。乃前無古人之超勝見地，非一般弘揚禪淨法門典籍也，先讀爲快。平實導師著 200元。

宗門正眼——公案拈提第一輯：繼承克勤圜悟大師碧巖錄宗旨之禪門鉅作。先則舉示當代大法師之邪說，消弭當代禪門大師鄉愿之心態，摧破當今禪門「世俗禪」之妄談；次則旁通教法，表顯宗門正理；繼以道之次第，消弭古今狂禪；後藉言語及文字機鋒，直示宗門入處。悲智雙運，禪味十足，數百年來難得一睹之禪門鉅著也。平實導師著 500元（原初版書《禪門摩尼寶聚》，改版後補充爲五百餘頁新書，總計多達二十四萬字，內容更精彩，並改名爲《宗門正眼》，讀者原購初版《禪門摩尼寶聚》皆可寄回本公司免費換新，免附回郵，亦無截止期限）（2007年起，凡購買公案拈提第一輯至第七輯，每購一輯皆贈送本公司精製公案拈提〈超意境〉CD一片，市售價格280元，多購多贈）。

禪—悟前與悟後：本書能建立學人悟道之信心與正確知見，圓滿具足而有次第地詳述禪悟之功夫與禪悟之內容，指陳參禪中細微淆訛之處，能使學人明自眞心、見自本性。若未能悟入，亦能以正確知見辨別古今中外一切大師究係眞悟？或屬錯悟？便有能力揀擇，捨名師而選明師，後時必有悟道之緣。一旦悟道，遲者七次人天往返，便出三界，速者一生取辦。學人欲求開悟者，不可不讀。　平實導師著。上、下冊共500元，單冊250元。

眞實如來藏：如來藏眞實存在，乃宇宙萬有之本體，並非印順法師、達賴喇嘛等人所說之「唯有名相、無此心體」。如來藏是涅槃之本際，是一切有智之人竭盡心智、不斷探索而不能得之生命實相；是古今中外許多大師自以爲悟而當面錯過之生命實相。如來藏即是阿賴耶識，乃是一切有情本自具足、不生不滅之眞實心。當代中外大師於此書出版之前所未能言者，作者於本書中盡情流露、詳細闡釋。眞悟者讀之，必能增益悟境、智慧增上；錯悟者讀之，必能檢討自己之錯誤，免犯大妄語業；未悟者讀之，能知參禪之理路，亦能以之檢查一切名師是否眞悟。此書是一切哲學家、宗教家、學佛者及欲昇華心智之人必讀之鉅著。　平實導師著　售價400元。

宗門法眼—**公案拈提**第二輯：列舉實例，闡釋土城廣欽老和尚之悟處；並直示這位不識字的老和尚妙智橫生之根由，繼而剖析禪宗歷代大德之開悟公案，解析當代密宗高僧卡盧仁波切之錯悟證據，並例舉當代顯宗高僧、大居士之錯悟證據（凡健在者，爲免影響其名聞利養，皆隱其名）。藉辨正當代名師之邪見，向廣大佛子指陳禪悟之正道，彰顯宗門法眼。悲勇兼出，強捋虎鬚；慈智雙運，巧探驪龍；摩尼寶珠在手，直示宗門入處，禪味十足；若非大悟徹底，不能爲之。禪門精奇人物，允宜人手一冊，供作參究及悟後印證之圭臬。本書於2008年4月改版，增寫為大約500頁篇幅，以利學人研讀參究時更易悟入宗門正法，以前所購初版首刷及初版二刷舊書，皆可免費換取新書。平實導師著 500元（2007年起，凡購買公案拈提第一輯至第七輯，每購一輯皆贈送本公司精製公案拈提〈超意境〉CD一片，市售價格280元，多購多贈）。

宗門道眼—**公案拈提**第三輯：繼宗門法眼之後，再以金剛之作略、慈悲之胸懷、犀利之筆觸，舉示寒山、拾得、布袋三大士之悟處，消弭當代錯悟者對於寒山大士……等之誤會及誹謗。亦舉出民初以來與虛雲和尚齊名之蜀郡鹽亭袁煥仙夫子——南懷瑾老師之師，其「悟處」何在？並蒐羅許多眞悟祖師之證悟公案，顯示禪宗歷代祖師之睿智，指陳部分祖師、奧修及當代顯密大師之謬悟，作爲殷鑑，幫助禪子建立及修正參禪之方向及知見。假使讀者閱此書已，一時尚未能悟，亦可一面加功用行，一面以此宗門道眼辨別眞假善知識，避開錯誤之印證及歧路，可免大妄語業之長劫慘痛果報。欲修禪宗之禪者，務請細讀。平實導師著 售價500元（2007年起，凡購買公案拈提第一輯至第七輯，每購一輯皆贈送本公司精製公案拈提〈超意境〉CD一片，市售價格280元，多購多贈）。

楞伽經詳解：本經是禪宗見道者印證所悟眞僞之根本經典，亦是禪宗見道者悟後起修之依據經典；故達摩祖師於印證二祖慧可大師之後，將此經典連同佛缽祖衣一併交付二祖，令其依此經典佛示金言、進入修道位，修學一切種智。由此可知此經對於眞悟之人修學佛道，是非常重要之一部經典。此經能破外道邪說，亦破佛門中錯悟名師之謬說，亦破禪宗部分祖師之狂禪：不讀經典、一向主張「一悟即成究竟佛」之謬執。並開示愚夫所行禪、觀察義禪、攀緣如禪、如來禪等差別，令行者對於三乘禪法差異有所分辨；亦糾正禪宗祖師古來對於如來禪之誤解，嗣後可免以訛傳訛之弊。此經亦是法相唯識宗之根本經典，禪者悟後欲修一切種智而入初地者，必須詳讀。平實導師著，全套共十輯，已全部出版完畢，每輯主文約320頁，每冊約352頁，定價250元。

宗門血脈—**公案拈提**第**四**輯：末法怪象—許多修行人自以爲悟，每將無念靈知認作眞實；崇尚二乘法諸師及其徒眾，則將**外於如來藏之緣起性空**—無因論之無常空、斷滅空、一切法空—錯認爲佛所說之般若空性。這兩種現象已於當今海峽兩岸及美加地區顯密大師之中普遍存在；人人自以爲悟，心高氣壯，便敢寫書解釋祖師證悟之公案，大多出於意識思惟所得，言不及義，錯誤百出，因此誤導廣大佛子同陷大妄語之地獄業中而不能自知。彼等書中所說之悟處，其實處處違背第一義經典之聖言量。彼等諸人不論是否身披袈裟，都非佛法宗門血脈，或雖有禪宗法脈之傳承，亦只徒具形式；猶如螟蛉，非眞血脈，未悟得根本眞實故。禪子欲知佛、祖之眞血脈者，請讀此書，便知分曉。平實導師著，主文452頁，全書464頁，定價500元（2007年起，凡購買公案拈提第一輯至第七輯，每購一輯皆贈送本公司精製公案拈提〈超意境〉CD一片，市售價格280元，多購多贈）。

宗通與說通：古今中外，錯誤之人如麻似粟，每以常見外道所說之靈知心，認作眞心；或妄想虛空之勝性能量爲眞如，或錯認物質四大元素藉冥性（靈知心本體）能成就吾人色身及知覺，或認初禪至四禪中之了知心爲不生不滅之涅槃心。此等皆非通宗者之見地。復有錯悟之人一向主張「宗門與教門不相干」，此即尚未通達宗門之人也。其實宗門與教門互通不二，宗門所證者乃是眞如與佛性，教門所說者乃說宗門證悟之眞如佛性，故教門與宗門不二。本書作者以宗教二門互通之見地，細說「宗通與說通」，從初見道至悟後起修之道、細說分明；並將諸宗諸派在整體佛教中之地位與次第，加以明確之教判，學人讀之即可了知佛法之梗概也。欲擇明師學法之前，允宜先讀。平實導師著，主文共381頁，全書392頁，只售成本價300元。

宗門正道—**公案拈提**第**五**輯：修學大乘佛法有二果須證解脫果及大菩提果。二乘人不證大菩提果，唯證解脫果；此果之智慧，名爲聲聞菩提、緣覺菩提。大乘佛子所證二果之菩提果爲佛菩提，故名大菩提果，其慧名爲一切種智函蓋二乘解脫果。然此大乘二果修證，須經由禪宗之宗門證悟方能相應。而宗門證悟極難，自古已然；其所以難者，咎在古今佛教界普遍存在三種邪見：1.以修定認作佛法，2.以無因論之緣起性空—否定涅槃本際如來藏以後之一切法空作爲佛法，3.以常見外道邪見（離語言妄念之靈知性）作爲佛法。如是邪見，或因自身正見未立所致，或因邪師之邪教導所致，或因無始劫來虛妄熏習所致。若不破除此三種邪見，永劫不悟宗門眞義、不入大乘正道，唯能外門廣修菩薩行。平實導師於此書中，有極爲詳細之說明，有志佛子欲摧邪見、入於內門修菩薩行者，當閱此書。主文共496頁，全書512頁。售價500元（2007年起，凡購買公案拈提第一輯至第七輯，每購一輯皆贈送本公司精製公案拈提〈超意境〉CD一片，市售價格280元，多購多贈）。

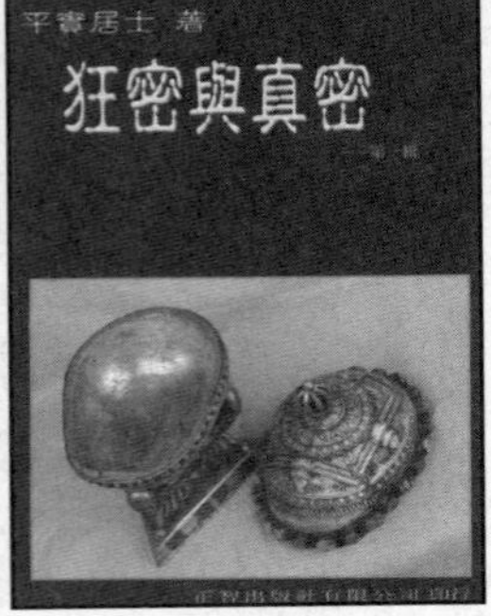

狂密與眞密：密教之修學，皆由有相之觀行法門而入，其最終目標仍不離顯教經典所說第一義諦之修證；若離顯教第一義經典、或違背顯教第一義經典，即非佛教。西藏密教之觀行法，如灌頂、觀想、遷識法、寶瓶氣、大聖歡喜雙身修法、喜金剛、無上瑜伽、大樂光明、樂空雙運等，皆是印度教兩性生生不息思想之轉化，自始至終皆以如何能運用交合淫樂之法達到全身受樂爲其中心思想，純屬欲界五欲的貪愛，不能令人超出欲界輪迴，更不能令人斷除我見；何況大乘之明心與見性，更無論矣！故密宗之法絕非佛法也。而其明光大手印、大圓滿法教，又皆同以常見外道所說離語言妄念之無念靈知心錯認爲佛地之眞如，不能直指不生不滅之眞如。西藏密宗所有法王與徒眾，都尚未開頂門眼，不能辨別眞僞，以依人不依法、依密續不依經典故，不肯將其上師喇嘛所說對照第一義經典，純依密續之藏密祖師所說爲準，因此而誇大其證德與證量，動輒謂彼祖師上師爲究竟佛、爲地上菩薩；如今台海兩岸亦有自謂其師證量高於 釋迦文佛者，然觀其師所述，猶未見道，仍在觀行即佛階段，尚未到禪宗相似即佛、分證即佛階位，竟敢標榜爲究竟佛及地上法王，誑惑初機學人。凡此怪象皆是狂密，不同於眞密之修行者。近年狂密盛行，密宗行者被誤導者極眾，動輒自謂已證佛地眞如，自視爲究竟佛，陷於大妄語業中而不知自省，反謗顯宗眞修實證者之證量粗淺；或如義雲高與釋性圓…等人，於報紙上公然誹謗眞實證道者爲「騙子、無道人、人妖、癩蛤蟆…」等，造下誹謗大乘勝義僧之大惡業；或以外道法中有爲有作之甘露、魔術……等法，誑騙初機學人，狂言彼外道法爲眞佛法。如是怪象，在西藏密宗及附藏密之外道中，不一而足，舉之不盡，學人宜應慎思明辨，以免上當後又犯毀破菩薩戒之重罪。密宗學人若欲遠離邪知邪見者，請閱此書，即能了知密宗之邪謬，從此遠離邪見與邪修，轉入眞正之佛道。

平實導師著 共四輯 每輯約400頁（主文約340頁）每輯售價300元。

宗門正義—公案拈提第六輯：佛教有六大危機，乃是藏密化、世俗化、膚淺化、學術化、宗門密意失傳、悟後進修諸地之次第混淆；其中尤以宗門密意之失傳，爲當代佛教最大之危機。由宗門密意失傳故，易令世尊本懷普被錯解，易令世尊正法被轉易爲外道法，以及加以淺化、世俗化，是故宗門密意之廣泛弘傳與具緣佛弟子，極爲重要。然而欲令宗門密意之廣泛弘傳予具緣之佛弟子者，必須同時配合錯誤知見之解析、普令佛弟子知之，然後輔以公案解析之直示入處，方能令具緣之佛弟子悟入。而此二者，皆須以公案拈提之方式爲之，方易成其功、竟其業，是故平實導師續作宗門正義一書，以利學人。全書500餘頁，售價500元（2007年起，凡購買公案拈提第一輯至第七輯，每購一輯皆贈送本公司精製公案拈提〈超意境〉CD一片，市售價格280元，多購多贈）。

心經密意—心經與解脫道、佛菩提道、祖師公案之關係與密意。二乘菩提所證之解脫道，實依第八識心之斷除煩惱障現行而立解脫之名；大乘菩提所證之佛菩提道，實依親證第八識如來藏之涅槃性、清淨自性、及其中道性而立般若之名；禪宗祖師公案所證之眞心，即是此第八識如來藏；是故三乘佛法所修所證之三乘菩提，皆依此如來藏心而立名也。此第八識心，即是《心經》所說之心也。證得此如來藏已，即能漸入大乘佛菩提道，亦可因證知此心而了知二乘無學所不能知之無餘涅槃本際，是故《心經》之密意，與三乘佛菩提之關係極爲密切、不可分割，三乘佛法皆依此心而立名故。今者平實導師以其所證解脫道之無生智及佛菩提之般若種智，將《心經》與解脫道、佛菩提道、祖師公案之關係與密意，以演講之方式，用淺顯之語句和盤托出，發前人所未言，呈三乘菩提之眞義，令人藉此《心經密意》一舉而窺三乘菩提之堂奧，迥異諸方言不及義之說；欲求眞實佛智者、不可不讀！主文317頁，連同跋文及序文…等共384頁，售價300元。

宗門密意—公案拈提第七輯：佛教之世俗化，將導致學人以信仰作爲學佛，則將以感應及世間法之庇祐，作爲學佛之主要目標，不能了知學佛之主要目標爲親證三乘菩提。大乘菩提則以般若實相智慧爲主要修習目標，以二乘菩提解脫道爲附帶修習之標的；是故學習大乘法者，應以禪宗之證悟爲要務，能親入大乘菩提之實相般若智慧中故，般若實相智慧非二乘聖人所能知故。此書則以台灣世俗化佛教之三大法師，說法似是而非之實例，配合眞悟祖師之公案解析，提示證悟般若之關節，令學人易得悟入。平實導師著，全書五百餘頁，售價500元（2007年起，凡購買公案拈提第一輯至第七輯，每購一輯皆贈送本公司精製公案拈提〈超意境〉CD一片，市售價格280元，多購多贈）。

淨土聖道—兼評日本本願念佛：佛法甚深極廣，般若玄微，非諸二乘聖僧所能知之，一切凡夫更無論矣！所謂一切證量皆歸淨土是也！是故大乘法中「聖道之淨土、淨土之聖道」，其義甚深，難可了知；乃至眞悟之人，初心亦難知也。今有正德老師眞實證悟後，復能深探淨土與聖道之緊密關係，憐憫眾生之誤會淨土實義，亦欲利益廣大淨土行人同入聖道，同獲淨土中之聖道門要義，乃振奮心神、書以成文，今得刊行天下。主文279頁，連同序文等共301頁，總有十一萬六千餘字，正德老師著，成本價200元。

起信論講記：詳解大乘起信論**心生滅門**與**心眞如門**之眞實意旨，消除以往大師與學人對起信論所說心生滅門之誤解，由是而得了知眞心如來藏之非常非斷中道正理；亦因此一講解，令此論以往隱晦而被誤解之眞實義，得以如實顯示，令大乘佛菩提道之正理得以顯揚光大；初機學者亦可藉此正論所顯示之法義，對大乘法理生起正信，從此得以眞發菩提心，眞入大乘法中修學，世世常修菩薩正行。平實導師演述，共六輯，都已出版，每輯三百餘頁，售價250元。

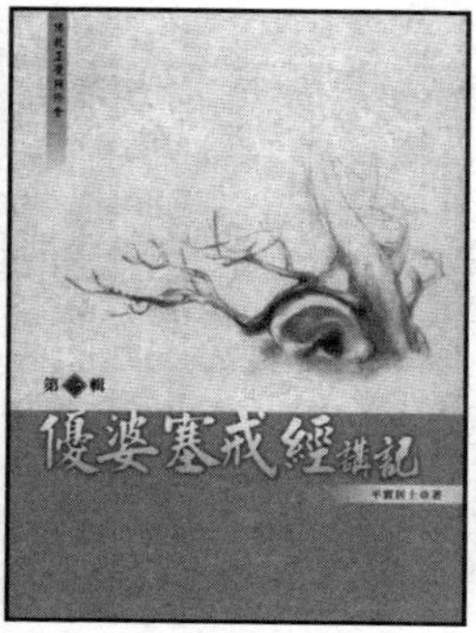

優婆塞戒經講記：本經詳述在家菩薩修學大乘佛法，應如何受持菩薩戒？對人間善行應如何看待？對三寶應如何護持？應如何正確地修集此世後世證法之福德？應如何修集後世「行菩薩道之資糧」？並詳述第一義諦之正義：五蘊非我非異我、自作自受、異作異受、不作不受……等深妙法義，乃是修學大乘佛法、行菩薩行之在家菩薩所應當了知者。出家菩薩今世或未來世登地已，捨報之後多數將如華嚴經中諸大菩薩，以在家菩薩身而修行菩薩行，故亦應以此經所述正理而修之，配合《楞伽經、解深密經、楞嚴經、華嚴經》等道次第正理，方得漸次成就佛道；故此經是一切大乘行者皆應證知之正法。平實導師講述，每輯三百餘頁，售價各250元；共八輯，已全部出版。

真假活佛—略論附佛外道盧勝彥之邪說：人人身中都有眞活佛，永生不滅而有大神用，但眾生都不了知，所以常被身外的西藏密宗假活佛籠罩欺瞞。本來就眞實存在的眞活佛，才是眞正的密宗無上密！諾那活佛因此而說禪宗是大密宗，但藏密的所有活佛都不知道、也不曾實證自身中的眞活佛。本書詳實宣示眞活佛的道理，舉證盧勝彥的「佛法」不是眞佛法，也顯示盧勝彥是假活佛，直接的闡釋第一義佛法見道的眞實正理。眞佛宗的所有上師與學人們，都應該詳細閱讀，包括盧勝彥個人在內。正犀居士著，優惠價140元。

阿含正義—唯識學探源：廣說四大部《阿含經》諸經中隱說之眞正義理，一一舉示佛陀本懷，令阿含時期初轉法輪根本經典之眞義，如實顯現於佛子眼前。並提示末法大師對於阿含眞義誤解之實例，一一比對之，證實唯識增上慧學確於原始佛法之阿含諸經中已隱覆密意而略說之，證實世尊確於原始佛法中已曾密意而說第八識如來藏之總相；亦證實世尊在四阿含中已說此藏識是名色十八界之因、之本—證明如來藏是能生萬法之根本心。佛子可據此修正以往受諸大師（譬如西藏密宗應成派中觀師：印順、昭慧、性廣、大願、達賴、宗喀巴、寂天、月稱、……等人）誤導之邪見，建立正見，轉入正道乃至親證初果而無困難；書中並詳說三果所證的**心解脫**，以及四果**慧解脫**的親證，都是如實可行的具體知見與行門。全書共七輯，已出版完畢。平實導師著，每輯三百餘頁，售價300元。

超意境CD：以平實導師公案拈提書中超越意境之頌詞，加上曲風優美的旋律，錄成令人嚮往的超意境歌曲，其中包括正覺發願文及平實導師親自譜成的黃梅調歌曲一首。詞曲雋永，殊堪翫味，可供學禪者吟詠，有助於見道。內附設計精美的彩色小冊，解說每一首詞的背景本事。每片280元。【每購買公案拈提書籍一冊，即贈送一片。】

鈍鳥與靈龜：鈍鳥及靈龜二物，被宗門證悟者說爲二種人：前者是精修禪定而無智慧者，也是以定爲禪的愚癡禪人；後者是或有禪定、或無禪定的宗門證悟者，凡已證悟者皆是靈龜。但後來被人虛造事實，用以嘲笑大慧宗杲禪師，說他雖是靈龜，卻不免被天童禪師預記「患背」痛苦而亡：「**鈍鳥離巢易，靈龜脫殼難**。」藉以貶低大慧宗杲的證量。同時將天童禪師實證如來藏的證量，曲解爲意識境界的離念靈知。自從大慧禪師入滅以後，錯悟凡夫對他的不實毀謗就一直存在著，不曾止息，並且捏造的假事實也隨著年月的增加而越來越多，終至編成「鈍鳥與靈龜」的假公案、假故事。本書是考證大慧與天童之間的不朽情誼，顯現這件假公案的虛妄不實；更見大慧宗杲面對惡勢力時的正直不阿，亦顯示大慧對天童禪師的至情深義，將使後人對大慧宗杲的誣謗至此而止，不再有人誤犯毀謗賢聖的惡業。書中亦舉證宗門的所悟確以第八識如來藏爲標的，詳讀之後必可改正以前被錯悟大師誤導的參禪知見，日後必定有助於實證禪宗的開悟境界，得階大乘眞見道位中，即是實證般若之賢聖。全書459頁，售價350元。

我的菩提路第一輯：凡夫及二乘聖人不能實證的佛菩提證悟，末法時代的今天仍然有人能得實證，由正覺同修會釋悟圓、釋善藏法師等二十餘位實證如來藏者所寫的見道報告，已爲當代學人見證宗門正法之絲縷不絕，證明大乘義學的法脈仍然存在，爲末法時代求悟般若之學人照耀出光明的坦途。由二十餘位大乘見道者所繕，敘述各種不同的學法、見道因緣與過程，參禪求悟者必讀。全書三百餘頁，售價300元。

我的菩提路第二輯：由郭正益老師等人合著，書中詳述彼等諸人歷經各處道場學法，一一修學而加以檢擇之不同過程以後，因閱讀正覺同修會、正智出版社書籍而發起抉擇分，轉入正覺同修會中修學；乃至學法及見道之過程，都一一詳述之。其中張志成等人係由前現代禪轉進正覺同修會，張志成原爲現代禪副宗長，以前未閱本會書籍時，曾被人藉其名義著文評論 平實導師（詳見《宗通與說通》辨正及《眼見佛性》書末附錄…等）；後因偶然接觸正覺同修會書籍，深覺以前聽人評論平實導師之語不實，於是投入極多時間閱讀本會書籍、深入思辨，詳細探索中觀與唯識之關聯與異同，認爲正覺之法義方是正法，深覺相應；亦解開多年來對佛法的迷雲，確定應依八識論正理修學方是正法。乃不顧面子，毅然前往正覺同修會面見平實導師懺悔，並正式學法求悟。今已與其同修王美伶（亦爲前現代禪傳法老師），同樣證悟如來藏而證得法界實相，生起實相般若眞智。此書中尚有七年來本會第一位眼見佛性者之見性報告一篇，一同供養大乘佛弟子。全書共四百頁，售價300元。

我的菩提路第三輯：由王美伶老師等人合著。自從正覺同修會成立以來，每年夏初、冬初都舉辦精進禪三共修，藉以助益會中同修們得以證悟明心發起般若實相智慧；凡已實證而被平實導師印證者，皆書具見道報告用以證明佛法之眞實可證而非玄學，證明佛法並非純屬思想、理論而無實質，是故每年都能有人證明正覺同修會的「實證佛教」主張並非虛語。特別是眼見佛性一法，自古以來中國禪宗祖師實證者極寡，較之明心開悟的證境更難令人信受；至2017年初，正覺同修會中的證悟明心者已近五百人，然而其中眼見佛性者至今唯十餘人爾，可謂難能可貴，是故明心後欲冀眼見佛性者實屬不易。黃正倖老師是懸絕七年無人見性後的第一人，她於2009年的見性報告刊於本書的第二輯中，爲大眾證明佛性確實可以眼見；其後七年之中求見性者都屬解悟佛性而無人眼見，幸而又經七年後的2016冬初，以及2017夏初的禪三，復有三人眼見佛性，希冀鼓舞四眾佛子求見佛性之大心，今則具載一則於書末，顯示求見佛性之事實經歷，供養現代佛教界欲得見性之四眾弟子。全書四百頁，售價300元，預定2017年6月30日發行。

維摩詰經講記：本經係 世尊在世時，由等覺菩薩維摩詰居士藉疾病而演說之大乘菩提無上妙義，所說函蓋甚廣，然極簡略，是故今時諸方大師與學人讀之悉皆錯解，何況能知其中隱含之深妙正義，是故普遍無法爲人解說；若強爲人說，則成依文解義而有諸多過失。今由平實導師公開宣講之後，詳實解釋其中密意，令維摩詰菩薩所說大乘不可思議解脫之深妙正法得以正確宣流於人間，利益當代學人及與諸方大師。書中詳實演述大乘佛法深妙不共二乘之智慧境界，顯示諸法之中絕待之實相境界，建立大乘菩薩妙道於永遠不敗不壞之地，以此成就護法偉功，欲冀永利娑婆人天。已經宣講圓滿整理成書流通，以利諸方大師及諸學人。全書共六輯，每輯三百餘頁，售價各250元。

真假外道：本書具體舉證佛門中的常見外道知見實例，並加以教證及理證上的辨正，幫助讀者輕鬆而快速的了知常見外道的錯誤知見，進而遠離佛門內外的常見外道知見，因此即能改正修學方向而快速實證佛法。游正光老師著。成本價200元。

勝鬘經講記：如來藏爲三乘菩提之所依，若離如來藏心體及其含藏之一切種子，即無三界有情及一切世間法，亦無二乘菩提緣起性空之出世間法；本經詳說無始無明、一念無明皆依如來藏而有之正理，藉著詳解煩惱障與所知障間之關係，令學人深入了知二乘菩提與佛菩提相異之妙理；聞後即可了知佛菩提之特勝處及三乘修道之方向與原理，邁向攝受正法而速成佛道的境界中。平實導師講述，共六輯，每輯三百餘頁，售價各250元。

楞嚴經講記：楞嚴經係密教部之重要經典，亦是顯教中普受重視之經典；經中宣說明心與見性之內涵極爲詳細，將一切法都會歸如來藏及佛性—妙眞如性；亦闡釋佛菩提道修學過程中之種種魔境，以及外道誤會涅槃之狀況，旁及三界世間之起源。然因言句深澀難解，法義亦復深妙寬廣，學人讀之普難通達，是故讀者大多誤會，不能如實理解佛所說之明心與見性內涵，亦因是故多有悟錯之人引爲開悟之證言，成就大妄語罪。今由平實導師詳細講解之後，整理成文，以易讀易懂之語體文刊行天下，以利學人。全書十五輯，全部出版完畢。每輯三百餘頁，售價每輯300元。

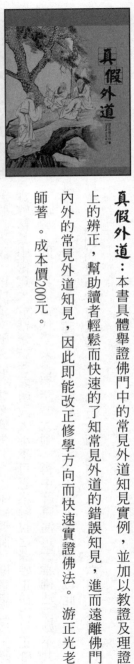

售價300元。

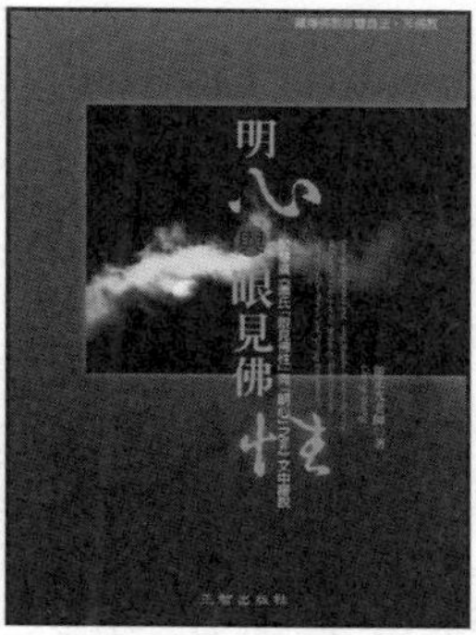

明心與眼見佛性：本書細述明心與眼見佛性之異同，同時顯示了中國禪宗破初參明心與重關眼見佛性二關之間的關聯；書中又藉法義辨正而旁述其他許多勝妙法義，讀後必能遠離佛門長久以來積非成是的錯誤知見，令讀者在佛法的實證上有極大助益。也藉慧廣法師的謬論來教導佛門學人回歸正知正見，遠離古今禪門錯悟者所墮的意識境界，非唯有助於斷我見，也對未來的開悟明心實證第八識如來藏有所助益，是故學禪者都應細讀之。游正光老師著　共448頁

菩薩底憂鬱CD將菩薩情懷及禪宗公案寫成新詞，並製作成超越意境的優美歌曲。1.主題曲〈菩薩底憂鬱〉，描述地後菩薩能離三界生死而迴向繼續生在人間，但因尚未斷盡習氣種子而有極深沈之憂鬱，非三賢位菩薩及二乘聖者所知，此憂鬱在七地滿心位方才斷盡；本曲之詞中所說義理極深，昔來所未曾見；此曲係以優美的情歌風格寫詞及作曲，聞者得以激發嚮往諸地菩薩境界之大心，詞、曲都非常優美，難得一見；其中勝妙義理之解說，已印在附贈之彩色小冊中。2.以各輯公案拈提中直示禪門入處之頌文，作成各種不同曲風之超意境歌曲，值得玩味、參究；聆聽公案拈提之優美歌曲時，請同時閱讀內附之印刷精美說明小冊，可以領會超越三界的證悟境界；未悟者可以因此引發求悟之意向及疑情，眞發菩提心而邁向求悟之途，乃至因此眞實悟入般若，成眞菩薩。3.正覺總持咒新曲，總持佛法大意；總持咒之義理，已加以解說並印在隨附之小冊中。本CD共有十首歌曲，長達63分鐘，附贈二張購書優惠券。每片280元。

禪意無限CD平實導師以公案拈提書中偈頌寫成不同風格曲子，與他人所寫不同風格曲子共同錄製出版，幫助參禪人進入禪門超越意識之境界。盒中附贈彩色印製的精美解說小冊，以供聆聽時閱讀，令參禪人得以發起參禪之疑情，即有機會證悟本來面目，實證大乘菩提般若。本CD共有十首歌曲，長達69分鐘，每盒各附贈二張購書優惠券。每片280元。

金剛經宗通：三界唯心，萬法唯識，是成佛之修證內容，是諸地菩薩之所修；般若則是成佛之道（實證三界唯心、萬法唯識）的入門，若未證悟實相般若，即無成佛之可能，必將永在外門廣行菩薩六度，永在凡夫位中。然而實相般若的發起，全賴實證萬法的實相；若欲證知萬法的眞相，則必須探究萬法之所從來，則須實證自心如來—金剛心如來藏，然後現觀這個金剛心的金剛性、眞實性、如如性、清淨性、涅槃性、能生萬法的自性性、本住性，名爲證眞如；進而現觀三界六道唯是此金剛心所成，人間萬法須藉八識心王和合運作方能現起。如是實證《華嚴經》的「三界唯心、萬法唯識」以後，由此等現觀而發起實相般若智慧，繼續進修第十住位的如幻觀、第十行位的陽焰觀、第十迴向位的如夢觀，再生起增上意樂而勇發十無盡願，方能滿足三賢位的實證，轉入初地；自知成佛之道而無偏倚，從此按部就班、次第進修乃至成佛。第八識自心如來是般若智慧之所依，般若智慧的修證則要從實證金剛心自心如來開始；《金剛經》則是解說自心如來之經典，是一切三賢位菩薩所應進修之實相般若經典。這一套書，是將平實導師宣講的《金剛經宗通》內容，整理成文字而流通之；書中所說義理，迴異古今諸家依文解義之說，指出大乘見道方向與理路，有益於禪宗學人求開悟見道，及轉入內門廣修六度萬行。講述完畢後結集出版，總共9輯，每輯約三百餘頁，售價各250元。

空行母—性別、身分定位，以及藏傳佛教：本書作者爲蘇格蘭哲學家，因爲嚮往佛教深妙的哲學內涵，於是進入當年盛行於歐美的假藏傳佛教密宗，擔任卡盧仁波切的翻譯工作多年以後，被邀請成爲卡盧的空行母（又名佛母、明妃），開始了她在密宗裡的實修過程；後來發覺在密宗雙身法中的修行，其實無法使自己成佛，也發覺密宗對女性岐視而處處貶抑，並剝奪女性在雙身法中擔任一半角色時應有的身分定位。當她發覺自己只是雙身法中被喇嘛利用的工具，沒有獲得絲毫應有的尊重與基本定位時，發現了密宗的父權社會控制女性的本質；於是作者傷心地離開了卡盧仁波切與密宗，但是卻被恐嚇不許講出她在密宗裡的經歷，也不許她說出自己對密宗的教義與教制下對女性剝削的本質，否則將被咒殺死亡。後來她去加拿大定居，十餘年後方才擺脫這個恐嚇陰影，下定決心將親身經歷的實情及觀察到的事實寫下來並且出版，公諸於世。出版之後，她被流亡的達賴集團人士大力攻訐，誣指她爲精神狀態失常、說謊……等。但有智之士並未被達賴集團的政治操作及各國政府政治運作吹捧達賴的表相所欺，使她的書銷售無阻而又再版。正智出版社鑑於作者此書是親身經歷的事實，所說具有針對「藏傳佛教」而作學術研究的價值，也有使人認清假藏傳佛教剝削佛母、明妃的男性本位實質，因此洽請作者同意中譯而出版於華人地區。珍妮·坎貝爾女士著，呂艾倫 中譯，每冊250元。

霧峰無霧—給哥哥的信：本書作者藉兄弟之間信件往來論義，略述佛法大義；並以多篇短文辨義，舉出釋印順對佛法的無量誤解證據，並一一給予簡單而清晰的辨正，令人一讀即知。久讀、多讀之後即能認清楚釋印順的六識論見解，與眞實佛法之牴觸是多麼嚴重；於是在久讀、多讀之後，於不知不覺之間提升了對佛法的極深入理解，正知正見就在不知不覺間建立起來了。當三乘佛法的正知見建立起來之後，對於三乘菩提的見道條件便將隨之具足，於是聲聞解脫道的見道也就水到渠成；接著大乘見道的因緣也將次第成熟，未來自然也會有親見大乘菩提之道的因緣，悟入大乘實相般若也將自然成功，自能通達般若系列諸經而成實義菩薩。作者居住於南投縣霧峰鄉，自喻見道之後不復再見霧峰之霧，故鄉原野美景一一明見，於是立此書名爲《霧峰無霧》；讀者若欲撥霧見月，可以此書爲緣。游宗明 老師著 售價250元。

假藏傳佛教的神話—性、謊言、喇嘛教：本書編著者是由一首名叫「阿姊鼓」的歌曲為緣起，展開了序幕，揭開假藏傳佛教—喇嘛教—的神祕面紗。其重點是蒐集、摘錄網路上質疑「喇嘛教」的帖子，以揭穿「假藏傳佛教的神話」為主題，串聯成書，並附加彩色插圖以及說明，讓讀者們瞭解西藏密宗及相關人事如何被操作為「神話」的過程，以及神話背後的眞相。作者：張正玄教授。售價200元。

達賴真面目—玩盡天下女人：假使您不想戴綠帽子，請記得詳細閱讀此書；假使您不想讓好朋友戴綠帽子，請您將此書介紹給您的好朋友。假使您想保護家中的女性，也想要保護好朋友的女眷，請記得將此書送給家中的女性和好友的女眷都來閱讀。本書為印刷精美的大本彩色中英對照精裝本，為您揭開達賴喇嘛的眞面目，內容精彩不容錯過，為利益社會大眾，特別以優惠價格嘉惠所有讀者。編著者：白志偉等。大開版雪銅紙彩色精裝本。售價800元。

喇嘛性世界—揭開假藏傳佛教譚崔瑜伽的面紗：這個世界中的喇嘛，號稱來自世外桃源的香格里拉，穿著或紅或黃的喇嘛長袍，散布於我們的身邊傳教灌頂，吸引了無數的人嚮往學習；這些喇嘛虔誠地為大眾祈福，手中拿著寶杵（金剛）與寶鈴（蓮花），口中唸著咒語：「唵．嘛呢．叭咪．吽……」，咒語的意思是說：「我至誠歸命金剛杵上的寶珠伸向蓮花寶穴之中」！「喇嘛性世界」是什麼樣的「世界」呢？本書將為您呈現喇嘛世界的面貌。當您發現眞相以後，您將會唸：「噢！喇嘛．性．世界，譚崔性交嘛！」作者：張善思、呂艾倫。售價200元。

末代達賴——性交教主的悲歌：簡介從藏傳僞佛教（喇嘛教）的修行核心——性力派男女雙修，探討達賴喇嘛及藏傳僞佛教的修行內涵。書中引用外國知名學者著作、世界各地新聞報導，包含：歷代達賴喇嘛的祕史、達賴六世修雙身法的事蹟，以及《時輪續》中的性交灌頂儀式……等；達賴喇嘛書中開示的雙修法、達賴喇嘛的黑暗政治手段；達賴喇嘛所領導的寺院爆發喇嘛性侵兒童；新聞報導《西藏生死書》作者索甲仁波切性侵女信徒、澳洲喇嘛秋達公開道歉、美國最大假藏傳佛教組織領導人邱陽創巴仁波切的性氾濫；等等事件背後眞相的揭露。作者：張善思、呂艾倫、辛燕。售價250元。

第七意識與第八意識？——穿越時空「超意識」：「三界唯心，萬法唯識」是佛教中應該實證的聖教，也是《華嚴經》中明載而可以實證的法界實相。唯心者，三界一切境界、一切諸法唯是一心所成就，即是每一個有情的第八識如來藏，不是意識心。唯識者，即是人類各各都具足的八識心王——眼識、耳鼻舌身意識、意根、阿賴耶識，第八阿賴耶識又名如來藏，人類五陰相應的萬法，莫不由八識心王共同運作而成就，故說萬法唯識。依聖教量及現量、比量，都可以證明意識是二法因緣生，是由第八識藉意根與法塵二法爲因緣而出生，又是夜夜斷滅不存之生滅心，即無可能反過來出生第七識意根、第八識如來藏，當知不可能從生滅性的意識心中，細分出恆審思量的第七識意根，更無可能細分出恆而不審的第八識如來藏。本書是將演講內容整理成文字，細說如是內容，並已在〈正覺電子報〉連載完畢，今彙集成書以廣流通，欲幫助佛門有緣人斷除意識我見，跳脫於識陰之外而取證聲聞初果；嗣後修學禪宗時即得不墮外道神我之中，得以求證第八識金剛心而發起般若實智。平實導師 述，每冊300元。

黯淡的達賴—失去光彩的諾貝爾和平獎：本書舉出很多證據與論述，詳述達賴喇嘛不爲世人所知的一面，顯示達賴喇嘛並不是眞正的和平使者，而是假借諾貝爾和平獎的光環來欺騙世人；透過本書的說明與舉證，讀者可以更清楚的瞭解，達賴喇嘛是結合暴力、黑暗、淫欲於喇嘛教裡的集團首領，其政治行爲與宗教主張，早已讓諾貝爾和平獎的光環染污了。　本書由財團法人正覺教育基金會寫作、編輯，由正覺出版社印行，每冊250元。

童女迦葉考—論呂凱文〈佛教輪迴思想的論述分析〉之謬：童女迦葉是佛世率領五百大比丘遊行於人間的歷史事實，是以童貞行而依止菩薩戒弘化於人間的大菩薩，不依別解脫戒（聲聞戒）來弘化於人間。這是大乘佛教與聲聞佛教同時存在於佛世的歷史明證，證明大乘佛教不是從聲聞法中分裂出來的部派佛教的產物，卻是聲聞佛教分裂出來的部派佛教聲聞凡夫僧所不樂見的史實；於是古今聲聞法中的凡夫都欲加以扭曲而作詭說，更是末法時代高聲大呼「大乘非佛說」的六識論聲聞凡夫極力想要扭曲的佛教史實之一，於是想方設法扭曲迦葉菩薩爲聲聞僧，以及扭曲迦葉童女爲比丘僧等荒謬不實之論著便陸續出現，古時聲聞僧寫作的《分別功德論》是最具體之事例，現代之代表作則是呂凱文先生的〈佛教輪迴思想的論述分析〉論文。鑑於如是假藉學術考證以籠罩大眾之不實謬論，未來仍將繼續造作及流竄於佛教界，繼續扼殺大乘佛教學人法身慧命，必須舉證辨正之，遂成此書。平實導師 著，每冊180元。

人間佛教——實證者必定不悖三乘菩提：「大乘非佛說」的講法似乎流傳已久，卻只是日本人企圖擺脫中國正統佛教的影響，而在明治維新時期才開始提出來的說法；台灣佛教、大陸佛教的淺學無智之人，由於未曾實證佛法而迷信日本人錯誤的學術考證，錯認為這些別有用心的日本佛學考證的講法為天竺佛教的眞實歷史；甚至還有更激進的反對佛教者提出「釋迦牟尼佛並非眞實存在，只是後人捏造的假歷史人物」，竟然也有少數人願意跟著「學術」的假光環而信受不疑，於是開始有一些佛教界人士造作了反對中國佛教而推崇南洋小乘佛教的行為，使佛教的信仰者難以檢擇，導致一般大陸人士開始轉入基督教的盲目迷信中。在這些佛教及外教人士之中，也就有一分人根據此邪說而大聲主張「大乘非佛說」的謬論，這些人以「人間佛教」的名義來抵制中國正統佛教，公然宣稱中國的大乘佛教是由聲聞部派佛教的凡夫僧所創造出來的。這樣的說法流傳於台灣及大陸佛教界凡夫僧之中已久，卻非眞正的佛教歷史中曾經發生過的事，只是繼承六識論的聲聞法中凡夫僧依自己的意識境界立場，純憑臆想而編造出來的妄想說法，卻已經影響許多無智之凡夫僧俗信受不移。本書則是從佛教的經藏法義實質及實證的現量內涵本質立論，證明大乘佛法本是佛說，是從《阿含正義》尚未說過的不同面向來討論「人間佛教」的議題，證明「大乘眞佛說」。閱讀本書可以斷除六識論邪見，迴入三乘菩提正道發起實證的因緣；也能斷除禪宗學人學禪時普遍存在之錯誤知見，對於建立參禪時的正知見有很深的著墨。平實導師 述，內文488頁，全書528頁，定價400元。

見性與看話頭：黃正倖老師的《見性與看話頭》於《正覺電子報》連載完畢，今集結出版。書中詳說禪宗看話頭的詳細方法，並細說看話頭與眼見佛性的關係，以及眼見佛性者求見佛性前必須具備的條件。本書是禪宗實修者追求明心開悟時參禪的方法書，也是求見佛性者作功夫時必讀的方法書，內容兼顧眼見佛性的理論與實修之方法，是依實修之體驗配合理論而詳述，條理分明而且極為詳實、周全、深入。本書內文375頁，全書416頁，售價300元。

中觀金鑑—詳述應成派中觀的起源與其破法本質：學佛人往往迷於中觀學派之不同學說，被應成派與自續派所迷惑；修學般若中觀二十年後自以爲實證般若中觀了，卻仍不曾入門，甫聞實證般若中觀者之所說，則茫無所知，迷惑不解；隨後信心盡失，不知如何實證佛法；凡此，皆因惑於這二派中觀學說所致。自續派中觀所說同於常見，以意識境界立爲第八識如來藏之境界，應成派所說則同於斷見，但又同立意識爲常住法，故亦具足斷常二見。今者孫正德老師有鑑於此，乃將起源於密宗的應成派中觀學說，追本溯源，詳考其來源之外，亦一一舉證其立論內容，詳加辨正，令密宗雙身法祖師以識陰境界而造之應成派中觀學說本質，詳細呈現於學人眼前，令其維護雙身法之目的無所遁形。若欲遠離密宗此二大派中觀謬說，欲於三乘菩提有所進道者，允宜具足閱讀並細加思惟，反覆讀之以後將可捨棄邪道返歸正道，則於般若之實證即有可能，證後自能現觀如來藏之中道境界而成就中觀。本書分上、中、下三冊，每冊250元，已全部出版完畢。

真心告訴您（一）—達賴喇嘛在幹什麼？這是一本報導篇章的選集，更是「破邪顯正」的暮鼓晨鐘。「破邪」是戳破假象，說明達賴喇嘛及其所率領的密宗四大派法王、喇嘛們，弘傳的佛法是仿冒的佛法；他們是假藏傳佛教，是坦特羅(譚崔性交)外道法和藏地崇奉鬼神的苯教混合成的「喇嘛教」，推廣的是以所謂「無上瑜伽」的男女雙身法冒充佛法的假佛教，詐財騙色誤導眾生，常常造成信徒家庭破碎、家中兒少失怙的嚴重後果。「顯正」是揭櫫眞相，指出眞正的藏傳佛教只有一個，就是覺囊巴，傳的是 釋迦牟尼佛演繹的第八識如來藏妙法，稱爲他空見大中觀。正覺教育基金會即以此古今輝映的如來藏正法正知見，在眞心新聞網中逐次報導出來，將箇中原委「眞心告訴您」，如今結集成書，與想要知道密宗眞相的您分享。售價250元。

實相經宗通：學佛之目的在於實證一切法界背後之實相，禪宗稱之為本來面目或本地風光，佛菩提道中稱之為實相法界；此實相法界即是金剛藏，又名佛法之祕密藏，即是能生有情五陰、十八界及宇宙萬有（山河大地、諸天、三惡道世間）的第八識如來藏，又名阿賴耶識心，即是禪宗祖師所說的真如心，此心即是三界萬有背後的實相。證得此第八識心時，自能瞭解般若諸經中隱說的種種密意，即得發起實相般若——實相智慧。每見學佛人修學佛法二十年後仍對實相般若茫然無知，亦不知如何入門，茫無所趣；更因不知三乘菩提的互異互同，是故越是久學者對佛法越覺茫然，都肇因於尚未瞭解佛法的全貌，亦未瞭解佛法的修證內容即是第八識心所致。本書對於修學佛法者所應實證的實相境界提出明確解析，並提示趣入佛菩提道的入手處，有心親證實相般若的佛法實修者，宜詳讀之，於佛菩提道之實證即有下手處。平實導師述著，共八輯，全部出版完畢，每輯成本價250元。

法華經講義：此書為平實導師始從2009/7/21演述至2014/1/14之講經錄音整理所成。世尊一代時教，總分五時三教，即是華嚴時、聲聞緣覺教、般若教、種智唯識教、法華時；依此五時三教區分為藏、通、別、圓四教。本經是最後一時的圓教經典，圓滿收攝一切法教於本經中，是故最後的圓教聖訓中，特地指出無有三乘菩提，其實唯有一佛乘；皆因眾生愚迷故，方便區分為三乘菩提以助眾生證道。世尊於此經中特地說明如來示現於人間的唯一大事因緣，便是為有緣眾生「開、示、悟、入」諸佛的所知所見——第八識如來藏妙真如心，並於諸品中隱說「妙法蓮花」如來藏心的密意。然因此經所說甚深難解，真義隱晦，古來難得有人能窺堂奧；平實導師以知如是密意故，特為末法佛門四眾演述《妙法蓮華經》中各品蘊含之密意，使古來未曾被古德註解出來的「此經」密意，如實顯示於當代學人眼前。乃至〈藥王菩薩本事品〉、〈妙音菩薩品〉、〈觀世音菩薩普門品〉、〈普賢菩薩勸發品〉中的微細密意，亦皆一併詳述之，開前人所未曾言之密意，示前人所未見之妙法。最後乃至以〈法華大意〉而總其成，全經妙旨貫通始終，而依佛旨圓攝於一心如來藏妙心，厥為曠古未有之大說也。平實導師述　已於2015/5/31起出版第一輯，每兩個月出版一輯，共有25輯。每輯300元。

西藏「活佛轉世」制度—附佛、造神、世俗法：歷來關於喇嘛教活佛轉世的研究，多針對歷史及文化兩部分，於其所以成立的理論基礎，較少系統化的探討。尤其是此制度是否依據「佛法」而施設？是否合乎佛法眞實義？現有的文獻大多含糊其詞，或人云亦云，不曾有明確的闡釋與如實的見解。因此本文先從活佛轉世的由來，探索此制度的起源、背景與功能，並進而從活佛的尋訪與認證之過程，發掘活佛轉世的特徵，以確認「活佛轉世」在佛法中應具足何種果德。定價150元。

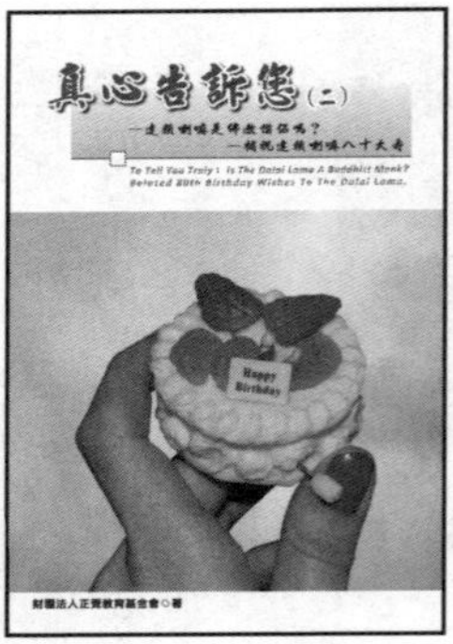

真心告訴您（二）—達賴喇嘛是佛教僧侶嗎？補祝達賴喇嘛八十大壽：這是一本針對當今達賴喇嘛所領導的喇嘛教，冒用佛教名相、於師徒間或師兄姊間，實修男女邪淫，而從佛法三乘菩提的現量與聖教量，揭發其謊言與邪術，證明達賴及其喇嘛教是仿冒佛教的外道，是「假藏傳佛教」。藏密四大派教義雖有「八識論」與「六識論」的表面差異，然其實修之內容，皆共許「無上瑜伽」四部灌頂爲究竟「成佛」之法門，也就是共以男女雙修之邪淫法爲「即身成佛」之密要，雖美其名曰「欲貪爲道」之「金剛乘」，並誇稱其成就超越於（應身佛）釋迦牟尼佛所傳之顯教般若乘之上；然詳考其理論，則或以意識離念時之粗細心爲第八識如來藏，或以中脈裡的明點爲第八識如來藏，或如宗喀巴與達賴堅決主張第六意識爲常恆不變之眞心者，分別墮於外道之常見與斷見中；全然違背　佛說能生五蘊之如來藏的實質。售價300元。

修習止觀坐禪法要講記：修學四禪八定之人，往往錯會禪定之修學知見，欲以無止盡之坐禪而證禪定境界，卻不知修除性障之行門才是修證四禪八定不可或缺之要素，故智者大師云「性障初禪」；性障不除，初禪永不現前，云何修證二禪等？又：行者學定，若唯知數息，而不解六妙門之方便善巧者，欲求一心入定，極難可得，智者大師名之爲「事障未來」：障礙未到地定之修證。又禪定之修證，不可違背二乘菩提及第一義法，否則縱使具足四禪八定，亦不能實證涅槃而出三界。此諸知見，智者大師於《修習止觀坐禪法要》中皆有闡釋。作者平實導師以其第一義之見地及禪定之實證證量，曾加以詳細解析。將俟正覺寺竣工啓用後重講，不限制聽講者資格；講後將以語體文整理出版。欲修習世間定及增上定之學者，宜細讀之。平實導師述著。

解深密經講記：本經係 世尊晚年第三轉法輪，宣說地上菩薩所應熏修之唯識正義經典，經中所說義理乃是大乘一切種智增上慧學，以阿陀那識—如來藏—阿賴耶識爲主體。禪宗之證悟者，若欲修證初地無生法忍乃至八地無生法忍者，必須修學《楞伽經、解深密經》所說之八識心王一切種智；此二經所說正法，方是眞正成佛之道；印順法師否定如來藏之後所說萬法緣起性空之法，是以誤會後之二乘解脫道取代大乘眞正成佛之道，亦已墮於斷滅見中，不可謂爲成佛之道也。平實導師曾於本會郭故理事長往生時，於喪宅中從初七至第十七，宣講圓滿，作爲郭老之往生佛事功德，迴向郭老早證八地、速返娑婆住持正法；茲爲今時後世學人故，將擇期重講《解深密經》，以淺顯之語句講畢後將會整理成文，用供證悟者進道；亦令諸方未悟者，據此經中佛語正義，修正邪見，依之速能入道。平實導師述著，全書輯數未定，每輯三百餘頁，將於未來重講完畢後逐輯出版。

佛法入門：學佛人往往修學二十年後仍不知如何入門，茫無所入漫無方向，不知如何實證佛法；更因不知三乘菩提的互異互同之處，導致越是久學者越覺茫然，都是肇因於尚未瞭解佛法的全貌所致。本書對於佛法的全貌提出明確的輪廓，並說明三乘菩提的異同處，讀後即可輕易瞭解佛法全貌，數日內即可明瞭三乘菩提入門方向與下手處。○○菩薩著 出版日期未定。

阿含講記——**小乘解脫道之修證**：數百年來，南傳佛法所說證果之不實，所說解脫道之虛妄，所弘解脫道法義之世俗化，皆已少人知之；從南洋傳入台灣與大陸之後，所說法義虛謬之事，亦復少人知之；今時台灣全島印順系統之法師居士，多不知南傳佛法數百年來所說解脫道之義理已然偏斜、已然世俗化、已非眞正之二乘解脫正道，猶極力推崇與弘揚。彼等南傳佛法近代所謂之證果者多非眞實證果者，譬如阿迦曼、葛印卡、帕奧禪師、一行禪師……等人，悉皆未斷我見故。近年更有台灣南部大願法師，高抬南傳佛法之二乘修證行門爲「捷徑究竟解脫之道」者，然而南傳佛法縱使眞修實證，得成阿羅漢，至高唯是二乘菩提解脫之道，絕非**究竟**解脫，無餘涅槃中之實際尚未得證故，法界之實相尚未了知故，習氣種子待除故，一切種智未實證故，焉得謂爲「究竟解脫」？即使南傳佛法近代眞有實證之阿羅漢，尚且不及三賢位中之七住明心菩薩本來自性清淨涅槃智慧境界，不知此賢位菩薩所證之無餘涅槃實際，仍非大乘佛法中之見道者，何況普未實證聲聞果乃至未斷我見之人？謬充證果已屬逾越，更何況是誤會二乘菩提之後，以未斷我見之凡夫知見所說之二乘菩提解脫偏斜法道，焉可高抬爲「究竟解脫」？而且自稱「捷徑之道」？又妄言解脫之道即是成佛之道，完全否定般若實智、否定三乘菩提所依之如來藏心體，此理大大不通也！平實導師爲令修學二乘菩提欲證解脫果者，普得迴入二乘菩提正見、正道中，是故選錄四阿含諸經中，對於二乘解脫道法義有具足圓滿說明之經典，預定未來十年內將會加以詳細講解，令學佛人得以了知二乘解脫道之修證理路與行門，庶免被人誤導之後，未證言證，干犯道禁，成大妄語，欲升反墮。本書首重斷除我見，以助行者斷除我見而實證初果爲著眼之目標，若能根據此書內容，配合平實老師所著《識蘊眞義》《阿含正義》內涵而作實地觀行，實證初果非爲難事，行者可以藉此三書自行確認聲聞初果爲實際可得現觀成就之事。此書中除依二乘經典所說加以宣示外，亦依斷除我見等之證量，及大乘法中道種智之證量，對於意識心之體性加以細述，令諸二乘學人必定得斷我見、常見，免除三縛結之繫縛。次則宣示斷除我執之理，欲令升進而得薄貪瞋痴，乃至斷五下分結…等。平實導師述，共二冊，每冊三百餘頁。每輯300元。

總經銷：　飛鴻 國際行銷股份有限公司

231 新北市新店市中正路 501 之 9 號 2 樓

Tel.02－82186688（五線代表號）　Fax.02-82186458、82186459

零售：1.**全台連鎖經銷書局：**

三民書局、誠品書局、何嘉仁書店

敦煌書店、紀伊國屋、金石堂書局、建宏書局

2.**台北市：**佛化人生　羅斯福路 3 段 325 號 6 樓之 4　台電大樓對面

3.**新北市：**春大地書店　**蘆洲**中正路 117 號

4.**桃園市縣：**誠品書局　**桃園市**中正路 20 號遠東百貨地下室一樓

金石堂　**桃園市**大同路 24 號　金石堂　**桃園**八德市介壽路 1 段 987 號

諾貝爾圖書城　**桃園市**中正路 56 號地下室　御書堂　**龍潭**中正路 123 號

墊腳石文化書店　**中壢市**中正路 89 號

5.**新竹市縣：**大學書局　**新竹**建功路 10 號　誠品書局　**新竹**東區信義街 68 號

誠品書局　新竹東區中央路 229 號 5 樓　誠品書局　**新竹**東區力行二路 3 號

墊腳石文化書店　**新竹**中正路 38 號

6.**台中市：**　瑞成書局、各大連鎖書店。

詠春書局　台中市永春東路 884 號　文春書局　**霧峰**中正路 1087 號

7.**彰化市縣：**心泉佛教流通處　**彰化市**南瑤路 286 號

員林鎮：墊腳石圖書文化廣場　中山路 2 段 49 號（04-8338485）

8.**台南市：**博大書局　**新營**三民路 128 號

藝美書局　**善化**中山路 436 號　宏欣書局　**佳里**光復路 214 號

9.**高雄市：**各大連鎖書店、**瑞成**書局

政大書城　**三民區**明仁路 161 號　政大書城　**苓雅區**光華路 148-83 號

明儀書局　**三民區**明福街 2 號　明儀書局　三多四路 63 號

青年書局　青年一路 141 號

10.**宜蘭縣市：**金隆書局　宜蘭市中山路 3 段 43 號

宋太太梅鋪　羅東鎮中正北路 101 號（039-534909）

11.**台東市：**東普佛教文物流通處　台東市博愛路 282 號

12.**其餘鄉鎮市經銷書局：**請電詢總經銷**飛鴻**公司。

13.**大陸地區請洽：**

香港：樂文書店

旺角店　:香港九龍旺角西洋菜街 62 號 3 樓

電話　:(852) 2390 3723　email: luckwinbooks@gmail.com

銅鑼灣店　:香港銅鑼灣駱克道　506　號 2 樓

電話　:(852) 2881 1150　email: luckwinbs@gmail.com

廈門：廈門外圖臺灣書店有限公司

地址：廈門市思明區湖濱南路809 號 廈門外圖書城3 樓 郵編：361004

電話：0592-5061658（臺灣地區請撥打 86-592-5061658）

E-mail：JKB118＠188.COM

14.**美國：世界日報圖書部：**紐約圖書部　電話 7187468889#6262
洛杉磯圖書部　電話 3232616972#202

15.**國內外地區網路購書：**

正智出版社 書香園地　http://books.enlighten.org.tw/
（書籍簡介、直接聯結下列網路書局購書）

三民 網路書局　http://www.Sanmin.com.tw

誠品 網路書局　http://www.eslitebooks.com

博客來 網路書局　http://www.books.com.tw

金石堂 網路書局　http://www.kingstone.com.tw

飛鴻 網路書局　http://fh6688.com.tw

附註：1.請儘量向各經銷書局購買：郵政劃撥需要十天才能寄到（本公司在您劃撥後第四天才能接到劃撥單，次日寄出後第四天您才能收到書籍，此八天中一定會遇到週休二日，是故共需十天才能收到書籍）若想要早日收到書籍者，請劃撥完畢後，將劃撥收據貼在紙上，旁邊寫上您的姓名、住址、郵區、電話、買書詳細內容，直接傳眞到本公司 02-28344822，並來電 02-28316727、28327495 確認是否已收到您的傳眞，即可提前收到書籍。 2.因台灣每月皆有五十餘種宗教類書籍上架，書局書架空間有限，故唯有新書方有機會上架，通常每次只能有一本新書上架；本公司出版新書，大多上架不久便已售出，若書局未再叫貨補充者，書架上即無新書陳列，則請直接向書局櫃台訂購。 3.若書局不便代購時，可於晚上共修時間向正覺同修會各共修處請購（共修時間及地點，詳閱共修現況表。每年例行年假期間請勿前往請書，年假期間請見共修現況表）。 4.郵購：郵政劃撥帳號 19068241。 5.正覺同修會會員購書都以八折計價（戶籍台北市者為一般會員，外縣市為護持會員）都可獲得優待，欲一次購買全部書籍者，可以考慮入會，節省書費。入會費一千元（第一年初加入時才需要繳），年費二千元。**6.尚未出版之書籍，請勿預先郵寄書款與本公司，謝謝您！** 7.若欲一次購齊本公司書籍，或同時取得正覺同修會贈閱之全部書籍者，請於正覺同修會共修時間，親到各共修處請購及索取；**台北市讀者**請洽：103 台北市承德路三段 267 號 10 樓（捷運淡水線 圓山站旁）請書時間：週一至週五為 18.00~21.00，第一、三、五週週六為 10.00~21.00，雙週之週六為 10.00~18.00 請購處專線電話：25957295-分機 14（於請書時間方有人接聽）。

敬告大陸讀者：

大陸讀者購書、索書捷徑（尚未在大陸出版的書籍，以下二個途徑都可以購得，電子書另包括結緣書籍）：

1.廈門外國圖書公司：廈門市思明區湖濱南路 809 號 廈門外圖書城 3F

郵編：361004　電話：0592-5061658　網址：JKB118@188.COM

2.電子書：正智出版社有限公司及正覺同修會在台灣印行的各種局版書、結緣書，已有『**正覺電子書**』陸續上線中，提供讀者於手機、平板電腦上購書、下載、閱讀正智出版社、正覺同修會及正覺教育基金會所出版之電子書，詳細訊息敬請參閱『正覺電子書』專頁：http://books.enlighten.org.tw/ebook

關於平實導師的書訊，請上網查閱：

成佛之道　http://www.a202.idv.tw

正智出版社 書香園地　http://books.enlighten.org.tw/

中國網採訪佛教正覺同修會、正覺教育基金會訊息：

http://big5.china.com.cn/gate/big5/fangtan.china.com.cn/2014-06/19/content_32714638.htm

http://pinpai.china.com.cn/

★ 正智出版社有限公司售書之稅後盈餘，全部捐助財團法人正覺寺籌備處、佛教正覺同修會、正覺教育基金會，供作弘法及購建道場之用；懇請諸方大德支持，功德無量。

★ 聲　明 ★

本社於 2015/01/01 開始調整本目錄中部分書籍之售價，以因應各項成本的持續增加。

＊ 喇嘛教修外道雙身法、墮識陰境界，非佛教 ＊

＊ 弘揚如來藏他空見的覺囊派才是真正藏傳佛教 ＊

售後服務—換書啓事（免附回郵） 2012/09/24

《楞嚴經講記》第 14 輯初版首刷本免費調換新書啓事：本講記第 14 輯出版前因 平實導師諸事繁忙，未將之重新閱讀而只改正校對時發現的錯別字，故未能發覺十年前所說法義有部分錯誤，於第 15 輯付印前重閱時才發覺第 14 輯中有部分錯誤尚未改正。今已重新審閱修改並已重印完成，煩請所有讀者將以前所購第 14 輯初版首刷本，寄回本社免費換新（初版二刷本無錯誤），本社將於寄回新書時同時附上您寄書回來換新時所付的郵資，並在此向所有讀者致上最誠懇的歉意。

《心經密意》初版書免費調換二版新書啓事：本書係演講錄音整理成書，講時因時間所限，省略部分段落未講。後於再版時補寫增加 13 頁，維持原價流通之。茲爲顧及初版讀者權益，自 2003/9/30 開始免費調換新書，原有初版一刷、二刷書籍，皆可寄來本來公司換書。

《宗門法眼》已經增寫改版爲 464 頁新書，2008 年 6 月中旬出版。讀者原有初版之第一刷、第二刷書本，都可以寄回本社免費調換改版新書。改版後之公案及錯悟事例維持不變，但將內容加以增說，較改版前更具有廣度與深度，將更能助益讀者參究實相。

換書者免附回郵，亦無截止期限；舊書請寄：111 台北郵政 73-151 號信箱 或 103 台北市承德路三段 267 號 10 樓 正智出版社有限公司。舊書若有塗鴨、殘缺、破損者，仍可換取新書；但缺頁之舊書至少應仍有五分之三頁數，方可換書。所有讀者不必顧念本公司是否有盈餘之問題，都請踴躍寄來換書；本公司成立之目的不是營利，只要能眞實利益學人，即已達到成立及運作之目的。若以郵寄方式換書者，免附回郵；並於寄回新書時，由本社附上您寄來書籍時耗用的郵資。造成您不便之處，再次致上萬分的歉意。

正智出版社有限公司 啓

國家圖書館出版品預行編目資料

維摩詰經講記／平實導師述.－ 初版.－ 臺
北市：正智，2008.07-
冊；　公分
ISBN 978-986-83908-0-5（第 1 輯：平裝）
ISBN 978-986-83908-1-2（第 2 輯：平裝）
ISBN 978-986-83908-2-9（第 3 輯：平裝）
ISBN 978-986-83908-4-3（第 4 輯：平裝）
ISBN 978-986-83908-6-7（第 5 輯：平裝）
ISBN 978-986-83908-7-4（第 6 輯：平裝）
1.經集部
221.721　　　　97012836

維摩詰經講記——第六輯

著　述　者：平實導師
音文轉換：劉惠莉
校　　對：章乃鈞 陳介源 蘇振慶 蔡禮政 劉惠莉
出　版　者：正智出版社有限公司
電話：〇二28327495　28316727
傳眞：〇二28344822
111台北郵政73-151號信箱
郵政劃撥帳號：一九〇六八二四一
正覺講堂：總機〇二25957295（夜間）
總　經　銷：飛鴻國際行銷股份有限公司
231新北市新店區中正路501-9號2樓
電話：〇二82186688（五線代表號）
傳眞：〇二82186458　82186459
初版首刷：二〇〇八年九月三十日　二千冊
初版五刷：二〇一七年八月　二千冊
定　　價：二五〇元